安全生产新做法与新经验丛书

企业开展宣传教育工作新做法与新经验

“安全生产新做法与新经验丛书”编委会　编

中国劳动社会保障出版社

图书在版编目(CIP)数据

企业开展宣传教育工作新做法与新经验/“安全生产新做法与新经验丛书”编委会编. —北京：中国劳动社会保障出版社，2013
（安全生产新做法与新经验丛书）
ISBN 978-7-5167-0219-2

Ⅰ.①企… Ⅱ.①安… Ⅲ.①企业管理-安全宣传-宣传工作-研究 Ⅳ.①F270

中国版本图书馆 CIP 数据核字(2013)第 051678 号

中国劳动社会保障出版社出版发行

（北京市惠新东街 1 号 邮政编码：100029）

出 版 人：张梦欣

*

北京金明盛印刷有限公司印刷装订 新华书店经销

880 毫米×1230 毫米 32 开本 9.125 印张 225 千字

2013 年 3 月第 1 版 2013 年 3 月第 1 次印刷

定价：25.00 元

读者服务部电话：(010) 64929211/64921644/84643933

发行部电话：(010) 64961894

出版社网址：http://www.class.com.cn

编　委　会

主　　编：郑希文

副 主 编：张力娜

编写人员：张力娜　张立军　张　平　张　滇　张开文
张金保　王建平　李　康　赵钰波　赵霁春
刘丽华　袁　晖　袁东旭　袁济东　曹　军
曹永坤　舒江华　闫　炜　陈国恩　高海燕
林　文　谭　英　乔文传　吴志娟　杨晓淞
杨　敏　司建中　李金国　孙　群　尹之山
徐晋青　丁　盛　秦　芳　于晓薇　郑　煜
郑文芸　曾启勇　侯静霞　冯寿亭　冯荣兰

内容提要

企业安全生产宣传教育工作，是企业安全生产管理的一个重要组成部分，对于企业来讲，需要持之以恒地宣传安全生产，灌输安全理念，营造关注、支持安全生产管理工作的良好氛围；需要持之以恒地对职工进行安全教育，普及安全生产知识，增强职工的安全意识，提高安全技能，推动安全生产管理工作做得更好。

近几年，在国务院所下发的有关安全生产的文件中，不断强调做好宣传教育工作的重要意义，要求深入贯彻落实科学发展观，坚持“安全第一、预防为主、综合治理”的方针，围绕企业安全生产，不断创新形式、丰富内容、加大力度、提高效果，为加强和改善安全生产管理，创造有利条件，营造良好氛围。一些企业在安全生产宣传教育工作上，根据职工的特点，采取了许多生动活泼、融知识与趣味于一体的新做法、新方式，创造了一些新经验，收到了很好的效果。例如，扎实开展“安全生产月”活动的做法、采取“三结合”抓安全教育的做法、多种形式营造安全文化氛围的做法、进行反“三违”安全教育的做法、开展互爱连锁活动的做法、用亲情建设第二道安全防线的做法等，都值得企业学习、参考和借鉴。

本书依据新的政策规定、新的管理思路，以介绍企业安全生产宣传教育新做法、新经验为主题，介绍各种不同行业、不同规模的企业在宣传教育中的新做法与新经验，这些新做法、新经验，许多都可以直接应用于本企业的宣传教育工作，我们相信，同样会取得很好的效果。

前　言

近几年，在科学发展观思想指导下，党和国家采取了一系列重大措施加强安全生产工作。这些重大政策干预措施对促进安全生产形势稳定好转发挥了重要作用，并且表现出强劲和持久的后续推动力。在连续多年工伤事故死亡人数持续下降后，国家政策干预并没有出现减弱趋势，反而更为增强，安全生产法律法规体系、安全生产政策体系逐步完善，政府安全生产监管工作更为加强。

对于许多企业来讲，在安全生产管理工作中都取得了一定的成绩，同时也遇到许多新情况、新问题，亟待有新的方式方法予以解决。例如，一些企业随着青年工人的大量增加，人员流动性很大，安全生产的严格管理与人员的自由流动形成突出矛盾；再如，一些企业安全生产管理方式日益固定化，缺乏应有的变化和新鲜感，造成人员安全意识的麻木与淡薄，也造成管理者与被管理者矛盾冲突增多，致使安全管理走下坡路。企业安全生产管理工作的实质，是职工广泛参与的自我教育、自我改进的活动，离开了广大职工的积极参与，安全生产管理工作就很难取得实质性的效果。因此，在企业安全生产管理上，需要不断地根据新情况、新问题，学习借鉴其他企业的实用做法、新鲜经验，采取有针对性的措施，从而缓和管理者与被管理者之间的矛盾，不断提高职工对安全生产的认识，促进本企业安全管理水平的提高。

这套丛书，在对大量不同类型企业调研的基础上，从企业的实际情况和实际需要出发，确定相应的选题和内容，主要的读者对象是企业安全生产管理人员和班组职工。

本套丛书共有10本：

1.《企业开展安全生产标准化建设新做法与新经验》

2.《企业推进安全文化建设新做法与新经验》

3.《企业强化班组安全建设新做法与新经验》

4.《企业落实职业危害防治责任新做法与新经验》

5.《企业加强安全生产管理工作新做法与新经验》

6.《企业应急救援与应急处置管理新做法与新经验》

7.《企业开展事故隐患排查工作新做法与新经验》

8.《企业开展宣传教育工作新做法与新经验》

9.《企业生产班组自主安全管理新做法与新经验》

10.《企业培养遵章守纪优秀员工新做法与新经验》

每本书都分为三个部分，即相关政策法规要点、企业做法与经验、相关问题解答与探讨。在相关政策法规要点中，对相关政策法规的要点进行提示；在企业做法与经验中，对企业做法与经验进行评述，即对相关做法与经验的适用范围、内在价值、未来改进之处等进行分析，以利于其他企业能够更好地参考借鉴。

本套丛书主要围绕近几年来国家新近颁布实施的安全生产方面的相关法律法规、国家安全生产监督管理总局制定并实施的相关部门规章、企业安全管理人员和班组职工的迫切需要，系统全面地介绍先进企业的新做法、新经验，为企业及班组提供可以参考借鉴的知识，供不同企业直接运用，以利推进实际工作。

编　者

2012年10月

目　录

一、企业开展宣传教育工作相关政策法规要点

对员工进行安全教育培训，是企业的职责，也是国家相关法律法规的规定。企业需要严格按照国家有关规定，坚持安全发展理念和“安全第一、预防为主、综合治理”方针，切实落实企业安全生产主体责任，强化各级领导责任制，充分发挥在教育培训中的基础作用，健全安全生产教育培训体系，形成政府、企业、培训机构“三位一体”的工作格局，这是做好安全生产教育培训工作的必然途径。企业在安全生产宣传教育和人员培训方面，还需要思想上予以重视，资金上予以保证，根据本企业的实际情况，认真研究本企业职工的特点，研究宣传教育和人员培训的重点，采取积极的态度，进一步抓好安全生产宣传教育和人员培训工作，从而促进企业的安全生产。

1.《关于进一步加强安全生产工作坚决遏制重特大事故的通知》相关要点

2007 年 8 月 31 日，国务院办公厅下发《关于进一步加强安全生产工作坚决遏制重特大事故的通知》（国办发明电〔2007〕38 号）。《通知》指出，今年以来，全国安全生产继续保持了总体稳定、趋于好转的发展态势，事故总量有较大幅度下降。但安全生产形势依然严峻，煤矿、冶金、建筑施工、道路交通、水上交通等行业领域重特大事故时有发生，给人民群众生命财产造成严重损失。这些事故充分说明，一些地方和企业安全生产责任不落实、措施不得力、监管不到位、现场管理混乱等问题依然比较突出，事故隐患仍然大量存在，防范自然灾害引发的事故灾难还存在许多薄弱环节，预警机制不够健全。为深刻吸取事故教训，进一步做好安全生产工作，经国务院同意，现就有关事项通知如下：

（1）进一步强化组织领导和责任落实

各地区、各部门、各单位要站在全面落实科学发展观、构建社会主义和谐社会的高度，牢固树立“安全发展”理念，把做好安全生产工作作为保障人民群众生命财产安全的重要政治任务，以更加严密的管理、更加科学的方法、更加有力的措施，切实抓紧抓好。要进一步完善和落实安全生产法律法规，加强安全技术改造，严格安全管理，使安全生产工作真正纳入法制化轨道。地方各级人民政府、各有关部门主要负责同志要切实负起安全生产的领导责任，针对本地区、本部门安全生产工作的重点、难点和隐患点，组织加强安全防范，落实打击非法建设和生产经营的责任措施。各行业主管部门要加强对本行业、领域安全生产工作的指导，组织力量深入重点地区和重点企事业单位进行督促检查。

各生产经营单位主要负责人要切实负起安全生产第一责任人的责任，全面掌握本单位的安全生产状况，组织彻底排查治理隐患、落实各项安全生产措施。近期，各地区、各部门、各单位要对安全生产责任落实情况进行逐级检查，确保责任层层落实到每一个环节和工作岗位。

（2）全面排查治理工业等行业领域事故隐患

要组织力量对各行业领域影响安全生产的隐患和问题进行全面排查治理，做到排查不留死角，重大隐患及时根治。要建立健全隐患排查治理和分级管理制度，实现隐患排查治理工作经常化、制度化，并通过对典型事故的深入剖析，举一反三，防止同类事故重复发生。要突出抓好煤矿隐患排查，严防瓦斯、火灾、水害、冒顶等事故，严禁“超能力、超强度、超定员”组织生产，坚决关闭非法和不具备安全生产条件的煤矿，规范煤炭资源整合，加强技改、新建、扩建煤矿的安全监管。要严密防范金属非金属矿山坍塌、坠落、透水、窒息等事故，加快病险尾矿库治理。

要组织开展在建及已投入使用的桥梁、隧道、地铁和建设施工项目安全大检查，加大资金投入和危桥改造力度，并加强通行、使用管理，防范坍塌、坠落、塔吊倒塌等事故的发生。要切实加强冶金、有色等工业企业起重、吊运、冶炼、铸造等设备设施的维护检修，严格执行操作规程，落实安全防护措施，防止发生人身伤害事故。要全面查找危险化学品和烟花爆竹的生产、储存、运输、销售、使用等各环节事故隐患，严把新建、改扩建项目竣工投产关，严厉打击非法生产经营行为，严防火灾、爆炸、中毒等事故。

对集生产、销售、储存、居住于一体的“三合一”、“多合一”小企业、小作坊的火灾隐患，要抓紧进行排查整治。同时，要全面做好石油化工、电力、民爆器材等其他行业、领域的隐患排查治理，防范高压油气田井喷、大面积停电事故，严厉打击偷盗、破坏电力设施和违法制售、使用火工品等行为。

(3) 大力加强宣传和舆论引导工作

要进一步加大安全生产宣传工作力度，加强对安全生产法律法规、方针政策、重大决策部署以及工作举措的宣传报道，积极推广安全生产领域的典型经验，大力宣传安全生产工作中的先进人物和感人事迹，引导全社会关注和支持安全生产工作。要充分发挥舆论监督和群众监督的作用，及时客观公正地报道事故发生和抢险救援情况，鼓励广大职工和人民群众积极举报非法违法生产行为和重大事故隐患，各地区、各有关部门对举报的情况要认真核查处理。

《通知》还对严密防范自然灾害引发事故灾难、继续深化重点行业领域的安全专项整治、认真做好抢险救援和事故调查处理工作等提出要求。

2.《关于认真贯彻落实国务院第 165 次常务会议精神进一步加强安全生产工作的通知》相关要点

2011 年 7 月 31 日，国务院安全生产委员会下发《关于认真贯彻落实国务院第 165 次常务会议精神进一步加强安全生产工作的通知》(安委明电〔2011〕8 号)。《通知》指出，7 月 27 日，温家宝总理主持召开国务院第165次常务会议，听取“7·23”甬温线特别重大铁路交通事故情况汇报，针对当前事故多发的严峻形势，部署进一步加强安全生产工作的各项措施。为认真贯彻落实国务院第165次常务会议精神，进一步加强安全生产工作，有效防范和坚决遏制重特大事故，促进安全生产形势持续稳定好转，现就有关要求通知如下：

(1) 深刻领会国务院常务会议精神，牢固树立科学发展、安全发展的理念

今年以来，全国安全生产形势总体保持稳定，但重大事故和较大涉险事故时有发生，一些行业（领域）事故频发，非法违规生产经营建设行为屡禁不止，安全生产形势依然严峻。特别是7月以来，接连发生多起重特大事故，造成了严重的人员伤亡和财产损失，社会影响很大。这些事故的发生，充分暴露了我国生产经营建设领域仍然存在安全责任落实不到位、防范措施不到位、安全监管不到位、治理整顿不到位等突出问题，教训极其深刻。严峻的安全生产形势再次警示我们，在任何情况下，安全生产工作不能有丝毫放松，必须从零开始、警钟长鸣、常抓不懈。

要从全局和战略的高度，充分认识加强安全生产工作的极端重要性。我国正处在发展机遇期和矛盾凸显期并存的发展阶段，处在工业化和城镇化快速发展、生产安全事故易发的特殊阶段。切实做好安全生产工作，是深入贯彻落实科学发展观，加快转变经济发展方式，推进经济社会全面、协调、可持续发展的重要任务，是保障人民群众生命财产安全、进一步促进社会和谐稳定的必然要求，是实现全面建设小康社会目标、加快改革开放和现代化进程的重要保障。各地区、各部门必须从全局和战略的高度，充分认识加强安全生产工作的极端重要性，必须以对党和人民高度负责的精神，自觉坚持“安全第一、预防为主、综合治理”的方针，把生命高于一切的理念落实到生产、经营、管理的全过程，坚决守住安全生产这条红线。

要牢固确立安全发展的科学理念。安全发展体现了科学发展观以人为本的本质内涵，既是科学发展的重要内容，又是科学发展的重要保证。各地区、各部门必须牢固树立安全发展的科学理念，坚持速度、质量、效益和安全的有机统一，始终把安全放在第一位。在谋发展、搞建设、抓生产的过程中，必须切实做到安全生产，坚持以人为本，绝不能以牺牲人的生命为代价谋求发展，要始终强调安全这一发展前提和保障，有效防范和坚决遏制重特大事故发生，促进安全生产形势持续稳定好转。

(2) 严格落实安全生产责任

● 全面落实企业安全生产主体责任。各类企业要健全安全管理机构，完善安全生产规章制度，切实加强全员、全方位、全过程的精细化管理，把安全责任层层落实到每个环节、每个岗位和每个职工，确保安全投入、安全管理、技术装备、教育培训和职业危害治理等措施落实到位。要强化法定代表人、实际控制人安全生产第一责任者的责任，认真落实企业负责人现场带班制度，严防违章指挥、违章作业和违反劳动纪律现象，及时在现场解决安全生产中遇到的突出问题，真正做到不安全不生产。要进一步强化企业安全生产承诺、约谈、事故企业“黑名单”、事故现场分析会等制度，督促企业落实安全生产主体责任。

● 进一步强化地方各级政府及相关部门的安全监管责任和属地管理责任。要细化落实地方各级政府安全生产行政首长负责制和领导班子成员安全生产“一岗双责”制度，着力抓好县、乡两级政府安全监管责任的落实。要充分发挥行业管理部门的专业优势，加强行业指导，认真落实部门监管责任。要配强干部和管理人员，确保有人负责、有得力的人负责、能负得了责。要充分发挥各级安委会及其办公室的综合协调和监督检查作用，进一步形成工作合力。

● 严格安全生产责任考核和追究。要进一步完善安全生产控制指标体系，使目标责任考核更加科学、更加合理。建立完善各级安委会对本级成员单位和下一级政府的安全生产工作综合考评机制，引导各单位更加注重预防，更加注重过程。认真落实重大事故查处挂牌督办、较大非法违法事故跟踪督办和通报等制度。坚持“四不放过”和“依法依规、实事求是、注重实效”的原则，科学、严谨、依法、实事求是地严格事故调查和责任追究，着力加快进度，调查和处理情况要做到公开、透明，并及时向社会公布。对瞒报、谎报、迟报、漏报事故及事故后逃逸的行为，依法从重处理。

（3）大力加强安全生产宣传教育和培训

● 加大安全生产宣传力度。要更加广泛、深入地宣传安全生产知识，增强全社会的安全生产观念。领导干部尤其要全面学习掌握安全生产知识，增强安全生产意识，严格依法依规办事。要努力建设以人为本、关注安全、关爱生命的安全文化，唱响安全发展主旋律。要大力开展安全生产、应急避险和职业健康知识进企业、进学校、进乡村、进家庭活动，增强全社会的安全生产意识。要积极推进安全文化示范企业、安全发展型城市、安全社区等创建活动，要注重发挥媒体的引导作用，及时总结和推广安全生产工作中涌现的各类典型经验和有效做法，抓好典型带动和示范引领，进一步营造加强安全生产的社会舆论环境。

● 强化安全生产教育培训。在强化对各级政府及对安全生产负有监管职责的部门各级领导和执法人员安全生产教育培训的同时，进一步落实企业主要负责人和安全生产管理人员、特殊工种人员一律按有关规定持证上岗；大力开展职业教育培训、全员培训、专业技能培训和岗前培训、班前培训，职工必须全部经过培训合格后上岗，不得搞速成班。凡存在不经培训上岗、无证上岗的企业，依法停产整顿，情节严重的要依法予以关闭。加快培养高危行业专业人才和生产一线急需技能型人才，进一步落实校企合作办学、对口单招、订单式培养等政策，努力培养高素质的安全专业人才。

《意见》还对全面排查和消除各类安全隐患、全面落实和完善安全生产制度、切实加强安全生产和监管能力建设、依法加强行政执法和社会监督、进一步加强对安全生产工作的领导提出要求。

3.《安全生产教育培训“十二五”规划》相关要点

为进一步提高安全生产教育培训科学化水平，培养造就高素质安全监管监察队伍，全面提升从业人员安全素质，促进全国安全生产形势持续稳定好转，根据《国家中长期人才发展规划纲要（2010—2020年）》《国家中长期教育改革和发展规划纲要（2010—2020年）》《2010—2020年干部教育培训改革纲要》《国务院关于进一步加强企业安全生产工作的通知》（国发〔2010〕23号）和《安全生产“十二五”规划》，结合实际，制定本规划。

(1) 安全生产教育培训现状及面临的形势

“十二五”时期，是我国全面建设小康社会和构建社会主义和谐社会的关键时期，也是实现安全生产状况根本好转的重要时期。随着我国加快转变经济发展方式和产业结构优化升级，煤矿、非煤矿山、重化工等行业（领域）机械化、自动化水平将不断提升，安全生产将不断出现新情况、新问题，迫切需要进一步加大安全生产教育培训力度，不断提高各类人员安全管理水平和实际操作技能。党中央、国务院关于加强安全生产和教育培训工作的重要指示和决策部署，为安全生产教育培训指明了方向、提供了强有力的政策支持；和谐社会的构建，全社会安全意识的增强，经济发展方式的转变，为安全生产教育培训创造了良好的社会氛围；经济社会持续快速发展，全民特别是农民工文化素质的不断提高，为安全生产教育培训带来了难得的发展条件。我们必须进一步提高认识，增强责任感、使命感和紧迫感，抓住机遇，进一步加大力度，努力解决工作中不适应的问题，推进安全生产教育培训创新发展，全面提升各类人员安全素质和能力，为促进安全生产形势进一步持续稳定好转作出新的更大贡献。

（2）指导思想、基本原则和规划目标

● 指导思想。深入贯彻落实科学发展观，牢固树立以人为本、安全发展的理念，认真贯彻执行党中央、国务院关于加强安全生产和教育培训工作的重要指示精神和决策部署，以提升从业人员安全素质、提高安全监管监察效能为目标，以落实培训责任、健全法规标准、强化基础建设、提升培训质量、加强安全专业人才培养为重点，进一步深化教育培训改革创新，建立完善面向基层、责任明确、载体多样、保障有力、管理规范的教育培训体系，全面提升安全生产教育培训科学化水平，推动“人才强安”战略深入实施，为促进全国安全生产形势持续稳定好转提供坚强的人才支持和智力保障。

● 基本原则。①坚持提高素质、服务大局。紧紧围绕服务安全生产工作大局，把安全生产教育培训的普遍性要求与不同类别、不同层次、不同岗位人员的特殊需要结合起来，不断提高各级各类人员安全素质和能力，更好地为安全发展服务。②坚持竞争择优、改革创新。坚持以改革促发展、以创新增活力、以竞争促资源盘活、以择优促质量提升，努力实现培训内容规范化、培训方式多样化、培训管理信息化。③坚持联系实际、学用结合。着眼解决安全生产教育培训针对性、实用性不强的问题，把理念、知识、技能作为重要培训内容，形成推动培训机构联系实际办学、教师联系实际教学、学员联系实际真学的机制。④坚持质量第一、注重实效。把提高教学质量和培训效果作为谋划、推进和评价安全生产教育培训工作的基本要求，贯穿于安全生产教育培训的各个环节和各个方面，实现安全生产教育培训规模、质量和效益相统一。

● 规划目标。①更新教育培训理念。牢固树立为安全生产大局服务、为干部职工成长成才服务的方向，从只有办学才是教育、只有办班才是培训的观念中解放出来，树立实践是最好课堂、自学互学是有效形式的理念，实现教育培训生活化、工作化、常态化。②完善教育培训制度。坚持制度引领，进一步完善教育培训法规标准，建立健全岗位责任、投入使用、教考分离、考核奖惩、证件年检和监督检查等制度，提高教育培训工作科学化水平。③强化教育培训基础建设。整合优化资源，完善基地网络，壮大专兼职教师队伍，规范培训内容，健全信息化管理系统和考核体系，基本实现高危行业企业“三项岗位”人员和安全监管监察干部教育培训大纲、教材、考试、颁证、审核全国统一。④创新教育培训方式方法。适应各级各类人员多样化要求，改进方式方法，提升教育培训的针对性和实效性，全面提高从业人员安全素质和社会公众自救互救能力，有效减少违章指挥、违章作业、违反劳动纪律等行为。⑤加强教育培训监督管理。着眼于满足全社会日益增长的安全需求，加强组织领导，强化宏观协调管理，落实教育培训责任，形成职责明确、制度健全、考核规范、监管到位、保障有力的组织管理体制。⑥推进安全学科专业建设。完善“安全科学与工程”一级学科体系，推动安全类专业高等教育规模、结构、质量、效益与安全生产发展需求基本实现协调发展。

(3) 主要任务

● 全面提高企业从业人员安全素质。坚持先培训后上岗，持证上岗。依法强化煤矿、非煤矿山、危险化学品、烟花爆竹、民用爆炸物品、冶金等重点行业（领域）企业主要负责人和安全生产管理人员安全资格培训，并按规定进行复训，做到持安全资格证或职业资格证上岗；加强特种作业人员安全培训及监督管理，严格特种作业人员的条件准入。把农民工和外包施工企业人员作为重点，严格对新上岗人员进行强制性岗前安全培训。对从事加工、制造等生产性质的单位的其他从业人员，坚持厂（矿）、车间（工段、区、队）和班组“三级”安全生产教育培训，未经培训或培训不合格的，一律不得上岗作业。以企业自主培训为主，实施班组长安全培训工程，每年将班组长培训一遍。加强应急演练，强化应急管理和应急救援人员培训，做到全面覆盖。大力推进用人单位职业卫生培训工作。

深入开展安全生产、应急避险和职业健康知识进企业、进学校、进乡村、进社区、进家庭等活动，不断增强全民特别是农民工安全意识。

● 全面深化干部教育培训改革。推进干部教育培训办学体制、运行机制、内容方式、师资管理改革，进一步改进管理方式，全面提升干部教育培训科学化水平。开展领导干部安全素质和安全监管监察人员执法能力研究，分级分类建立干部岗位能力模型体系。按照国家安全生产监督管理总局负责市（地）、各省级相关部门负责所属县（市）和乡（镇）的原则，继续开展对地方政府领导干部的安全生产专题培训，积极争取将地方政府主要领导干部纳入培训范畴。

● 全面加强注册安全工程师队伍建设。进一步完善注册安全工程师（含注册助理安全工程师，以下统称注安师）考试制度，针对煤矿、建筑施工和危险物品等重点行业逐步实行相关考试科目分专业考试，增强考试的科学性、针对性。加强注安师分类注册管理，建立健全行业注安师人才库。强化继续教育，不断提升职业道德和执业能力。构建注安师培养、考核、使用和激励机制，充分发挥注安师作用。加快推进注安师立法工作，保障注安师依法履行职责和行使权力。积极培育注安师事务所，鼓励和支持注安师为中小企业服务；引导建立注安师协会，不断提高行业自律管理能力。加强注安师制度国际交流合作，研究探索注安师走向国际化的途径。到2015年，注安师人数比2010年增长40%以上（其中，注册安全工程师增长50%以上，注册助理安全工程师和安全主任增长35%以上）；造就一支恪守诚信、素质过硬、适应安全发展要求，基本满足企业安全管理和专业服务需要的注安师队伍。

● 全面强化安全专业技术人才培养。加强安全学科专业建设理论研究，完善“安全科学与工程”一级学科体系。积极推进和扩大安全工程本科专业教育认证，搞好精品课程建设，完善安全工程专业（本科）系列教材。实施“卓越工程师教育培养计划”，推进校企共同培养高层次安全专业人才。进一步完善并落实校企合作办学、对口单招、订单式培养等政策，加大奖学金和助学金支持力度，鼓励高等院校、职业技术学校扩大采矿、机电、地质、通风、安全等相关专业招生规模，加快培养高危行业专业人才和生产一线急需技能型人才。推动发展职业技术教育，鼓励和支持企业办好技工学校，变招工为招生，为高危行业培养更多专业技术和技能应用型人才。到2015年，安全生产管理人才、高技能人才和专业服务人才总量达到662万人，比2010年增长61%；安全类专业高等教育规模、结构、质量、效益与安全生产发展需求基本实现协调发展。

● 全面完善安全生产教育培训法规标准体系。加强安全生产教育培训法规体系研究，建立安全生产教育培训法规制度标准跟踪评价、适时修订、定期清理制度，进一步完善相关法规、规章和标准。制定和修订安全生产教育培训管理、考核、质量评估、监督检查等方面的规章制度，建立完善各类人员培训大纲和考核标准，及时调整和公布特种作业范围，健全培训质量保证体系。针对农民工安全生产教育培训存在的突出问题，进一步完善农民工安全培训相关政策。完善安全培训机构评估标准，规范培训机构从业行为，坚决杜绝以牟利为目的搞速成班，以及乱发文、乱办班、乱收费现象。严格安全生产教育培训行政许可制度，强化相关资格证书的发放和管理，严肃查处培训考核发证工作中的不正之风和腐败现象。

● 全面推进安全生产教育培训基地、师资和教材三项基础工作。①建立优胜劣汰机制，规范安全培训机构的资质管理，继续做好培训机构资质认定和复审工作，对不具备办学条件和能力或布局、结构不合理的培训机构进行调整。加强培训效果评估，推进培训机构规范化和标准化建设。坚持资源共享，发挥大中专院校、职业培训机构的作用，逐步构建布局合理、功能完备、特色鲜明、优势互补、与安全生产相适应的安全生产教育培训基地网络。②按照规模适当、结构合理、素质优良、专兼结合、动态管理的原则，建立健全安全培训师资库，实现优质资源共享。完善培训教师选聘、培训、考核、上岗制度，实行安全培训教师分级管理，开展教师讲课大赛等活动，培育一支优秀骨干师资队伍。对已取得岗位证书的教师，每3年至少轮训一遍。③制定教材编写规划，统筹教材编写。突出案例特色，开发适用于不同层次人员的培训教材，注重加强农民工和企业班组长培训教材以及多媒体教材的开发，逐步形成以文字、音像、多媒体软件等为载体，适应分级分类培训需要，质量高、实用性强的立体化教材体系。

● 全面提升安全生产教育培训质量。改进培训班次设置方式，推广专题研究、短期培训、小班教学，突出按不同层次、不同类别人员开展培训。加强培训需求调研，完善培训课程设计，切实增强培训的针对性和实效性。改进讲授式教学，推广研讨式、互动式、案例式、体验式、模拟式教学，进一步增强教学的吸引力和感染力。严格考核标准，加强考核管理，建立健全高危行业企业“三项岗位”人员和安全监管监察人员考核题库，开发相应配套软件，大力推行计算机考试，实现题库资源共享。

● 全面加强安全生产教育培训信息化建设。着眼于满足各级各类人员多样化的学习要求，实施网络教育培训与信息化管理工程。加强网络教育培训基础设施建设，建立网络教育培训平台，规范网络教育培训管理，针对不同层次、不同类型、不同岗位人员工作需求，开发网络课堂、手机课堂、视频课堂，充分利用视频系统、互联网系统开展远程教育，实现安全生产教育培训生活化、网络化、常态化。适应现代信息技术发展的新形势，加快安全生产教育培训信息化建设步伐，构建教育培训信息化管理平台，实现教育培训管理、考核发证、证书查询等信息化，不断提高管理水平和工作效率。

● 全面落实安全生产教育培训责任。深化安全生产教育培训体制、机制、法制建设，进一步明确相关部门、企业和培训机构的职责，建立完善面向基层、责任明确、载体多样、保障有力、管理规范的国家、省、市、县四级安全生产教育培训体系。把安全生产教育培训纳入安全生产监督管理和执法检查的重要内容，进一步加强工作指导和监督检查，督促地方各有关部门以及各培训机构和企业认真落实相关法律法规、制度标准要求，健全教育培训制度，切实履行各自职责，确保各项政策措施落实到位。完善专项检查制度，加大执法检查力度，严厉查处企业“三项岗位”人员未按照相关要求持证上岗、职工未经培训或培训不合格就安排上岗作业的行为，进一步促进企业安全生产教育培训责任落实。

(4) 重点工程

● 企业全员培训工程。按照属地管理、分类实施、全员培训、突出重点的原则，依法强化企业全员安全培训。国家安全生产监督管理总局每年举办中央企业主要负责人及安全生产管理人员的安全资格培训或复训班，加强对煤矿等高危行业高级安全工程技术人员的培训，大力开展企业应急管理和救援人员以及职业健康管理人员专业培训。地方各级安全生产监管监察部门和负责煤矿安全培训的部门结合本地区实际和企业需要，依法做好辖区内企业“三项岗位”人员安全培训工作，做到100%持证上岗；树立服务意识，对不具备培训能力的中小企业，组织相关培训机构组建“讲师团”，大力开展“送教上门”活动。各企业要以班组长、高危行业企业一线操作人员及农民工为重点，切实抓好班组长安全培训工程的实施，加强班组长能力建设，开展班组内部培训，确保职工做到应知应会。各地区、各有关部门和单位要继续抓好“安全生产月”、“安全生产万里行”、“安康杯”竞赛、《职业病防治法》宣传周等活动，利用新闻媒体、社会讲堂，向全社会普及安全生产知识。

● 教育培训法规标准建设工程。修订《安全生产培训管理办法》（原国家安全生产监督管理局令第 20 号）、《煤矿安全监察员培训考核办法》（煤安监人字〔2002〕第59号）、《生产经营单位安全培训规定》（国家安全生产监督管理总局令第 3 号）、《安全生产监察员培训大纲》（安监管人字〔2002〕第 77 号）和《一、二级安全培训机构认定标准（试行）》（安监总培训〔2007〕226 号）；制定煤矿安全培训规定、安全资格考试管理规定、安全生产培训监督检查办法、安全生产培训质量考核标准，以及各类特种作业人员和冶金行业企业主要负责人、安全生产管理人员培训大纲和考核标准。

● 网络教育培训工程。根据各级各类人员特点和岗位需求，研制网络培训课程体系，开发全国安全生产网络教育培训平台，实现在线学习、互动交流、信息发布和培训管理一体化，进一步扩大干部职工学习培训的选择权。推广视频专题讲座，探索利用手机信息方式进行在线学习。制定网络教育培训管理办法，规范学习内容和课程，严格学习时间和考核要求，强化网络教育培训管理。加强虚拟现实技术研究，开发虚拟现实软件，建设安全生产教育培训 3D、4D 影院及虚拟现实实验室。

● 教育培训考核体系建设工程。落实教考分离要求，健全集中考核制度，完善考核标准、办法和程序，探索实行执法资格、安全资格、特种作业操作资格年检制度。国家安全生产监督管理总局成立安全生产教育培训考试中心，在各省级安全生产监管监察部门分别设立相应的机构，各地考试机构结合本地实际建立若干考试点，履行考试职责，构建覆盖全面的安全生产教育培训考核体系，形成对培训质量的检查约束机制。建立健全煤矿、非煤矿山、危险化学品、烟花爆竹、冶金、机械等重点行业（领域）企业“三项岗位”人员考试题库。完善注册安全工程师执业资格考试大纲，加强注册安全工程师考试工作。

● 教育培训教材开发工程。健全安全生产教育培训大纲，规范培训内容和方式，完善教材管理、开发和使用机制。组建安全生产教育培训教材编审委员会；按照看得懂、用得上、记得住的原则，编制一批安全生产监管监察干部学习培训教材，开发一批高危行业企业“三项岗位”人员和班组长安全生产基础知识读本，研制一批动画动漫、影视、音像等多媒体教材；定期开展优秀课件、教材评选活动，并向社会推荐优秀教材。

● 警示教育与培训示范基地工程。积极争取国家财政支持和企业投入，建立 3 个国家级安全监管监察系统综合实训基地和 1 个应急救援培训基地。依托中央企业和国有大型企业，分行业建立 30～40 个师资水平一流、实训场地完备、教学设施齐全、教学手段先进的安全生产教育培训示范基地，10 个现场模拟训练基地和 25 个警示教育基地。依托有条件的教育培训机构，引进境外优质教育培训资源，合作设立教学、实训、研究机构或项目。

● 师资队伍培养工程。完善教师持证上岗和继续教育制度，建立培训教师挂职锻炼、现场调研、跟班学习等制度，鼓励教师参与重大安全生产课题研究等活动，强化实践锻炼。加强国际合作与交流，组织培训机构的业务骨干赴国外培训。国家安全生产监督管理总局每年指导举办 2～4 期安全培训教师岗位或专题业务培训班，每 3 年组织一次优秀教师评选，适时开展教师讲课大赛；选聘 500 名素质较高、专业结构合理的专兼职教师，构建国家安全生产教育培训师资库。各省级安全生产监管监察部门根据教育培训工作需要，建立健全省级师资库。

● 教育培训信息化管理工程。依托国家安全生产信息系统（“金安”）二期工程，研究制定开发方案，建立安全生产教育培训信息管理系统，构建政府、企业和培训机构“三位一体”的信息平台。统一数据格式和标准，建立健全师资管理、学员信息、考试试题、考核颁证、信息查询、报表统计等基础数据库，提高工作效率和水平，实现教育培训管理信息化。

(5) 保障措施

● 加强领导，落实责任。各地区、各有关部门和单位要把安全生产教育培训纳入安全生产工作总体部署，统筹规划，同步推进；完善领导干部特别是分管领导干部抓安全生产教育培训工作责任制，切实加强对教育培训工作的领导。国家安全生产监督管理总局负责本规划实施的统筹协调和宏观指导。地方各级安全生产监管监察部门和有关行业主管部门要按照职责分工，结合实际，制定具体实施方案和年度工作计划，逐级分解落实规划主要任务和目标指标，做到责任有主体、任务有保障。各有关单位和企业要落实相关任务和要求，完善制度措施，加强能力建设，认真组织实施，确保规划任务完成。

● 完善政策，加大投入。拓宽安全生产教育培训投入渠道，形成政府引导投入、生产经营单位主要投入、社会资金积极资助的多元化投入机制。地方各级有关部门要把农民工安全生产教育培训纳入公共服务范畴；将干部教育培训经费纳入年度预算，实行“经费跟着项目走”、“经费跟着干部走”等制度，改进培训经费管理。生产经营单位要按照有关规定足额提取教育培训经费，用于职工安全生产教育培训。完善工伤保险、安全生产责任险等保险制度，积极探索从工伤保险基金中提取一定比例资金，专门用于从业人员的安全生产教育培训、隐患排查等事故预防工作。

● 强化宣传，优化环境。大力宣传党中央、国务院关于加强安全生产和教育培训工作的重要指示精神和决策部署，大力宣传加强安全生产教育培训的重要意义和重大举措，营造全社会重视、关心和支持安全生产教育培训工作的良好氛围。认真总结推广安全生产教育培训工作中涌现出来的新鲜经验、有效做法和典型成效，以点带面，推动工作创新发展。加强安全生产教育培训工作者队伍建设，强化培训管理人员的理论学习、业务培训和实践锻炼，树立先进培训理念，熟悉相关知识，掌握基本规律、工作要求和方法，全面提高安全生产教育培训管理水平。

● 加强检查，严格评估。各地区、各有关部门和单位要把规划的主要目标纳入本地区、本部门、本单位安全生产综合评价和绩效考核体系，建立评估考核机制，加强对规划实施情况的动态监测。

地方各级安全生产监管监察部门和有关行业主管部门要加强对规划执行情况的监督检查，每年度公布一次本地区、本行业（领域）安全生产教育培训规划目标指标、重点工程项目的实施进展情况。2013 年年底和 2015 年年底，国家安全生产监督管理总局分别对本规划执行情况进行中期评估和终期考核，并以适当方式在一定范围内公布。

4.《生产经营单位安全培训规定》相关要点

2005 年 12 月 28 日，国家安全生产监督管理总局局长办公会议审议通过《生产经营单位安全培训规定》（国家安全生产监督管理总局令第 3 号），自 2006 年 3 月 1 日起施行。

《生产经营单位安全培训规定》分为七章三十五条，各章内容为：第一章总则，第二章主要负责人、安全生产管理人员的安全培训，第三章其他从业人员的安全培训，第四章安全培训的组织实施，第五章监督管理，第六章罚则，第七章附则。制定本规定的目的，是根据安全生产法和有关法律、行政法规，加强和规范生产经营单位安全培训工作，提高从业人员安全素质，防范伤亡事故，减轻职业危害。工矿商贸生产经营单位（以下简称生产经营单位）从业人员的安全培训，适用本规定。

(1) 对原则性问题的有关规定

在第一章总则中，对相关原则性问题做了规定。

生产经营单位负责本单位从业人员安全培训工作。生产经营单位应当按照安全生产法和有关法律、行政法规和本规定，建立健全安全培训工作制度。

生产经营单位应当进行安全培训的从业人员包括主要负责人、安全生产管理人员、特种作业人员和其他从业人员。

生产经营单位从业人员应当接受安全培训，熟悉有关安全生产规章制度和安全操作规程，具备必要的安全生产知识，掌握本岗位的安全操作技能，增强预防事故、控制职业危害和应急处理的能力。

未经安全生产培训合格的从业人员，不得上岗作业。

国家安全生产监督管理总局指导全国安全培训工作，依法对全国的安全培训工作实施监督管理。

国家煤矿安全监察局指导监督检查全国煤矿安全培训工作。

各级安全生产监督管理部门和煤矿安全监察机构按照各自的职责，依法对生产经营单位的安全培训工作实施监督管理。

（2）对主要负责人、安全生产管理人员安全培训的有关规定

在第二章主要负责人、安全生产管理人员的安全培训中，对相关事项做了规定。

生产经营单位主要负责人和安全生产管理人员应当接受安全培训，具备与所从事的生产经营活动相适应的安全生产知识和管理能力。

煤矿、非煤矿山、危险化学品、烟花爆竹等生产经营单位主要负责人和安全生产管理人员，必须接受专门的安全培训，经安全生产监管监察部门对其安全生产知识和管理能力考核合格，取得安全资格证书后，方可任职。

生产经营单位主要负责人安全培训应当包括下列内容：

- 国家安全生产方针、政策和有关安全生产的法律、法规、规章及标准；
- 安全生产管理基本知识、安全生产技术、安全生产专业知识；
- 重大危险源管理、重大事故防范、应急管理和救援组织以及事故调查处理的有关规定；
- 职业危害及其预防措施；
- 国内外先进的安全生产管理经验；
- 典型事故和应急救援案例分析；
- 其他需要培训的内容。

生产经营单位安全生产管理人员安全培训应当包括下列内容：

- 国家安全生产方针、政策和有关安全生产的法律、法规、规章及标准；

● 安全生产管理、安全生产技术、职业卫生等知识；

● 伤亡事故统计、报告及职业危害的调查处理方法；

● 应急管理、应急预案编制以及应急处置的内容和要求；

● 国内外先进的安全生产管理经验；

● 典型事故和应急救援案例分析；

● 其他需要培训的内容。

生产经营单位主要负责人和安全生产管理人员，初次安全培训时间不得少于 32 学时，每年再培训时间不得少于 12 学时。

煤矿、非煤矿山、危险化学品、烟花爆竹等生产经营单位主要负责人和安全生产管理人员，安全资格培训时间不得少于 48 学时，每年再培训时间不得少于 16 学时。

生产经营单位主要负责人和安全生产管理人员的安全培训必须依照安全生产监管监察部门制定的安全培训大纲实施。

非煤矿山、危险化学品、烟花爆竹等生产经营单位主要负责人和安全生产管理人员的安全培训大纲及考核标准由国家安全生产监督管理总局统一制定。

煤矿、非煤矿山、危险化学品、烟花爆竹等生产经营单位主要负责人和安全生产管理人员，经安全资格培训考核合格，由安全生产监管监察部门发给安全资格证书。

其他生产经营单位主要负责人和安全生产管理人员经安全生产监管监察部门认定的具备相应资质的培训机构培训合格后，由培训机构发给相应的培训合格证书。

(3) 对其他从业人员安全培训的有关规定

在第三章其他从业人员的安全培训中，对相关事项做了规定。

煤矿、非煤矿山、危险化学品、烟花爆竹等生产经营单位必须对新上岗的临时工、合同工、劳务工、轮换工、协议工等进行强制性安全培训，保证其具备本岗位安全操作、自救互救以及应急处置所需的知识和技能后，方能安排上岗作业。

加工、制造业等生产单位的其他从业人员，在上岗前必须经过厂（矿）、车间（工段、区、队）、班组三级安全培训教育。

生产经营单位可以根据工作性质对其他从业人员进行安全培训，保证其具备本岗位安全操作、应急处置等知识和技能。

生产经营单位新上岗的从业人员，岗前培训时间不得少于 24 学时。煤矿、非煤矿山、危险化学品、烟花爆竹等生产经营单位新上岗的从业人员，安全培训时间不得少于 72 学时，每年接受再培训的时间不得少于 20 学时。

厂（矿）级岗前安全培训内容应当包括：

- 本单位安全生产情况及安全生产基本知识；
- 本单位安全生产规章制度和劳动纪律；
- 从业人员安全生产权利和义务；
- 有关事故案例等。

煤矿、非煤矿山、危险化学品、烟花爆竹等生产经营单位厂（矿）级安全培训除包括上述内容外，应当增加事故应急救援、事故应急预案演练及防范措施等内容。

车间（工段、区、队）级岗前安全培训内容应当包括：

- 工作环境及危险因素；
- 所从事工种可能遭受的职业伤害和伤亡事故；
- 所从事工种的安全职责、操作技能及强制性标准；
- 自救互救、急救方法、疏散和现场紧急情况的处理；
- 安全设备设施、个人防护用品的使用和维护；
- 本车间（工段、区、队）安全生产状况及规章制度；
- 预防事故和职业危害的措施及应注意的安全事项；
- 有关事故案例；
- 其他需要培训的内容。

班组级岗前安全培训内容应当包括：

- 岗位安全操作规程；
- 岗位之间工作衔接配合的安全与职业卫生事项；
- 有关事故案例；
- 其他需要培训的内容。

从业人员在本生产经营单位内调整工作岗位或离岗一年以上重新上岗时，应当重新接受车间（工段、区、队）和班组级的安全培训。

生产经营单位实施新工艺、新技术或者使用新设备、新材料时，应当对有关从业人员重新进行有针对性的安全培训。

生产经营单位的特种作业人员，必须按照国家有关法律、法规的规定接受专门的安全培训，经考核合格，取得特种作业操作资格证书后，方可上岗作业。

（4）对安全培训组织实施的有关规定

在第四章安全培训的组织实施中，对相关事项做了规定。

生产经营单位除主要负责人、安全生产管理人员、特种作业人员以外的从业人员的安全培训工作，由生产经营单位组织实施。

具备安全培训条件的生产经营单位，应当以自主培训为主；可以委托具有相应资质的安全培训机构，对从业人员进行安全培训。不具备安全培训条件的生产经营单位，应当委托具有相应资质的安全培训机构，对从业人员进行安全培训。

生产经营单位应当将安全培训工作纳入本单位年度工作计划，保证本单位安全培训工作所需资金。

生产经营单位应建立健全从业人员安全培训档案，详细、准确记录培训考核情况。

生产经营单位安排从业人员进行安全培训期间，应当支付工资和必要的费用。

（5）对监督管理的有关规定

在第五章监督管理中，对相关事项做了规定。

安全生产监管监察部门依法对生产经营单位安全培训情况进行监督检查，督促生产经营单位按照国家有关法律法规和本规定开展安全培训工作。

县级以上地方人民政府负责煤矿安全生产监督管理的部门对煤矿井下作业人员的安全培训情况进行监督检查，煤矿安全监察机构对煤矿特种作业人员安全培训及持证上岗的情况进行监督检查。

各级安全生产监管监察部门对生产经营单位安全培训及持证上岗的情况进行监督检查，主要包括以下内容：

● 安全培训制度、计划的制定及其实施的情况；

● 煤矿、非煤矿山、危险化学品、烟花爆竹等生产经营单位主要负责人和安全生产管理人员安全资格证持证上岗的情况；其他生产经营单位主要负责人和安全生产管理人员培训的情况；

● 特种作业人员操作资格证持证上岗的情况；

● 建立安全培训档案的情况；

● 其他需要检查的内容。

(6) 对罚则的有关规定

在第六章罚则中，对相关事项做了规定。

生产经营单位有下列行为之一的，由安全生产监管监察部门责令其限期改正，并处 2 万元以下的罚款：

● 未将安全培训工作纳入本单位工作计划并保证安全培训工作所需资金的；

● 未建立健全从业人员安全培训档案的；

● 从业人员进行安全培训期间未支付工资并承担安全培训费用的。

生产经营单位有下列行为之一的，由安全生产监管监察部门责令其限期改正；逾期未改正的，责令停产停业整顿，并处 2 万元以下的罚款：

● 煤矿、非煤矿山、危险化学品、烟花爆竹等生产经营单位主要负责人和安全管理人员未按照本规定经考核合格的；

● 非煤矿山、危险化学品、烟花爆竹等生产经营单位未按照本规定对其他从业人员进行安全培训的；

● 非煤矿山、危险化学品、烟花爆竹等生产经营单位未如实告知从业人员有关安全生产事项的；

● 生产经营单位特种作业人员未按照规定经专门的安全培训机构培训并取得特种作业人员操作资格证书，上岗作业的。

县级以上地方人民政府负责煤矿安全生产监督管理的部门发现煤矿未按照本规定对井下作业人员进行安全培训的，责令限期改正，处 10 万元以上 50 万元以下的罚款；逾期未改正的，责令停产停业整顿。

煤矿安全监察机构发现煤矿特种作业人员无证上岗作业的，责令限期改正，处 10 万元以上 50 万元以下的罚款；逾期未改正的，责令停产停业整顿。

5.《安全生产培训管理办法》相关要点

2011 年 12 月 31 日，国家安全生产监督管理总局局长办公会议审议通过《安全生产培训管理办法》（国家安全生产监督管理总局令第 44 号）。本办法自 2012 年 3 月 1 日起施行。原国家安全生产监督管理局（国家煤矿安全监察局）2004 年 12 月 28 日公布的《安全生产培训管理办法》同时废止。

《安全生产培训管理办法》分为八章五十二条，各章内容为：第一章总则，第二章安全培训机构，第三章安全培训，第四章安全培训的考核，第五章安全培训的发证，第六章监督管理，第七章法律责任，第八章附则。制定本办法的目的，是根据《中华人民共和国安全生产法》和有关法律、行政法规的规定，加强安全生产培训管理，规范安全生产培训秩序，保证安全生产培训质量，促进安全生产培训工作健康发展。

(1) 对相关原则性问题的有关规定

在第一章总则中，对相关原则性问题做了规定。

安全培训机构、生产经营单位从事安全生产培训（以下简称安全培训）活动，以及安全生产监督管理部门、煤矿安全监察机构、地方人民政府负责煤矿安全培训的部门对安全培训工作实施监督管理，适用本办法。

本办法所称安全培训是指以提高安全监管监察人员、生产经营单位从业人员和从事安全生产工作的相关人员的安全素质为目的的教育培训活动。

生产经营单位从业人员是指生产经营单位主要负责人、安全生产管理人员、特种作业人员及其他从业人员；从事安全生产工作的相关人员是指从事安全教育培训工作的教师、危险化学品登记机构的登记人员和承担安全评价、咨询、检测、检验的人员及注册安全工程师、安全生产应急救援人员等。

安全培训工作实行统一规划、归口管理、分级实施、分类指导、教考分离的原则。

国家安全生产监督管理总局（以下简称国家安全监管总局）指导全国安全培训工作，依法对全国的安全培训工作实施监督管理。

国家煤矿安全监察局（以下简称国家煤矿安监局）指导全国煤矿安全培训工作，依法对全国煤矿安全培训工作实施监督管理。

国家安全生产应急救援指挥中心指导全国安全生产应急救援培训工作。

县级以上地方各级人民政府安全生产监督管理部门依法对本行政区域内的安全培训工作实施监督管理。

省、自治区、直辖市人民政府负责煤矿安全培训的部门、省级煤矿安全监察机构（以下统称省级煤矿安全培训监管机构）按照各自工作职责，依法对所辖区域煤矿安全培训工作实施监督管理。

(2) 对安全培训机构的有关规定

在第二章安全培训机构中，对相关事项做了规定。

安全培训机构从事安全培训活动，必须取得相应的资质证书。资质证书分三个等级。一级资质证书，由国家安全监管总局审批、颁发；二级、三级资质证书，由省、自治区、直辖市人民政府安全生产监督管理部门（以下简称省级安全生产监督管理部门）审批、颁发。设立煤矿安全监察机构的省、自治区、直辖市，由省级煤矿安全监察机构负责所辖区域内从事煤矿安全培训活动的培训机构二级、三级资质证书的审批、颁发。

取得一级资质证书的安全培训机构，可以承担省级以上安全生产监督管理部门、煤矿安全监察机构的安全生产监管人员、煤矿安全监察人员，中央企业的总公司、总厂或者集团公司的主要负责人和安全生产管理人员，以及安全培训机构教师的培训工作。

取得二级资质证书的安全培训机构，可以承担设区的市、县级人民政府安全生产监督管理部门（以下简称市级、县级安全生产监督管理部门）的安全生产监管人员，省属生产经营单位和中央企业的分公司、子公司及其所属单位主要负责人和安全生产管理人员，危险物品的生产、经营、储存单位和矿山企业的主要负责人，危险化学品登记机构的登记人员，承担安全评价、咨询、检测、检验工作的人员，以及注册安全工程师和三级安全培训机构教师的培训工作。

取得三级资质证书的安全培训机构，可以承担除中央企业、省属生产经营单位的主要负责人、安全生产管理人员以及危险物品的生产、经营、储存单位和矿山企业的主要负责人以外的生产经营单位从业人员的培训工作。

上一级安全培训机构可以承担下一级安全培训机构的培训工作。

(3) 对安全培训的有关规定

在第三章安全培训中，对相关事项做了规定。

安全培训应当按照规定的安全培训大纲进行。安全监管监察人员，危险物品的生产、经营、储存单位与非煤矿山企业的主要负责人、安全生产管理人员和特种作业人员及从事安全生产工作的相关人员的安全培训大纲，由国家安全监管总局组织制定。

煤矿企业的主要负责人、安全生产管理人员和特种作业人员的培训大纲由国家煤矿安监局组织制定。

除危险物品的生产、经营、储存单位和矿山企业以外其他生产经营单位的主要负责人、安全生产管理人员及其他从业人员的安全培训大纲，由省级安全生产监督管理部门、省级煤矿安全培训监管机构组织制定。

生产经营单位应当建立安全培训管理制度，保障从业人员安全培训所需经费，对从业人员进行与其所从事岗位相应的安全教育培训；从业人员调整工作岗位或者采用新工艺、新技术、新设备、新材料的，应当对其进行专门的安全教育和培训。未经安全教育和培训合格的从业人员，不得上岗作业。从业人员安全培训情况，生产经营单位应当建档备查。

下列从业人员应当由取得相应资质的安全培训机构进行培训：

● 依照有关法律、法规应当取得安全资格证的生产经营单位主要负责人；

● 安全生产管理人员；

● 特种作业人员；

● 井工矿山企业的生产、技术、通风、机电、运输、地测、调度等职能部门的负责人。

前款规定以外的从业人员的安全培训，由生产经营单位组织培训，或者委托安全培训机构进行培训。

生产经营单位从业人员的培训内容和培训时间，应当符合《生产经营单位安全培训规定》和有关标准的规定。

国家鼓励生产经营单位实行师傅带徒弟制度。

矿山新招的井下作业人员和危险物品生产经营单位新招的危险工艺操作岗位人员，除按照规定进行安全培训外，还应当在有经验的职工带领下实习满 2 个月后，方可独立上岗作业。

国家鼓励生产经营单位招录职业院校毕业生。职业院校毕业生从事与所学专业相关的作业，可以免予参加初次培训，实际操作培训除外。

安全培训机构应当建立安全培训工作制度和人员培训档案，落实安全培训计划。安全培训相关情况，应当记录备查。

安全培训机构从事安全培训工作的收费，应当符合法律、法规的规定。法律、法规没有规定的，应当按照行业自律标准或者指导性标准收费。

国家鼓励安全培训机构和生产经营单位利用现代信息技术开展安全培训，包括远程培训。

(4) 对安全培训考核的有关规定

在第四章安全培训的考核中，对相关事项做了规定。

安全监管监察人员、从事安全生产工作的相关人员、依照有关法律法规应当取得安全资格证的生产经营单位主要负责人和安全生产管理人员、特种作业人员的安全培训的考核，应当坚持教考分离、统一标准、统一题库、分级负责的原则，分步推行有远程视频监视的计算机考试。

安全监管监察人员，危险物品的生产、经营、储存单位及非煤矿山企业主要负责人、安全生产管理人员和特种作业人员，以及从事安全生产工作的相关人员的考核标准，由国家安全监管总局统一制定。

除危险物品的生产、经营、储存单位和矿山企业以外其他生产经营单位主要负责人、安全生产管理人员及其他从业人员的考核标准，由省级安全生产监督管理部门制定。

除主要负责人、安全生产管理人员、特种作业人员以外的生产经营单位的其他从业人员的考核，由生产经营单位按照省级安全生产监督管理部门公布的考核标准，自行组织考核。

安全生产监督管理部门、煤矿安全培训监管机构和生产经营单位应当制定安全培训的考核制度，建立考核管理档案备查。

(5) 对安全培训发证的有关规定

在第五章安全培训的发证中，对相关事项做了规定。

接受安全培训人员经考核合格的，由考核部门在考核结束后10个工作日内颁发相应的证书。

危险物品的生产、经营、储存单位和矿山企业主要负责人、安全生产管理人员经考核合格后，颁发安全资格证；特种作业人员经考核合格后，颁发《中华人民共和国特种作业操作证》（以下简称特种作业操作证）；危险化学品登记机构的登记人员经考核合格后，颁发上岗证；其他人员经培训合格后，颁发培训合格证。

安全生产监管执法证、煤矿安全监察执法证、安全资格证、特种作业操作证和上岗证的式样，由国家安全监管总局统一规定。培训合格证的式样，由负责培训考核的部门规定。

特种作业人员的考核发证按照《特种作业人员安全技术培训考核管理规定》执行。

特种作业操作证和省级安全生产监督管理部门、省级煤矿安全培训监管机构颁发的主要负责人、安全生产管理人员的安全资格证，在全国范围内有效。

(6) 对监督管理的有关规定

在第六章监督管理中，对相关事项做了规定。

安全生产监督管理部门、煤矿安全培训监管机构应当依照法律、法规和本办法的规定，加强对安全培训工作的监督管理，对生产经营单位、安全培训机构违反有关法律、法规和本办法的行为，依法作出处理。

安全生产监督管理部门和煤矿安全培训监管机构应当对安全培

训机构开展安全培训活动的情况进行监督检查，检查内容包括：

● 按照资质许可范围开展培训的情况；

● 建立培训管理制度和专兼职教师配备的情况；

● 执行培训大纲、建立培训档案和培训保障的情况；

● 培训收费的情况；

● 法律法规规定的其他内容。

安全生产监督管理部门、煤矿安全培训监管机构应当对生产经营单位的安全培训情况进行监督检查，检查内容包括：

● 安全培训制度、年度培训计划、安全培训管理档案的制定和实施的情况；

● 安全培训经费投入和使用的情况；

● 主要负责人、安全生产管理人员和特种作业人员安全培训和持证上岗的情况；

● 应用新工艺、新技术、新材料、新设备以及转岗前对从业人员安全培训的情况；

● 其他从业人员安全培训的情况；

● 法律法规规定的其他内容。

任何单位或者个人对生产经营单位、安全培训机构违反有关法律、法规和本办法的行为，均有权向安全生产监督管理部门、煤矿安全监察机构、煤矿安全培训监管机构报告或者举报。接到举报的部门或者机构应当为举报人保密，并按照有关规定对举报进行核查和处理。

(7) 对法律责任的有关规定

在第七章法律责任中，对相关事项做了规定。

生产经营单位主要负责人、安全生产管理人员、特种作业人员以欺骗、贿赂等不正当手段取得安全资格证或者特种作业操作证的，除撤销其相关资格证外，处 3 千元以下的罚款，并自撤销其相关资格证之日起 3 年内不得再次申请该资格证。

生产经营单位有下列情形之一的，责令改正，处 3 万元以下的罚款：

● 相关人员未按照本办法第二十一条第一款规定由相应资质安全培训机构培训的；

● 从业人员安全培训的时间少于《生产经营单位安全培训规定》或者有关标准规定的；

● 矿山新招的井下作业人员和危险物品生产经营单位新招的危险工艺操作岗位人员，未经实习期满独立上岗作业的；

● 相关人员未按照本办法第二十二条规定重新参加安全培训的。

生产经营单位存在违反有关法律、法规中安全生产教育培训的其他行为的，依照相关法律、法规的规定予以处罚。

6.《关于加强煤矿安全培训工作的若干意见》相关要点

2005 年 8 月 4 日，原国家安全生产监督管理局印发《关于加强煤矿安全培训工作的若干意见》（安监总培训字〔2005〕91 号）。《意见》指出，为全面提高煤矿职工队伍的安全素质，增强依法自我安全保护的意识，促进全国煤矿安全生产状况的稳定好转，现就加强煤矿安全培训工作提出以下意见：

（1）提高认识，明确指导思想和基本原则

● 充分认识煤矿安全培训的重要性和紧迫性。加强煤矿安全培训工作，是贯彻“安全第一，预防为主”方针，建立煤矿安全生产长效机制的重要举措；是增强职工安全意识，提高安全素质，保障煤矿安全生产的重要途径。各单位、各煤矿企业要从落实以人为本的科学发展观和构建社会主义和谐社会的高度，充分认识加强煤矿安全培训工作的重要意义，从目前煤矿职工结构变化、培训缺失、人员素质不适应的严峻状况出发，把煤矿安全培训作为一项重要的基础工作和紧迫的战略任务，加强领导，采取有力措施，切实抓出实效。

● 指导思想。坚持以邓小平理论和“三个代表”重要思想为指导，以深入贯彻《中华人民共和国安全生产法》和《国务院关于进一步加强安全生产工作的决定》为主线，以全面提高煤矿职工安全素质为目标，以预防和减少各类伤亡事故为目的，落实培训责任，规范培训管理，加大培训力度，提高培训质量，尽快改变目前煤矿职工素质不适应的状况，为促进全国煤矿安全生产状况的稳定好转提供人才保证和智力支持。

● 基本原则。坚持以人为本，依法培训；属地管理，企业负责；按需施教，保证质量；考培分离，客观公正；突出重点，全员培训。

（2）明确培训职责，落实培训责任

● 国家煤矿安全监察局负责组织、指导全国煤矿企业主要负责人、安全生产管理人员的安全资格和煤矿特种作业人员（含煤矿矿井使用的特种设备作业人员，下同）的培训发证工作。

● 省级煤矿安全监察机构负责辖区内煤矿企业主要负责人、安全生产管理人员的安全资格和煤矿特种作业人员的培训发证工作。地方人民政府煤矿安全监管部门负责对本地区煤矿职工的培训进行监督检查。

● 煤矿企业是安全培训的责任主体，负责本企业职工安全培训的组织管理工作，按规定选送企业主要负责人、安全生产管理人员、特种作业人员参加培训，并认真组织落实本企业职工的全员安全培训和考核工作。

（3）加强培训考核，保证培训质量

● 认真组织教学。煤矿安全培训机构要认真做好煤矿企业主要负责人、安全生产管理人员和特种作业人员的安全培训工作，严格按照培训教学大纲组织教学。搞好培训需求调研，科学制定培训方案，选用优秀教材，采取有效措施，确保培训质量。培训要把握重点，特别要加强对乡镇煤矿主要负责人、矿长的培训。

● 严格考核发证。煤矿安全监察机构要严格按照考核标准，对参加培训的煤矿企业主要负责人、安全生产管理人员和特种作业人员进行考试、考核，严肃纪律，严格把关，不达标准不能发证。要严格特种作业操作证（IC卡）的发放管理，所有煤矿特种作业人员必须持全国统一的特种作业操作证（IC卡）上岗作业。

(4) 坚持全员培训，重点加强对农民工的安全培训

● 坚持全员培训。要以增强安全意识、掌握安全知识和现场操作技能为重点，以企业自主培训为主，对全体煤矿职工特别是农民工（包括劳务工、轮换工、协议工、季节工等）进行严格的安全培训。未经培训或培训考核不合格者，一律不得上岗作业。

● 明确培训内容。煤矿井下职工上岗前培训的主要内容为：矿井概况、工作环境及井下危险因素，所从事工种可能造成的职业健康伤害和伤亡事故，该工种的安全职责、操作技能及强制性标准；拒绝违章指挥和强令冒险作业，紧急情况下停止作业和撤离现场的责任、义务和权利；了解应急救援预案和发生瓦斯爆炸、水害、火灾、顶板等灾害的自救互救、急救方法和避灾路线；安全生产规章制度和劳动纪律；自救器等安全逃生设备设施的使用和维护；出入井手续、通风安全系统、报警系统和安全指示标志；瓦斯、一氧化碳等有害气体的性质、危害及如何预防瓦斯积聚；典型事故案例分析等。露天矿和井工矿地面职工上岗前培训要在上述有关培训内容的基础上，适当增加运输、通信和边坡、水危险区、矿坑、废石场区域安全工作方法等内容。

● 确保培训时间。煤矿井下新职工上岗前安全培训的时间不得少于72学时，考试合格后，必须在有安全工作经验的职工带领下工作满4个月，然后经再次考核合格，方可独立工作。露天矿和井工矿地面新职工上岗前安全培训时间不得少于40学时，经考试合格，方可上岗作业。在岗职工每年接受安全培训时间不得少于20学时。对初中以下文化程度的职工特别是农民工，培训前应进行文化课补习。

● 落实培训载体。具备培训条件的煤矿企业，对职工的安全培训以企业为主体进行。不具备培训条件的煤矿企业特别是中、小型煤矿，要及时组织职工到附近有条件、具备资质的培训机构或依托大型煤矿企业进行培训。

● 丰富培训方式。各煤矿企业和培训机构要结合企业生产实际，统筹安排，因材施教，充分利用电视、多媒体等手段，采取灵活多样的教学形式。特别是针对农民工文化水平较低的现状，要利用电视、动画、漫画等图文并茂的直观方法进行培训，坚持文化补习与安全培训相结合、针对性教育与系统知识讲解相结合、形象化培训与老工人“传、帮、带”相结合。

● 加强培训管理。各煤矿企业要认真、严格地做好参加培训人员的考试、考核工作，经考核合格，颁发培训合格证书，并建立经煤矿企业、培训机构和职工本人三方签名的培训档案，详细准确记录培训、考核情况。煤矿安全培训管理部门要定期对培训档案和现场作业人员进行抽查验收。

(5) 加强基础建设，为培训提供可靠保障

● 加强培训机构建设，进一步完善煤矿安全培训网络。各煤矿安全培训机构要按照《安全生产培训管理办法》要求，加强内部建设，深化教学改革，引进先进教学方法和手段，开发和培育精品培训项目，建立培训档案，努力提高培训质量。加强对培训机构的评估检查，运用优胜劣汰机制，实行动态管理。

● 加强师资队伍建设。重视对现任教师特别是中青年骨干教师的培训，完善教师选聘、培训、考核、上岗的有关规定。积极从煤矿安全生产方面的专家学者中选聘专职或兼职教师，充实教学力量。按照规模适当、结构合理、素质优良、专兼结合、动态管理的原则，优化师资配置。

● 加强教材建设。本着少而精、实用、管用的原则，组织编写适应煤矿不同层次人员需要的安全培训教材，特别是针对农民工的培训教材。注重电子教材的研制和开发。积极推进培训信息化建设，发展远程教育。定期组织开展培训教材评选推荐活动。

(6) 学习先进经验，充实培训内涵，构建企业安全文化

● 注重典型引路。认真学习借鉴黑龙江省鸡西矿业集团等单位坚持全员安全培训的成功经验，将培训地点前移到每个区、段、队，突出培训的薄弱点、特殊点和困难点，增强培训的针对性；建立培训与工资奖金挂钩、跟踪问效考核等制度，完善培训制度体系；加强领导，落实责任，不断推动培训管理、方式和手段的创新，确保全员安全培训到位。

● 促进企业安全文化建设。结合实际，找准煤矿安全培训与安全文化建设的切入点，将培训与安全宣传教育结合起来，积极开展安全知识竞赛、安全技术比武、安全文艺宣传等活动，采取各种形式，使安全知识的培训和宣传能够突出人性化、注重多元化、倡导科学化、力求实效化，营造人人“遵章守法、关爱生命”的良好氛围。

(7) 加强培训管理，严格监督检查

● 各级煤矿安全监察机构要对煤矿企业主要负责人、安全生产管理人员和特种作业人员持证上岗情况进行检查，发现未经安全培训，没有取得相应资格证书上岗作业或弄虚作假的，要依法严肃查处。要加强对煤矿安全培训机构的监督管理，发现不按照规定开展安全培训的，要依法取消其培训资格，并向社会公布。

● 地方人民政府煤矿安全监管部门要采取抽查培训档案、随机抽考等措施，对煤矿企业职工特别是井下农民工的培训情况进行监督检查，发现未经培训上岗或培训不符合要求的，责令限期改正；逾期未改正的，责令煤矿企业停产整顿。

● 建立煤矿安全培训信息统计制度。各煤矿企业在每年 7 月 5 日和次年 1 月 5 日之前，分别将本企业上半年、全年各类人员培训情况统计上报各省级煤矿安全监察机构，由各省级煤矿安全监察机构汇总后，报送国家煤矿安全监察局。

7.《关于加强企业安全生产规范化建设的指导意见》相关要点

2010年8月20日，国家安全生产监督管理总局印发《关于进一步加强企业安全生产规范化建设严格落实企业安全生产主体责任的指导意见》（安监总办〔2010〕139号）。《意见》指出，近年来，随着企业安全生产保障能力不断增强，生产安全事故逐年减少，全国安全生产状况总体稳定、趋于好转。但是，一些企业安全生产主体责任不落实、管理机构不健全、管理制度不完善、基础工作不扎实、安全管理不到位等问题仍然比较突出，生产安全事故总量仍然很大，重特大事故多发频发，安全生产形势依然十分严峻。为认真贯彻落实《国务院关于进一步加强企业安全生产工作的通知》（国发〔2010〕23号）精神，进一步加强企业安全生产规范化建设，严格落实企业安全生产主体责任，提高企业安全生产管理水平，实现全国安全生产状况持续稳定好转，提出以下指导意见：

(1) 总体要求

深入贯彻落实科学发展观，坚持安全发展理念，指导督促企业完善安全生产责任体系，建立健全安全生产管理制度，加大安全基础投入，加强教育培训，推进企业全员、全过程、全方位安全管理，全面实施安全生产标准化，夯实安全生产基层基础工作，提升安全生产管理工作的规范化、科学化水平，有效遏制重特大事故发生，为实现安全生产提供基础保障。

(2) 健全和完善责任体系

● 落实企业法定代表人安全生产第一责任人的责任。法定代表人要依法确保安全投入、管理、装备、培训等措施落实到位，确保企业具备安全生产基本条件。

● 明确企业各级管理人员的安全生产责任。企业分管安全生产的负责人协助主要负责人履行安全生产管理职责，其他负责人对各自分管业务范围内的安全生产负领导责任。企业安全生产管理机构及其人员对本单位安全生产实施综合管理；企业各级管理人员对分管业务范围的安全生产工作负责。

● 健全企业安全生产责任体系。责任体系应涵盖本单位各部门、各层级和生产各环节，明确有关协作、合作单位责任，并签订安全责任书。要做好相关单位和各个环节安全管理责任的衔接，相互支持、互为保障，做到责任无盲区、管理无死角。

(3) 健全和完善管理体系

● 加强企业安全生产工作的组织领导。企业及其下属单位应建立安全生产委员会或安全生产领导小组，负责组织、研究、部署本单位安全生产工作，专题研究重大安全生产事项，制定、实施加强和改进本单位安全生产工作的措施。

● 依法设立安全管理机构并配齐专（兼）职安全生产管理人员。矿山、建筑施工单位和危险物品的生产、经营、储存单位及从业人员超过300人的企业，要设置安全生产管理专职机构或者配备专职安全生产管理人员。其他单位有条件的，应设置安全生产管理机构，或者配备专职或兼职的安全生产管理人员，或者委托注册安全工程师等具有相关专业技术资格的人员提供安全生产管理服务。

● 提高企业安全生产标准化水平。企业要严格执行安全生产法律法规和行业规程标准，按照《企业安全生产标准化基本规范》（AQ/T9006—2010）的要求，加大安全生产标准化建设投入，积极组织开展岗位达标、专业达标和企业达标的建设活动，并持续巩固达标成果，实现全面达标、本质达标和动态达标。

(4) 健全和完善基本制度

● 安全生产例会制度。建立班组班前会、周安全生产活动日，车间周安全生产调度会，企业月安全生产办公会、季安全生产形势分析会、年度安全生产工作会等例会制度，定期研究、分析、布置安全生产工作。

● 安全生产例检制度。建立班组班前、班中、班后安全生产检查（即“一班三检”）、重点对象和重点部位安全生产检查（即“点检”)、作业区域安全生产巡查（即“巡检”），车间周安全生产检查、月安全生产大检查，企业月安全生产检查、季安全生产大检查、复工复产前安全生产大检查等例检制度，对各类检查的频次、重点、内容提出要求。

● 岗位安全生产责任制。以企业负责人为重点，逐级建立企业管理人员、职能部门、车间班组、各工种的岗位安全生产责任制，明确企业各层级、各岗位的安全生产职责，形成涵盖全员、全过程、全方位的责任体系。

● 领导干部和管理人员现场带班制度。企业主要负责人、领导班子成员和生产经营管理人员要认真执行现场带班的规定，认真制定本企业领导成员带班制度，立足现场安全管理，加强对重点部位、关键环节的检查巡视，及时发现和解决问题，并据实做好交接。

● 安全技术操作规程。分专业、分工艺制定安全技术操作规程，并当生产条件发生变化时及时重新组织审查或修订。对实施作业许可证管理的动火作业、受限空间作业、爆破作业、临时用电作业、高空作业等危险性作业，要制定专项安全技术措施，并严格审批监督。企业员工应当熟知并严格执行安全技术操作规程。

● 作业场所职业安全卫生健康管理制度。积极开展职业健康安全管理体系认证。依照国家有关法律法规及规章标准，完善现场职业安全健康设施、设备和手段；为员工配备合格的职业安全卫生健康防护用品，督促员工正确佩戴和使用，并对接触有毒有害物质的作业人员进行定期的健康检查。

● 隐患排查治理制度。建立安全生产隐患全员排查、登记报告、分级治理、动态分析、整改销号制度。对排查出的隐患实施登记管理，按照分类分级治理原则，逐一落实整改方案、责任人员、整改资金、整改期限和应急预案。建立隐患整改评价制度，定期分析、评估隐患治理情况，不断完善隐患治理工作机制。建立隐患举报奖励制度，鼓励员工发现和举报事故隐患。

● 安全生产责任考核制度。完善企业绩效工资制度，加大安全生产挂钩比重。建立以岗位安全绩效考核为重点，以落实岗位安全责任为主线，以杜绝岗位安全责任事故为目标的全员安全生产责任考核办法，加大安全生产责任在员工绩效工资、晋级、评先评优等考核中的权重，重大责任事项实行“一票否决”。

● 高危行业（领域）员工风险抵押金制度。根据各行业（领域）特点，推广企业内部全员安全风险抵押金制度，加大奖惩兑现力度，充分调动全员安全生产的积极性和主动性。

● 民主管理监督制度。企业安全生产基本条件、安全生产目标、重大隐患治理、安全生产投入、安全生产形势等情况应以适当方式向员工公开，接受员工监督。应充分发挥班组安全管理监督作用。

保障工会依法组织员工参加本单位安全生产工作的民主管理和民主监督，维护员工安全生产的合法权益。

● 安全生产承诺制度。企业就遵守安全生产法律法规、执行安全生产规章制度、保证安全生产投入、持续具备安全生产条件等签订安全生产承诺书，向企业员工及社会作出公开承诺，自觉接受监督。同时，员工就履行岗位安全责任向企业作出承诺。

各类企业均要建立以上基本制度，同时要依照国家有关法律法规及规章标准规定，结合本单位实际，建立健全适合本单位特点的安全生产规章制度。

(5) 加强安全教育培训

● 强化企业人员素质培训。落实校企合作办学、对口单招、订单式培养等政策，大力培养企业专业技术人才。有条件的高危行业企业可通过兴办职业学校培养技术人才。结合本企业安全生产特点，制定员工教育培训计划和实施方案，针对不同岗位人员落实培训时间、培训内容、培训机构、培训费用，提高员工安全生产素质。

● 加强安全技能培训。企业安全生产管理人员必须按规定接受培训并取得相应资格证书。加强新进人员岗前培训工作，新员工上岗前、转岗员工换岗前要进行岗位操作技能培训，保证其具有本岗位安全操作、应急处置等知识和技能。特种作业人员必须取得特种作业操作资格证书方可上岗。

● 强化风险防范教育。企业要推进安全生产法律法规的宣传贯彻，做到安全宣传教育日常化。要及时分析和掌握安全生产工作的规律和特点，定期开展安全生产技术方法、事故案例及安全警示教育，普及安全生产基本知识和风险防范知识，提高员工安全风险辨析与防范能力。

● 深入开展安全文化建设。注重企业安全文化在安全生产工作中的作用，把先进的安全文化融入到企业管理思想、管理理念、管理模式和管理方法之中，努力建设安全诚信企业。

《意见》还对加大安全投入，加强重大危险源和重大隐患的监控预警，加强应急管理，提高事故处置能力等提出要求。

8.《关于加强安全生产应急管理宣传教育工作的意见》相关要点

2009 年 11 月 10 日，国家安全生产监督管理总局印发《关于加强安全生产应急管理宣传教育工作的意见》（安监总应急〔2009〕217 号）。《意见》指出，安全生产应急管理宣传教育工作是安全生产应急管理工作的重要组成部分，也是安全生产宣传教育工作的一项重要内容。为更好地宣传党和国家有关安全生产应急管理的方针政策和法律法规，普及安全生产应急知识，增强公众的应急意识和能力，营造全社会关注、关心、支持安全生产应急管理工作的良好氛围，推动安全生产应急管理工作更好更快地发展，现就加强安全生产应急管理宣传教育工作提出以下意见：

（1）创新思路，明确要求，明确任务

● 总体思路及要求。以邓小平理论和“三个代表”重要思想为指导，深入贯彻落实科学发展观，坚持“安全第一、预防为主、综合治理”的方针，围绕国家安全生产监督管理总局的总体工作部署，服务于安全生产工作大局，充分调动和发挥各级政府部门、生产经营单位、中介组织、新闻媒体的作用，不断创新形式、丰富内容、加大力度、提高效果，为加强和改善安全生产应急管理、提高应急能力，最大限度地保障人民群众生命和财产安全创造有利条件、营造良好氛围。

● 主要任务。确立正确的舆论导向，唱响“安全发展”主旋律；深入贯彻党和国家关于安全生产应急管理的方针政策和决策部署，提高安全生产应急管理舆论引导能力；广泛宣传安全生产应急管理工作的重要地位和作用，扩大安全生产应急管理的影响力，营造有利于安全生产应急管理的良好氛围；深入宣传安全生产应急管理的法律法规和规章标准，增强安全生产应急管理法制意识，促进安全生产应急管理法制建设；传播安全生产应急管理的先进经验、先进技术、先进文化，普及事故预防和应急知识，提高应急意识和能力；大力宣传安全生产应急管理先进人物和事迹，表彰先进、弘扬正气、鼓舞士气，增强安全生产应急管理战线团结和谐、奋发向上的凝聚力。

(2) 丰富内容，广开渠道，创新形式

● 各地安全监管监察部门、各其他有关部门和生产经营单位要重点把握以下内容，强化宣传工作。要广泛宣传我国安全生产和应急管理的方针政策、法律法规，以及各级政府和有关部门有关安全生产应急管理的规划部署、重大举措、重要活动、工作成效；要及时宣传国内外安全生产应急管理先进经验、先进技术、先进装备；要宣传普及各类公共场所、有关作业场所周边和各种作业岗位的危险因素辨识、事故预防以及避险、自救、互救和应急处置知识；要宣传安全生产应急管理先进集体、先进个人，尤其是在事故救援中做出突出贡献的应急救援队伍和人员；要宣传展示安全生产应急救援队伍艰苦奋斗、甘于奉献、尊重科学、勇敢善战的精神风貌；要广泛征集安全生产应急管理热点、难点、焦点问题，组织开展有深度、能引起社会高度关注、广泛讨论、深入思考的专题宣传教育。

● 各地安全监管监察部门、各其他有关部门和生产经营单位要充分发挥安全生产监管监察系统及有关企业主办的报刊、网站、广播、电视等各类媒体的主渠道作用，全面开展安全生产应急管理宣传教育。要充分利用“安全生产咨询日”、“应急预案演练周”和“防灾减灾日”等专题宣传教育活动以及相关的会议、论坛、展览等大型活动，有针对性地开展安全生产应急管理宣传教育；要积极争取社会主流媒体的关注和支持，主动配合、联合主流媒体开展安全生产应急管理宣传教育，扩大宣传教育覆盖面和影响力；要积极创建安全生产应急管理网站、网页、期刊，加大宣传教育力度，把安全生产应急管理宣传教育纳入安全生产宣传教育总体工作之中；要针对不同层次的群体举办培训班、讲座、论坛，进行专门的安全生产应急管理宣传教育；要充分利用企业、社区、乡镇、村屯、学校等基层单位的宣传栏、板报等，开展贴近基层、贴近群众的安全生产应急管理宣传教育。

● 各地安全监管监察部门、各其他有关部门和生产经营单位要结合安全生产应急管理和应急救援的典型经验、教训总结，联合有关媒体制作播出有关访谈节目、教育片、故事片。要结合各地方、行业、企业的特点，面向从业人员、社会公众，积极组织编制发放安全生产应急科普读物、知识手册、音像制品，编印张贴安全生产应急知识宣传画报、标语，制作播出安全生产应急知识公益广告；要针对不同层面的群体，组织开展安全生产应急知识竞赛、图片或实物展览等活动；要让尽可能多的企业职工、社会公众参加、参与或参观安全生产应急演练；要充分发挥安全生产应急救援基地的功能，对公众开展体验性、感知性的宣传教育活动；要不断增强宣传教育工作的吸引力和感染力。

(3) 加强领导，健全队伍，提供保障

● 各地安全监管监察部门、各其他有关部门和生产经营单位要高度重视安全生产应急管理宣传教育工作，加强领导，牢牢把握宣传教育方向，坚持正面宣传教育为主，自觉为安全生产和应急管理大局服务。要把安全生产应急管理宣传教育工作纳入安全生产工作、纳入宣传教育工作、纳入本部门和本单位总体工作，统一规划，统一部署，统一实施。各级安全监管监察部门要切实承担起安全生产应急管理宣传教育职责，明确分管领导，指定负责人员，落实相关工作责任。

● 各省级安全监管监察部门、有关中央企业和国家级安全生产应急救援基地要分别指定一人作为全国安全生产应急管理宣传教育工作通讯员（以下简称通讯员），负责向国家安全生产应急救援指挥中心提供本地、本单位相关宣传报道稿件、信息和资料，协助国家安全生产应急救援指挥中心开展宣传教育工作。要尽快建立起本地区通讯员队伍，有关基层组织和单位要明确一名通讯员。

● 各地安全监管监察部门要加强对生产经营单位安全生产应急管理宣传教育工作的督促指导。要定期或不定期组织对通讯员进行专门培训；尤其要积极安排通讯员参加相关的培训、学习，不断提高他们的业务水平；要为开展安全生产应急管理宣传教育工作配备必要的录音、摄像、照相和音像制作处理等专业设备，为通讯员开展工作创造必要的条件、提供必要的支持；要将安全生产应急管理宣传教育专项工作经费列入年度专项经费预算，保障工作顺利开展。

（4）完善机制，夯实基础，共享资源

● 各地安全监管监察部门、各其他有关部门和生产经营单位要高度重视事故灾难及其应急救援信息发布工作，建立健全新闻发布制度，牢牢掌握事故灾难新闻报道的主动权，及时发布权威信息，增强时效性，增加透明度，强化引导力，提高公信力。要加强舆情分析，善于引导舆情，使每一起事故灾难的报道过程，都成为深刻认识党和政府坚持科学发展、坚持以人为本极端重要性的过程，成为推动党和国家安全生产方针政策和法律法规深入贯彻落实的过程，成为安全生产和应急管理知识的普及过程，成为宣传安全生产应急管理工作重要作用的过程。

● 各单位有关安全生产应急管理的工作部署、经验交流、案例分析、知识讲座、培训演练、监督检查、资金投入、装备配备、队伍建设、事故救援等方面的重要活动和事件，本单位通讯员要认真组织宣传报道，并向上一级机构报送宣传报道稿件。对于比较典型的重要活动和事件，要及时向上一级机构提供信息，上级机构根据情况派员协助组织宣传报道工作。安全生产应急救援队伍参加应急救援时，要采取多种办法做好应急救援过程的记录和宣传报道。各单位通讯员要定期向上一级安全监管监察部门提供一定数量的稿件。安全监管监察部门所采用的稿件，应积极向有关媒体推荐，并定期以适当方式、在适当范围内通报稿件提供及采用情况，每年组织评选安全生产应急管理宣传教育工作先进单位和个人，并以适当形式给予表彰奖励。

各地安全监管监察部门要积极与有关媒体建立合作关系，积极提供宣传报道信息，合作举办安全生产应急管理专栏、专题节目，为相关媒体采访报道提供方便和支持。要充分发挥有关传媒中介机构、安全生产中介机构的专业和信息优势，加强合作，共同促进安全生产应急管理宣传教育工作。

● 各地安全监管监察部门要建立安全生产应急管理宣传教育资料库。有关安全生产应急管理重要活动、重大事件结束后，要及时搜集整理有关部门、媒体、生产经营单位和应急救援队伍采编的文字、音像资料以及活动、事件的原始资料，制作电子文本和纸质文本档案，及时归入资料库。

● 各地安全监管监察部门要按照上一级机构的具体要求，及时报送相关的安全生产应急管理宣传教育资料。要积极支持有关地方、部门、生产经营单位开展安全生产应急管理宣传教育工作，积极提供相关资料，积极参加相关活动。

9. 《关于加强职业安全健康监管工作的通知》相关要点

2009年2月17日，国家安全生产监督管理总局印发《关于加强职业安全健康监管工作的通知》（安监总安健〔2009〕29号）。《通知》指出，2008年，国务院批准在国家安全生产监督管理总局设立职业安全健康监督管理司，承担职业安全健康监督管理职责。为认真贯彻党中央、国务院关于加强职业安全健康工作的一系列重要决策部署，进一步做好职业安全健康监督管理工作，预防和减少职业危害，改善作业环境，保障劳动者生命健康权益，现就加强职业安全健康监管工作通知如下：

（1）高度重视，加强组织领导

做好职业安全健康监管工作着眼于人的健康，立足于减少职业危害，旨在保护劳动者的生命安全和身体健康，是贯彻"以人为本"的科学发展观的具体体现，是构建社会主义和谐社会的必然要求。各单位要充分认识做好职业安全健康监管工作的极端重要性和必要性，增强工作的责任感、使命感和紧迫感。要从深入学习实践科学发展观、构建和谐社会的高度，真正把职业安全健康监管工作摆上重要工作日程抓紧抓好。要进一步加强组织领导，切实把职业安全健康监管工作纳入重点监管范畴、列入重点工作计划，同时部署、同步推进、统筹考核；要落实责任，建立责任制，把职业安全健康监管工作纳入业绩考核范畴，逐级抓好考核与责任落实；要积极争取地方财政支持，加大投入，鼓励研制、开发、推广、应用有利于职业危害防治和保护劳动者健康的新技术、新工艺、新材料，限制使用和淘汰职业危害严重的技术、工艺和材料；要落实监管措施，强化现场监督检查，加大执法力度。

（2）大力开展职业安全健康宣传教育培训工作

各单位要结合"安全生产月""安全生产万里行"和"职业病防治宣传周"活动，充分利用广播、电视、报刊、杂志和网络等新闻媒体，认真开展内容丰富、形式多样的宣传活动，通过发放宣传资料、举办展览和论坛、组织知识竞赛、开展典型案例分析等，普及职业安全健康知识，增强生产经营单位的职业危害防治观念，提高劳动者的自我健康保护意识。

同时，要加强职业安全健康培训工作。一是加强对安全监管部门职业安全健康监管人员的培训。要认真制订培训计划，合理设置培训课程，重点加强职业安全健康形势、任务、要求，职业安全健康知识概论、法律法规、标准规程，职业危害因素类别、危害机理及识别、评价和防治措施，职业安全健康监管执法程序，职业危害事故调查处理和应急救援等知识点的培训。二是加强对企业负责人和相关管理人员的培训。要以不断提高和强化企业管理层职业安全健康观念和保障劳动者健康意识、强化企业和企业主要负责人主体责任为重点，定期开展培训，使其了解国家职业安全健康的政策规定，掌握职业危害预防和控制的措施和手段，深刻认识做好职业安全健康工作对于促进劳动力资源可持续发展、促进企业和谐健康发展的必要性和紧迫性。三是加强劳动者职业安全健康培训。企业要对劳动者进行上岗前的职业安全健康培训和在岗期间的定期培训，普及职业安全健康知识，使其掌握操作规程，并正确使用防护设备和个人防护用品。四是积极推进建立职业健康监督员岗位制度。在存在职业危害的企业一线设立职业健康监督员岗位，通过开展岗位调研、执业人员能力建设、培训考核，加强企业基层职业健康队伍建设，推进企业职业健康监督员岗位职业化。

(3) 全面落实生产经营单位职业安全健康管理主体责任

企业作为职业安全健康的责任主体，依法对产生的职业危害承担责任。各级安全监管部门要指导督促存在职业危害的企业认真采取工程技术、个体防护、综合治理等措施，预防控制职业危害。

企业要认真贯彻执行国家有关职业安全健康的法律、法规、规章、标准、规程，设置或指定职业安全健康管理机构或组织，配备专（兼）职专业管理人员，完善内部相关管理制度，落实职业安全健康责任制。要依法如实申报职业危害项目，并优先采用有利于保护劳动者健康的新技术、新工艺、新材料；新建、改建、扩建建设项目和技术改造、引进项目要依法进行职业卫生审查，并严格遵守“三同时”规定；要实施由专人负责的职业危害因素日常监测，定期对作业场所进行职业危害因素检测、评估；要设置公告栏，公布有关职业安全健康规章制度、操作规程、应急救援措施和职业危害因素检测结果，并在易产生严重职业危害的作业岗位设置警示标识和说明；使用有毒物品作业的生产经营单位要依法取得职业卫生安全许可证，并配备应急救援人员和必要的应急救援器材、设备，制定事故应急救援预案。

《通知》还对健全机构、理顺监管职能，突出重点、强化监督管理，积极培育和发展职业安全健康科技服务与技术支撑体系等提出要求。

10.《关于加强和改进消防工作的意见》相关要点

2011 年 12 月 30 日，国务院为进一步加强和改进消防工作，下发《关于加强和改进消防工作的意见》（国发〔2011〕46 号）。《意见》指出，“十一五”以来，各地区、各有关部门认真贯彻国家有关加强消防工作的部署和要求，坚持预防为主、防消结合，全面落实各项消防安全措施，抗御火灾的整体能力不断提升，火灾形势总体平稳，为服务经济社会发展、保障人民生命财产安全作出了重要贡献。但是，随着我国经济社会的快速发展，致灾因素明显增多，火灾发生概率和防控难度相应增大，一些地区、部门和单位消防安全责任不落实、工作不到位，公共消防安全基础建设同经济社会发展不相适应，消防安全保障能力同人民群众的安全需求不相适应，公众消防安全意识同现代社会管理要求不相适应，消防工作形势依然严峻，总体上仍处于火灾易发、多发期。为进一步加强和改进消防工作，现提出以下意见：

(1) 指导思想、基本原则和主要目标

● 指导思想。以邓小平理论和“三个代表”重要思想为指导，深入贯彻落实科学发展观，认真贯彻《中华人民共和国消防法》等法律法规，坚持政府统一领导、部门依法监管、单位全面负责、公民积极参与，加强和创新消防安全管理，落实责任，强化预防，整治隐患，夯实基础，进一步提升火灾防控和灭火应急救援能力，不断提高公共消防安全水平，有效预防火灾和减少火灾危害，为经济社会发展、人民安居乐业创造良好的消防安全环境。

● 基本原则。坚持政府主导，不断完善社会化消防工作格局；坚持改革创新，努力完善消防安全管理体制机制；坚持综合治理，着力夯实城乡消防安全基础；坚持科技支撑，大力提升防火和灭火应急救援能力；坚持以人为本，切实保障人民群众生命财产安全。

● 主要目标。到2015年，消防工作与经济社会发展基本适应，消防法律法规进一步健全，社会化消防工作格局基本形成，公共消防设施和消防装备建设基本达标，覆盖城乡的灭火应急救援力量体系逐步完善，公民消防安全素质普遍增强，全社会抗御火灾能力明显提升，重特大尤其是群死群伤火灾事故得到有效遏制。

(2) 切实强化火灾预防

● 加强消防安全源头管控。制定城乡规划要充分考虑消防安全需要，留足消防安全间距，确保消防车通道等符合标准。建立建设工程消防设计、施工质量和消防审核验收终身负责制，建设、设计、施工、监理单位及执业人员和公安消防部门要严格遵守消防法律法规，严禁擅自降低消防安全标准。行政审批部门对涉及消防安全的事项要严格依法审批，凡不符合法定审批条件的，规划、建设、房地产管理部门不得核发建设工程相关许可证照，安全监管部门不得核发相关安全生产许可证照，教育、民政、人力资源和社会保障、卫生、文化、文物、人防等部门不得批准开办学校、幼儿园、托儿所、社会福利机构、人力资源市场、医院、博物馆和公共娱乐场所等。对不符合消防安全条件的宾馆、景区，在限期改正、消除隐患之前，旅游部门不得评定为星级宾馆、A 级景区。对生产、经营假冒伪劣消防产品的，质检部门要依法取消其相关产品市场准入资格，工商部门要依照消防法和产品质量法吊销其营业执照；对使用不合格消防产品的，公安消防部门要依法查处。

● 强化火灾隐患排查整治。要建立常态化火灾隐患排查整治机制，组织开展人员密集场所、易燃易爆单位、城乡结合部、城市老街区、集生产储存居住为一体的“三合一”场所、“城中村”、“棚户区”、出租屋、连片村寨等薄弱环节的消防安全治理，对存在影响公共消防安全的区域性火灾隐患的，当地政府要制定并组织实施整治工作规划，及时督促消除火灾隐患；对存在严重威胁公共消防安全隐患的单位和场所，要督促采取改造、搬迁、停产、停用等措施加以整改。要严格落实重大火灾隐患立案销案、专家论证、挂牌督办和公告制度，当地人民政府接到报请挂牌督办、停产停业整改报告后，要在 7 日内作出决定，并督促整改。要建立完善火灾隐患举报、投诉制度，及时查处受理的火灾隐患。

● 严格火灾高危单位消防安全管理。对容易造成群死群伤火灾的人员密集场所、易燃易爆单位和高层、地下公共建筑等高危单位，要实施更加严格的消防安全监管，督促其按要求配备急救和防护用品，落实人防、物防、技防措施，提高自防自救能力。要建立火灾高危单位消防安全评估制度，由具有资质的机构定期开展评估，评估结果向社会公开，作为单位信用评级的重要参考依据。火灾高危单位应当参加火灾公众责任保险。省级人民政府要制定火灾高危单位消防安全管理规定，明确界定范围、消防安全标准和监管措施。

● 严格建筑工地、建筑材料消防安全管理。要依法加强对建设工程施工现场的消防安全检查，督促施工单位落实用火用电等消防安全措施，公共建筑在营业、使用期间不得进行外保温材料施工作业，居住建筑进行节能改造作业期间应撤离居住人员，并设消防安全巡逻人员，严格分离用火用焊作业与保温施工作业，严禁在施工建筑内安排人员住宿。新建、改建、扩建工程的外保温材料一律不得使用易燃材料，严格限制使用可燃材料。住房城乡建设部要会同有关部门，抓紧修订相关标准规范，加快研发和推广具有良好防火性能的新型建筑保温材料，采取严格的管理措施和有效的技术措施，提高建筑外保温材料系统的防火性能，减少火灾隐患。建筑室内装饰装修材料必须符合国家、行业标准和消防安全要求。相关部门要尽快研究提高建筑材料性能，建立淘汰机制，将部分易燃、有毒及职业危害严重的建筑材料纳入淘汰范围。

● 加强消防宣传教育培训。要认真落实《全民消防安全宣传教育纲要（2011—2015)》，多形式、多渠道开展以“全民消防、生命至上”为主题的消防宣传教育，不断深化消防宣传进学校、进社区、进企业、进农村、进家庭工作，大力普及消防安全知识。注意加强对老人、妇女和儿童的消防安全教育。要重视发挥继续教育作用，将消防法律法规和消防知识纳入党政领导干部及公务员培训、职业培训、科普和普法教育、义务教育内容。报刊、广播、电视、网络等新闻媒体要积极开展消防安全宣传，安排专门时段、版块刊播消防公益广告。中小学要在相关课程中落实好消防教育，每年开展不少于一次的全员应急疏散演练。居（村）委会和物业服务企业每年至少组织居民开展一次灭火应急疏散演练。充分依托公安消防专业院校加强人才培养。国家鼓励高等学校开设与消防工程、消防管理相关的专业和课程，支持社会力量开展消防培训，积极培养社会消防专业人才。要加强对单位消防安全责任人、消防安全管理人、消防控制室操作人员和消防设计、施工、监理人员及保安、电（气）焊工、消防技术服务机构从业人员的消防安全培训。

《意见》还对着力夯实消防工作基础、全面落实消防安全责任提出要求。

11.《社会消防安全教育培训规定》相关要点

2008 年 12 月 30 日，《社会消防安全教育培训规定》（公安部令第 109 号）经公安部部长办公会议通过，并经教育部、民政部、人力资源和社会保障部、住房和城乡建设部、文化部、国家广电总局、国家安全生产监督管理总局、国家旅游局同意，自 2009 年 6 月 1 日起施行。

《社会消防安全教育培训规定》分为六章三十七条，各章内容为：第一章总则，第二章管理职责，第三章消防安全教育培训，第四章消防安全培训机构，第五章奖惩，第六章附则。制定本规定的目的，是根据《中华人民共和国消防法》等有关法律法规，加强社会消防安全教育培训工作，提高公民消防安全素质，有效预防火灾，减少火灾危害。

《社会消防安全教育培训规定》规定，机关、团体、企业、事业等单位（以下统称单位）、社区居民委员会、村民委员会依照本规定开展消防安全教育培训工作。

（1）对管理职责的有关规定

《社会消防安全教育培训规定》规定，安全生产监督管理部门应当履行下列职责：

● 指导、监督矿山、危险化学品、烟花爆竹等生产经营单位开展消防安全教育培训工作；

● 将消防安全知识纳入安全生产监管监察人员和矿山、危险化学品、烟花爆竹等生产经营单位主要负责人、安全生产管理人员以及特种作业人员培训考核内容；

● 将消防法律法规和有关消防技术标准纳入注册安全工程师培训及执业资格考试内容。

（2）对消防安全教育培训的有关规定

《社会消防安全教育培训规定》规定，单位应当根据本单位的特点，建立健全消防安全教育培训制度，明确机构和人员，保障教育培训工作经费，按照下列规定对职工进行消防安全教育培训：

● 定期开展形式多样的消防安全宣传教育；

● 对新上岗和进入新岗位的职工进行上岗前消防安全培训；

● 对在岗的职工每年至少进行一次消防安全培训；

● 消防安全重点单位每半年至少组织一次、其他单位每年至少组织一次灭火和应急疏散演练。

单位对职工的消防安全教育培训应当将本单位的火灾危险性、防火灭火措施、消防设施及灭火器材的操作使用方法、人员疏散逃生知识等作为培训的重点。

社区居民委员会、村民委员会应当开展下列消防安全教育工作：

● 组织制定防火安全公约；

●在社区、村庄的公共活动场所设置消防宣传栏，利用文化活动站、学习室等场所，对居民、村民开展经常性的消防安全宣传教育；

● 组织志愿消防队、治安联防队和灾害信息员、保安人员等开展消防安全宣传教育；

● 利用社区、乡村广播、视频设备定时播放消防安全常识，在火灾多发季节、农业收获季节、重大节日和乡村民俗活动期间，有针对性地开展消防安全宣传教育。

社区居民委员会、村民委员会应当确定至少一名专（兼）职消防安全员，具体负责消防安全宣传教育工作。

物业服务企业应当在物业服务工作范围内，根据实际情况积极开展经常性消防安全宣传教育，每年至少组织一次本单位员工和居民参加的灭火和应急疏散演练。

《社会消防安全教育培训规定》规定，在建工程的施工单位应当开展下列消防安全教育工作：

● 建设工程施工前应当对施工人员进行消防安全教育；

● 在建设工地醒目位置、施工人员集中住宿场所设置消防安全宣传栏，悬挂消防安全挂图和消防安全警示标识；

- 对明火作业人员进行经常性的消防安全教育；
- 组织灭火和应急疏散演练。

在建工程的建设单位应当配合施工单位做好上述消防安全教育工作。

(3) 对奖惩的有关规定

《社会消防安全教育培训规定》规定，地方各级人民政府及有关部门对在消防安全教育培训工作中有突出贡献或者成绩显著的单位和个人，应当给予表彰奖励。单位对消防安全教育培训工作成绩突出的职工，应当给予表彰奖励。

单位违反本规定，构成违反消防管理行为的，由公安机关消防机构依照《中华人民共和国消防法》予以处罚。

企业开展宣传教育工作相关政策法规评述

近些年，企业在安全管理工作实践中，已经开始认识到安全宣传教育在管理中的重要作用，许多企业还推出了自己的安全宣传教育工作方法，这些方法有力地促进了本企业的各项工作。在企业的各项管理工作（包括安全生产管理工作）中，宣传教育都是不可缺少的，是企业管理的重要组成部分。

(1) 要明确安全宣传教育工作在企业中的定位

许多企业虽然已经认识到安全宣传教育工作在安全管理工作中的重要性，但仅仅只是把安全宣传教育工作作为一种搞好安全管理工作的必要手段，没有上升到一定高度来认识它。在企业的安全管理工作中，更侧重于用加大安全管理力度和完善安全管理工作来保障安全生产。

随着企业装备的日益现代化和技术的不断发展，员工文化水平及整体素质的相对提高，给企业管理提出了新的挑战。因此，安全宣传教育工作实际上逐渐演变为一种企业管理活动，它具有企业管理活动所具有的一切特征，是一种具有现代化管理理念的“以人为本”的管理活动。安全生产的实践主体是人，人的安全意识直接作用于安全生产具体工作，只有提高了人的安全文化素质，才能对各类事故起到釜底抽薪的作用。安全宣传教育为各项工作的顺利开展提供强有力的智力支持和精神动力，是企业安全管理中不可或缺的重要组成部分。所以，应该将安全宣传教育工作作为企业管理活动之一，融入企业日常安全管理之中。

(2) 要正确认识安全宣传教育的工作内容

企业安全工作应由安全宣传、安全教育、安全信息和安全管理四部分组成。其中安全宣传、安全教育、安全信息隶属于安全宣传教育工作范畴，目的是为了提高职工的安全意识和确保安全信息的畅通，为安全管理服务。因此，安全宣传教育工作应围绕安全宣传、安全教育、安全信息三条主线来开展工作，做好“职工安全意识强化、确保安全信息畅通”两方面工作，突出“亲情安全宣传教育”。众多的安全宣传教育工作方法都是这三条主线的一种方式，任何安全宣传教育的工作方法都包含在这几个方面之中。

我们要大力宣传以人为本的安全发展观，进一步认识企业安全生产的重要性，高度重视安全教育工作，建立安全宣传教育工作的责任分工体系，狠抓责任制的落实。每一项工作谁主管、谁配合，要分工明确，责任到人；要建立起一套符合本单位实际的完整的全员抓安全宣传教育工作的工作机制与方式方法，构建环环相扣、时空闭合的安全宣传教育体系。只有理清这一工作思路，才能结合实际情况，从便于操作入手，抓住安全管理工作的重点，围绕安全工作主线有的放矢地开展工作。

(3) 安全宣传教育工作是一门系统科学

安全宣传教育工作作为一门系统科学，融入了管理学、社会学、心理学、行为科学等诸领域的内容。安全宣传教育工作者要想搞好安全宣传教育工作，必须要先研究工作对象所处的社会家庭环境、传统习惯及非正式群体的活动方式，工作对象的文化程度、个性爱好、身心状况等因素，通过对一些典型事故的剖析反思，根据实际情况有针对性地提出适合本企业的安全宣传教育工作方法。如职工班前进行的安全提醒、礼仪诵读、安全誓言、企业歌曲咏唱等活动，可使职工对企业产生认同感和归属感。通过安全讲演、竞赛、联谊等活动，使安全宣传教育延伸到每个职工家庭，切实促进企业的安全管理工作。

二、企业开展宣传教育工作的做法与经验

在企业，安全宣传教育和人员培训的功能之一，就是培养员工的良好职业习惯。良好的职业习惯来源于长期的培养和教育。要使员工养成良好的职业习惯，首先要提高员工的认识水平，积极引导员工树立不断学习、终身学习，有知识才能实现安全生产的观念，在不断学习中提高认识，增强安全意识。其次要不断进行遵章守纪教育、安全知识教育、技术技能教育，通过多方面有针对性的教育，使员工认识到遵章守纪的重要性，认识到安全与个人幸福、家庭幸福的关系，从而严格执行和落实企业的各项规章制度和标准规程，在思想上牢固树立自觉遵守各项规章制度和操作规程的意识，改变“低标准、老毛病、坏习惯”等不良作风，不断纠正违章行为，养成良好的职业习惯。

（一）冶金有色企业开展宣传教育工作的做法与经验

1. 莱芜钢铁集团公司扎实开展“安全生产月”活动的做法

莱芜钢铁集团有限公司始建于1970年1月，是拥有总资产620亿元、产钢能力超过千万吨的特大型钢铁联合企业，2009年与济南钢铁集团公司联合组建为山东省钢铁集团公司。莱钢集团是全国规模最大、规格最全的H型钢精品生产基地，全国最大的齿轮钢生产基地，全国规模最大、附加值最高的粉末冶金生产基地，现有子公司25个，职工3.9万人。

近年来，莱钢集团坚持以科学发展观为指导，牢固树立以人为本理念，严格落实“安全第一、预防为主、综合治理”的工作方针，把安全管理作为一项重要的战略任务，以深化“安全生产月”活动为载体，以“提高职工素质，科学规范管理，注重科技兴安，培育

安全文化”为抓手，标本兼治，重在治本，坚持不懈地做好安全工作，保持了平稳较快发展的良好势头。

莱芜钢铁集团公司扎实开展“安全生产月”活动的做法主要是：

(1) 突出特色，注重实效，扎实开展“安全生产月”活动

莱钢集团把开展“安全生产月”活动作为提升安全工作水平的重要契机，按照国务院、省政府的部署要求，紧紧围绕活动主题，精心策划活动方案，大力营造活动氛围，精心组织实施，形成了具有莱钢特色的系列做法。

● 创新思路，周密策划。莱钢集团领导高度重视“安全生产月”活动，对整个活动的开展作了详细、周密的部署安排，所属各单位把开展“安全生产月”活动作为强化安全生产宣传教育工作的重要内容，结合本单位实际，制订翔实的活动实施计划，为活动顺利开展提供保障。同时，充分发挥宣传咨询日对“安全生产月”活动的带动作用，探索以日带月、以月促年的方法和途径，实现了宣传教育工作常态化、科学化。

● 丰富活动内容，组织全员参与。“安全生产月”期间，通过张贴安全标语、设置安全标识、安全书画摄影征集、主题安全征文、观看安全警示教育专题片、安全应急演练、夏季“四防”专项督察、“安康杯”竞赛、创建“青年安全生产示范岗”等形式，大力渲染“安全生产月”活动气氛，吸引员工主动参与，每年都有3万余人次参加“安全生产月”的各类活动。

● 突出危险源管控，提升风险控制能力。坚持不懈地抓好危险源管控，把危害辨识、风险评价和风险控制策划工作贯穿于安全管理的全过程，建立并落实隐患排查整治长效运行机制，按照“横到边、竖到底、无缝隙覆盖”的工作要求，定期对每个岗位、每台设备、每条管线、每项工程、每项作业进行排查，实现隐患排查工作的长期化、专业化、常态化。

● 组织开展班组安全建设和安全社区建设推进活动。组织了企业安全知识竞赛、落实企业安全生产主体责任知识竞赛、班组安全建设先进事迹报告会等活动。莱钢集团的“安全生产月”活动，不仅实现了对自身安全工作的再动员、再检查、再提升，而且也有效发挥了国有大企业的影响和带动作用，促进了工业集中区及社区安全活动的开展。

(2) 以“安全生产月”活动为契机，实施全员素质提升工程

近年来，莱钢集团一直坚持人是企业管理的第一要素，把培养高素质的职工队伍作为做好安全工作的关键环节，在钢铁行业率先引入学习型组织理论，全面推进学习型企业建设。坚持系统思考、注重团队学习、倡导自我超越、持续改善心智等举措，有效提升了职工的学习力、执行力、创新力。自2002年“安全生产月”活动开展以来，莱钢集团将创建学习型组织和开展安全教育紧密集合，实施全员素质提升工程。通过加大教育培训投入，完善教育培训软硬件设施，倡导“问题就是资源”“细节决定成败”等先进理念，转变了职工的思维方式和行为方式，企业自主管理水平不断提高。安全工作作为企业管理的重要组成部分，也实现了由被动到主动的根本性转变。集团公司领导与员工对安全工作的认识、安全制度的执行、危险源的辨识、应急事件的处理能力相应提高。各单位充分发挥主观能动性，建立了安全风险控制体系、全天候动态安全督察机制、安全责任反思平台等许多富有创意、具有自身特点的安全管理模式，企业的一系列安全管理制度和措施得到有效落实。

(3) 大力营造“安全生产月”活动氛围，积极培育安全文化

安全文化是企业文化建设的重要组成部分，其核心是培养职工的安全价值取向，营造全员关注安全的良好氛围。莱钢集团始终高度重视企业文化建设，结合创建学习型组织，深入推进“人文莱钢”“和谐莱钢”建设，逐步形成了以学习超越、共赢共享、和谐稳定为主要内容的企业文化体系。实施全员教育培训，搭建职工成长平台，畅通职工诉求渠道，改善工作生活条件，营造创新环境等举措，充分体现了对职工的人本关怀和对劳动创造的尊重，使职工更加珍爱生活、珍惜生命、爱护共同的家园，从而更加关注安全，自觉开展安全生产、文明生产。

在不断丰富发展企业文化的同时，莱钢集团还强化安全文化的引领作用，建立了完善的安全文化理念、视觉、行为识别系统，构建了立体的安全文化体系。通过开展安全生产大讨论、“安全之星”评选、安全生产知识竞赛、安全短信警示、“小手拉大手”等丰富多彩的活动，形成了全员、全过程、全方位参与安全管理与监督的良好局面。积极开展安全文化示范企业创建活动，将安全理念从工厂传向学校，从职工传向家庭，从成人传向儿童，营造了浓厚的安全文化氛围。目前，莱钢集团已有两个单位被评为山东省安全文化创建示范企业。莱钢集团安全文化建设，不仅丰富发展了企业文化，也有效促进了和谐企业建设。

2. 邯郸钢铁公司冷轧厂采取“三结合”抓安全教育的做法

河北钢铁集团邯郸钢铁集团有限责任公司于1958年建厂投产，历经半个多世纪的艰苦奋斗，已发展成为我国重要的优质板材生产基地，是河北钢铁集团的核心企业，产品涵盖汽车、家电、建筑、造船、机械制造等国民经济各个领域，现有总资产737亿元，职工2.4万人，具备了年产千万吨钢的综合生产能力。邯钢公司冷轧厂于2005年3月建成投产，现有职工1 112人，73个班组，35岁以下职工占58.3%。

近年来，邯郸钢铁公司冷轧厂针对本企业生产线多（12条生产线）、占地面广（占地1 600多亩）、工艺技术先进、青年职工多等特点，通过采用“三结合”“四注重”安全工作方法，积极向广大员工宣传安全生产方针政策、法律法规和企业安全生产的规章制度，从而强化员工的安全意识，督促安全措施的落实，促进企业的安全生产。

邯郸钢铁公司冷轧厂采取“三结合”抓安全教育的做法主要是：

(1) 实施三个结合，加强员工的安全教育

冷轧厂十分重视安全培训教育工作，认真组织车间班组开展安全活动，提高职工的安全意识，采取的方法主要是实施三个结合，加强员工的安全教育。

● 结合“安全法律、法规”进行国家安全方针、政策宣传教育。通过图片展览、全员答题、知识竞赛等形式开展宣传教育活动，让职工吃透精神，深刻领会，使每个职工都清楚自身在安全生产工作中依法享有的权利和义务，进一步强化职工的安全法律知识，把职工的思想统一到安全操作、依法管理、照章办事上来。

● 结合“安全工作重点”进行阶段性安全宣传教育。根据不同时期安全工作的重点，有针对性地开展不同安全主题的宣传活动。通过到生产作业一线发放安全倡议书，开展安全警言警句、短信、漫画征集，举办安全演习和安全知识对抗赛，召开安全工作座谈会等活动，使“安全生产月”活动搞得有声有色，营造了“关爱生命、安全发展”的活动氛围；针对寒暑特殊天气，开展夏季防暑知识，冬季防滑、防冻、防煤气中毒等安全宣传教育。

● 结合“QC成果、合理化建议”等进行安全文化宣传教育。通过广泛征集职工的“小发明、小窍门、小绝招、小改革”和先进操作法、科技创新法以及合理化建议等，培养职工的创新意识、创新思维和能力，进而丰富企业安全文化，使职工逐渐形成对安全生产的“归属感”，变“要我安全”为“我要安全”。

(2) 把生产一线作为安全工作的着力点

在企业，生产作业一线是企业安全工作的着力点、落脚点。冷轧厂通过监督检查，积极参与企业的安全生产，确保各项安全措施和制度落到实处。

● 注重源头参与。对于生产过程中涉及保障职工安全与健康内容的制度、规定，工会及时向行政部门提出意见和建议，同时履行好职工代表或职工代表专委会对劳动保护的监督职能，组织好安全巡视、安全督查工作，开展定期检查、突击检查、跟踪追查，查危险源、查隐患，依法规范，强化责任，加大监督检查力度。

● 注重立足班组，提高职工自卫互控能力。班组是企业的“细胞”，是安全生产最直接的承担者和参与者。要夯实班组安全基础，就要扎实抓好每日班前班后会工作、安全宣誓工作。每周的安全学习，则应注重对事故案例、违章行为的研究和讨论，对公司有关安全文件的学习。同时，扎实抓好班组建设工作，通过脱产培训、外出学习搞好班组长的安全培训，提高班组长的素质，并定期总结检查，使班组在安全培训方面的工作常态化，从而全面提高职工的安全素质。

● 注重开展安全竞赛。冷轧厂工会积极发挥组织职工群众开展劳动竞赛的优势，结合单位的实际开展了一系列围绕企业中心工作的安全竞赛，如开展的“一降、二保、三无（无违章、无违纪、无安全事故）、四好”劳动竞赛，开展职工技能趣味运动会，开展安全答题竞赛等做法，都是做好安全生产工作的有效手段和方法。

● 注重建立激励机制。在各种安全竞赛活动中建立不同的激励机制，如“物质目标激励机制”“形象激励机制”“榜样激励机制”等，都是企业抓安全生产工作的有效手段。如建立“物质目标奖励机制”，即在安全竞赛活动，对竞赛评比设立一个目标值，实现目标就给予一定的物质奖励，从而激发了职工的参与愿望；建立“形象激励机制”，对在安全竞赛活动中的优秀员工照光荣像，上光荣榜，利用邯钢报、冷轧之窗等宣传媒体宣传先进事迹，通过视觉形象使先进人物感到光荣和自豪，不仅仅使先进者本人深受鼓舞，而且使更多的职工受到激励；“榜样激励机制”是通过树立“安全标兵”“安全标杆集体”等，起到点燃一盏灯、照亮一大片的效果，利用召开表彰会、经验交流会，让典型介绍经验、畅谈体会、巡回演讲、传授方法，最大限度地引导职工的行为朝着安全生产目标努力。

总之，稳定的安全生产局面是企业最直接的效益，是企业发展的根本保证。冷轧厂充分利用自身的优势，通过“三个结合抓教育，四个注重促监督”安全操作方法，为安全管理开展了很多有益的活动，在企业安全管理工作中充当不可或缺的角色，确保了安全稳定的生产局面，2008 年获得“邯郸市安全先进单位”，2009 年获得“邯郸市安康杯竞赛优胜企业”和“全国钢铁行业先进集体”等荣誉称号。

3. 太钢集团不锈线材厂多种形式营造安全文化氛围的做法

太原钢铁（集团）有限公司是以生产板材为主的特大型钢铁联合企业，拥有铁矿石采掘与加工、钢铁冶炼、钢铁材料压力加工、冶金设备及备品备件制造等方面的先进技术和装备，主要产品有不锈钢、冷轧硅钢片、碳钢热轧卷板、火车轮轴钢、合金模具钢、军工钢等。不锈线材厂是太钢集团公司下属的以生产不锈钢盘条及管坯为主的生产企业，拥有我国第一条以轧制特殊钢为主的线、棒材生产线。

近年来，不锈线材厂根据本企业的情况，将构建和谐的安全文化氛围作为带动安全管理工作整体水平的突破口，通过宣传教育，号召职工把每一项安全工作都当成事业去做，把每一项安全工作的落实都当成责任的落实，当成对自己负责、对家庭负责、对企业负责、对社会负责的事业来做，始终把落实文化、求实文化、责任文化、诚信文化和细节文化贯穿始终，就是说做每一项安全管理工作都要追求精益求精，形成了具有不锈线材厂特色的安全文化氛围，为安全工作开展奠定了良好的工作基础。

太钢集团不锈线材厂多种形式营造安全文化氛围的做法主要是：

(1) 形成具有特色的安全文化，营造浓厚的安全工作氛围

不锈线材厂为创建安全型企业，提升企业安全文化，构建和谐劳动关系，积极运用现代化管理方法和先进的安全管理模式，不断改革创新，屡出管理新招，逐步形成了具有不锈线材厂特色的“企业安全文化”。

● 征集和悬挂主导性安全标语。广泛征集职工创作的安全警句，从中精选署名后制作成彩色画板，悬挂在生产车间最显著的位置，既使职工容易记住，又使职工有荣誉感和成就感，极大地激发了职工关心安全的热情。

● 开展多种形式的安全宣传。利用厂安全现场展板、曝光台、光荣台、安全宣传条幅等形式，宣传好的做法和人物、班组，曝光差的典型和考核项目，同时宣传先进的安全理念、安全管理思路、安全生产规章制度、措施方法等。普及安全生产知识，大力宣传"安全第一、预防为主、综合治理"的安全生产方针和"珍爱生命、我要安全"为核心的安全理念，牢固树立"安全是最大的以人为本""安全是最大的效益"的观念，以全面提升员工的安全理念和安全素质，创造安全管理文化氛围。

● 开设安全专栏。在厂刊《不锈线材通讯》上定期组织"主管抓安全""班长管安全""职工讲安全"专题栏目，每期刊发关于如何抓安全的稿件，讲措施、讲方法、抓责任、抓落实，动态宣传公司、厂、科室、作业区安全活动开展情况，动员全体职工积极参与，营造浓厚的安全文化氛围。

● 围绕近期重点工作进行宣传。利用周三、班前会、班后会宣传安全生产法律法规、安全知识和安全生产先进典型，形成强大声势，营造安全文化氛围。运用生动活泼、职工喜闻乐见的形式开展宣传教育，用先进的安全文化影响职工、教育职工、塑造职工，提升全员"珍爱生命，我要安全"为核心的安全理念，让更多的职工参与到安全文化的创建当中。

● 开展形式多样的安全文化活动。认真策划并组织开展阶段性的安全竞赛、有奖征文、安全警句收集等活动，组织开展"安全生产月""百日安全无事故"等安全文化活动，培养职工要安全、懂安全、会安全的良好素养，为建立安全工作长效机制提供强有力的文化保障。

●鼓励职工参与提出安全改善提案。只要提出提案就有奖励，对能够实施的提案给予50～200元的奖励，特别突出的报厂长特批重奖。采取的方法，一是引导职工多提提案、提高质量的提案。通过学习培训、讨论等方式，引导职工广开思路、积极主动思考问题，并激发大家的兴趣和积极性。通过研讨，交流、活动现场实践等方式，拓宽思路、掌握方法，提高岗位人员识别危险、解决问题的能力。二是现场指导落实提案。技术人员、安管人员深入到现场，从专业角度指导岗位人员，注重改善提案的有效性和可行性，有效地提高了提案的质量。对于职工提出的提案都给予积极回应，虚心听取职工的意见和建议，与职工一起讨论提案的可行性和必要性，进一步扩大提案的效果与作用。这项活动充分调动了职工的创造性、积极性、主动性，实现了全员参与的目的，并为促进本质化安全的提升起到了积极的推动作用。

(2) 落实严格管理、严肃责任追究，保障安全文化健康发展

不锈线材厂在安全文化示范企业建设过程中，始终坚持从严管理，要求严格落实《职工生命保障规则》，严格查处“实质性违标”，严格追究管理控制不力的责任，从而建立科学的管理制度和完善的管理标准，做到严而有序，严而有据。

●把日常检查所发现的违章数与责任管理者挂钩。厂级安全检查查出的违章违制现象，除按规定处罚直接责任者外，每月厂查违章违制人员超过作业区人数比例5%、8%、10%，分别处罚责任者所属作业区主管300～1 000元、副主管200～800元、综合事务员100～300元。这项措施对规范人员的不安全行为，强化“三违”查处起到了积极的推动作用。

●完善违章违制查处和约束机制，安全责任的落实流程顺畅。把厂对作业区安全评价的结果与作业区主管的绩效直接挂钩，对排名第一的作业区主管给予1 000元（增加50%当月绩效）的奖励，同时对安全管埋绩效差的作业区主管考核1 000元（减发50%当月绩效）。对于安全检查查出的违章违制现象，除按规定处罚直接责任者外，按每月厂查违章违制人数占作业区人数比例的不同，分别处罚责任者所属作业区主管、副主管、综合事务员。通过以上举措的落实，既增强了安全管理的压力，又激活了安全管理的动力，同时将从严管理的文化理念渗透到每一个职工心中，使职工对安全工作的重要性有了更深层次的理解。

● 坚决执行《职工生命保障规则》。对照查找现场是否存在漏项部位，并签订安全承诺，承诺率达100%。在应用《职工生命保障规则》时，明确告诉职工违章的后果是自己承担责任，自己饱受痛苦，一旦造成事故，还将拉同事垫背，让全厂职工埋单。结合活生生的事故案例，举一反三，使每个职工都受到了触动，把血的教训深深地刻在心上，切实在思想上树立安全“高压线”，有效杜绝了各类事故的发生。

● 不仅应用事后问责，更加重视过程问责。2009年天车点检员、机械点检员因为未履行其安全管理职责，厂查出其负责的区域存在大量安全隐患未及时整改，对他们进行了下岗处理的过程问责。

通过以上手段与措施的落实，形成全员安全互保网，对现场人的不安全行为的纠偏、控制起到了积极的作用。

（3）推行精益安全管理模式，实现管理标准的精细化

不锈线材厂组织开展精细化管理活动，组建全面安全管理小组，紧紧围绕安全生产的重点和难点，制定预防措施，抓住苗头、落实责任，真正做到未雨绸缪，防患于未然，实现全员、全过程、全方位的安全管理模式。

● 组织开展各层次的安全培训，提高职工安全技能，掌握应知应会知识，打牢安全文化基础。几年来，该厂利用业余时间分批对管理人员、班组长、岗位职工进行了不同需求、不同层次和内容的安全培训。对职工进行安全培训是安全管理人员的天职，员工也必须接受企业的安全培训。该厂不断组织全员安全培训教育讲座、职业卫生防护相关知识讲座，教会职工如何开展直观性的危险辨识，如何开展危险预知训练活动（KYT 活动），面对现场存在的危险应该采取哪些应对措施，如果不履行本岗位安全生产责任制会带来怎样的后果等，通过案例教育告诉大家违章作业“害死人”。通过安全培训改变了职工不良的态度，改变了不好的习惯，提高了员工的安全意识和素养。

● 邀请安全管理部及外单位的安全培训师对科段长、班组长、点检员、技术员、安全员开展了不同内容、不同侧重点的安全培训，尤其是针对公司正在全面推进的精益安全管理模式、48 项安全管理工具等的培训，使各级管理人员理清了思路，掌握了一定的安全管理方法，为安全管理工作的有效推进奠定了基础。

● 有计划、有组织地开展现场应急预案的演练，提高了岗位人员的应急能力。例如，开展以岗位为核心的事故预警、应急响应演练，突出对重大危险源专项预案的演练。2009 年 6 月 19 日，机械作业区组织了由钳工丙班和丁班全体人员参加的油库消防应急预案的演练活动；7 月，电气作业区组织甲班、丙班、丁班针对 650 电源失电进行演练；8 月，乙班在电缆夹层组织了消防演练等。通过演练使岗位职工增强对突发性事件的应急处理能力，提高了职工对危险源紧急事件的防控能力。

● 全厂每半年组织作业区之间进行一次安全互动交流，作业区每季度至少组织一次班组之间的互动交流，如轧钢丙班班组与机械班组针对 650 吊钢、风冷保温罩开启后安全销子的插拔、处理故障或检修作业开展了安全互动交流活动，通过班组间的相互沟通、交流，增强了岗位与岗位间的协作能力，提高了岗位人员配合处理突发事件的能力和应急响应能力。

通过开展多种形式的安全培训教育，加大了安全生产和安全知识普及力度，营造了浓厚的安全生产舆论氛围，为进一步推进安全生产状况持续稳定好转提供了强有力的文化、思想保证，同时提高了岗位职工的操作水平及应急能力，为企业的经济发展提供了有力保障，企业连续 3 年未发生轻伤以上人身伤害事故，目前已经逐步形成安全型企业，为实现企业的安全发展奠定了坚实的基础。

4. 杭钢集团公司组织“青年安全生产监督岗”活动的做法

杭州钢铁集团公司创建于 1957 年，经过 50 多年的发展，已经成为一家以钢铁为主业、多元产业协调发展的大型企业集团，集团总资产 290.72 亿元，全资及控股子公司 41 家，其中杭州钢铁股份有限公司为上市公司。

杭钢集团公司现有在册职工 11 451 人，其中 35 岁以下青工有 3 960 人，占职工总数的 34.6%，他们是企业的主力军，也是参与安全生产监管工作的生力军。2008 年 6 月，杭钢集团结合企业实际情况，组织开展了“青年安全生产监督岗”活动。“青年安全生产监督岗”是青工参与安全生产监督、管理的一种组织形式，它依托班组建立，围绕班组的安全活动进行，为班组的安全工作服务。其活动旨在强化青工安全意识，提高青工安全素质，改进安全防范措施，降低青工伤亡事故率，促进企业安全生产。

杭钢集团公司组织“青年安全生产监督岗”活动的做法主要是：

(1) 当好宣传员，组织青工投入安全宣传

青年人具有活力，有蓬勃向上的朝气，是企业开展安全宣传教育活动的动力。杭钢集团公司“青年安全生产监督岗”自创建以来，公司积极发挥“青年安全生产监督岗”岗员的作用，大力开展丰富多彩的活动，采用黑板报、会议、横幅、网络等多种形式宣传普及安全生产法律法规，加深企业员工特别是青工对新规章制度的理解，提高安全技能。重点加强对新进厂大学生、新工人的安全教育，帮助青工牢固树立“安全第一、预防为主”和“安全就是效益”的思想。各单位团组织还把青年安全工作由八小时内向八小时外渗透，根据青年的兴趣和爱好开展寓教于乐的文娱活动，深入青工集体宿舍，提醒青工注意休息，消除疲劳，保证有充沛的精力上岗。

转炉厂团委发动“青年安全生产监督岗”岗员举办“给家里写封平安信”活动，他们组织每一个共青年团员给家里写封平安信，向家里汇报自己在企业安全生产的工作和业余生活情况，加强和亲人的沟通。该厂团委书记说，安全生产不仅关系职工自身的安康，而且牵系着全家人的亲情和利益；职工的安全生产状况，不只是职工个人的行为，还关系着家庭对其休息和情绪的影响。因此，安全生产的教育，需要企业与家庭的互动参与共同促进。“给家里写封平安信”活动，受到职工与家属的广泛欢迎。

(2) 当好监督岗，引导青工排查隐患

在安全生产月，“青年安全生产监督岗”岗员在各自的班组，协助班组长组织本班组青工开展自查和治理安全隐患。他们一查青工参加各类安全学习培训情况，督促青工掌握安全知识，提高安全技能，反思作业行为；二查“导师带徒”活动，落实青工与老师傅“结对子”，向老师傅学做人，学业务，学自我保护技能；三查危险源控制点和设备缺陷，对于发现的隐患及时整改。例如，动力公司气体厂是生产氧气、氮气的单位，要是管理不严的话，极易发生火灾和爆炸事故，公司“青年安全生产监督岗”根据危险源管理要求，协助公司党政机关做好厂区内禁止吸烟工作，通过几年来的制度执行与教育，全体员工都能自觉地遵守规定，禁烟区内已看不到一颗烟蒂。在安全生产月，该厂“青年安全生产监督岗”，还组织团员青年协助车间、班组完成技改项目和设备大中修项目，清理遗留废铁和易燃物，并对厂区中的坑、盖、罩、栏做了防护复位等实实在在的工作。

把日常安全点检与“青年安全生产监督岗”巡检有机结合，是杭钢集团公司“青年安全生产监督岗”的工作特色。在安全生产月，“青年安全生产监督岗”更是从自己身边做起，针对本岗位、本车间的安全生产隐患，通过在现场巡查和调查研究，把发现的安全隐患和可能出现的安全隐患一一罗列出来，并逐条提出防范对策进行整治。通过开展查违章、查隐患活动，不断提高青工“自我约束、自我防护”的意识和能力。各级“青年安全生产监督岗”还将自检和互检、巡查和抽查等方式结合起来，认真执行安全检查制度，在检查中发现安全问题，及时填写“青工违章查处单”和“安全隐患查处整改单”，并向本单位安全部门反馈，安全部门签署意见后，于季度末月工作例会前报集团公司团委，协助集团公司组织整治。例如，炼铁厂“青年安全生产监督岗”大力开展查违章、查隐患活动，除做好日常巡检外，还加强夜班的安全检查。他们针对检修现场有大量外包工和农民工参与，其安全意识薄弱、违章多发等实际情况，以“青年安全生产监督岗”为基础成立了检修安全监督队，仅安全生产月期间，通过多次对检修现场进行巡回安全检查，共查处隐患和违章十余项。

（3）学科学技术，攻克隐患难关

一个个立身于车间班组的“青年安全生产监督岗”，历经了二十多年来一代又一代青工的成长，伴随着杭钢企业不断飞跃发展，始终参与安全生产管理活动，并且能经久不衰，显示共青团基层组织的青春活力，一个重要的原因在于它自身的不断创新。其中，杭钢集团公司的多个“青年安全生产监督岗”开展的学科学技术，攻克整治隐患难关，便是一个闪光点。

动力公司针对高炉风机跳闸失风多这一问题，团委组织青年技术人员参加高炉风机技术攻关小组，分析每一次跳闸原因，了解兄弟钢厂同类风机使用情况，拆除和调整了过度的保护装置，改进了机、电、仪存在的问题和可能出现的问题。通过技术攻关，高炉风机电仪控设计和工艺上存在的问题逐个得到了解决，并在与高炉配套的风机上做了全面改进，风机的可靠性有了明显提高。

气体厂“青年安全生产监督岗”针对空气分离塔漏液、冷箱板开裂这一重大问题，监视各运行参数的变化，谨慎操作，防止发生因操作不当引起空气分离塔压力发生大幅度波动而导致工况恶化的情况，同时加强设备点、巡检，及时清除开裂处冰块，尽量把泄漏的液体引出塔外。由于措施有效、工作到位，确保了生产期间设备的安全稳定运行，保证了钢铁主业正常的用氧需求。

水电厂是动力公司处理工业冷却循环水和用电调配的单位，该厂“青年安全生产监督岗”岗员重点开展“二票三制度”“监盘和定期检查制度”等管理制度改革，使电气操作达到了标准化变电所的操作要求。该厂还落实设备维护和点检制度，及时发现和整改设备隐患和缺陷，避免了多次事故的发生。为了进一步鼓励广大青工投身到科技攻关中，该厂团支部组织了反事故演习和技术比武，使青工的事故处理能力有了明显提高。（林辉妙）

5. 五矿集团公司持续开展“安全生产月”活动的做法

中国五矿集团公司成立于1950年，是一家传统从事进出口贸易的公司，近年来大力推行资源控制和实业化战略转型，公司产业构成和总体面貌发生了明显变化。通过并购重组和资源扩张，在国内外拥有的黑色、有色金属矿产资源勘探开发、冶炼加工等生产企业迅速增加，并已发展成为以金属矿产品的开发、生产、贸易和综合服务为主，兼营金融、房地产、物流、矿业科技业务，进行全球化经营的大型企业集团。2010年五矿集团实现营业收入2 550亿元，位列世界500强第228位。

近年来，随着五矿集团战略转型的成功推进，生产企业数量迅猛增加，且覆盖的产业面广、涉及多个高危行业，给安全生产管理带来了巨大的压力。五矿集团坚持“以人为本”和“安全发展”，大力实施五矿安全生产管控模式，不断强化安全生产管理，尤其是充分利用“安全生产月”活动平台，凝聚集团公司各方面力量，着力推动安全生产各项工作的落实，取得了良好的效果。

五矿集团公司持续开展“安全生产月”活动的做法主要是：

（1）领导重视、精心策划，确保安全生产月各项活动的落实

五矿集团由健康安全环保部和直属党委办公室、团委、工会联合成立了 2011 年集团公司安全生产月活动领导小组，由集团公司孙晓民副总裁任组长，集团公司安全环保总监刘乔任副组长，制定了五矿集团 2011 年安全生产月活动方案，明确了安全生产月活动要求，重点组织开展了安全生产事故案例教育、安全宣传咨询、应急救援演练和应急技能培训，并大力推动开展了“安全生产优秀班组”建设等活动。

五矿集团所属生产企业高度重视安全生产月活动，根据集团公司的统一要求，把该项活动作为全年安全生产工作的一项重要内容来安排和落实，及早准备，精心策划，联系实际，务求实效。集团公司直属有色业务中心、黑色流通业务中心，五矿邯邢矿业有限公司、鲁中矿业有限公司等二级单位，以及各级生产企业，均成立了以企业负责人为组长、分管领导为副组长的“安全生产月”活动领导小组，做到思想认识到位、责任落实到位。同时，根据集团公司安全生产月活动方案要求，各级企业都制定了本单位 2011 年度安全生产月活动方案，对活动进行了安排部署，做到了组织机构、活动经费、工作措施三落实，保证了安全生产月活动的顺利开展。

(2) 广泛发动、全员参与，多渠道宣传安全生产月活动

为使安全生产月活动开展得有声有色、人人皆知，集团所属各单位对活动的开展进行了层层发动，充分利用广播、专栏板报、标语等宣传媒体广泛宣传，大造安全生产月声势，营造了良好的安全生产月活动氛围。安全生产月期间，集团健康安全环保部在内部刊物《五矿安环通讯》上开辟安全生产月活动专栏，并利用内部办公网络信息平台积极宣传报道企业安全生产月活动。

集团所属江西钨业集团有限公司发放了《井下中毒窒息事故现场救援指南》7 500 份，职业健康知识手册 505 份，职业健康防治宣传挂图 100 份；各单位在文化宫、俱乐部、机关大门口和矿井窿口等场所悬挂了大型安全标语 163 幅，张贴安全标语 991 条，征集安全稿件 326 份，出安全专栏板报 147 期，出安全简报近千份，发放各类安全知识宣传册近万册。

五矿邯邢矿业有限公司利用《冶金矿山报》制作了安全生产专刊，广泛宣传关于安全生产工作的政策法规，宣传安全生产知识。公司魏书祥总经理在《冶金矿山报》上发表了题为《强化安全责任落实，确保企业健康发展》的文章。全公司各单位各级领导及广大职工积极撰写关于安全生产工作亮点、安全标准化建设、安全文明生产、先进典型、事故分析等文章，共计 39 篇，其中 13 篇优秀文章在《冶金矿山报》第 1070 期上发表。

(3) 夯实基础，突出重点，扎实推动生产企业班组安全建设

班组是企业最基本的生产单位，也是企业安全管理的最终落脚点。强化班组安全建设是五矿集团“十二五”安全生产规划要点和 2011 年全年的一项重要工作。为全面推动集团所属各生产企业班组安全生产建设工作的开展，夯实安全生产工作基础，切实提升安全生产管理水平，五矿集团组织开展了“中国五矿安全生产优秀班组”建设活动。各级企业按照五矿集团的部署和安排，积极筹划，认真落实班组安全建设活动各项要求，不断强化企业基层班组安全生产工作。

鲁中矿业有限公司在安全生产月期间，扎实推进了基层安全生产班组建设。一是开展了“无违章、无隐患、无事故”三无班组创建活动。二是强化落实了岗位作业前的安全确认、一班三检、安全交接班等制度，做到先安全后生产、不安不生产，真正把事故消灭在萌芽状态。三是对相关单位发放了《金属非金属矿山班组长安全培训材料》500 余本，各单位利用周三安全学习的时间加强了对班组长及班组成员的培训。四是进一步开展了岗位危险源辨识活动，并针对各项危险源采取了相应的防范措施，确保安全生产。五是开展了安全“QC”活动，成立了安全“QC”小组 12 个，确定活动课题 12 个，按照“QC”活动的程序，分析生产中存在的安全问题，并制定相应的控制措施。六是进一步完善了基层班组建设实施细则，加强了绩效考核。七是加强了作业现场管理，使 HSE 制度及安全标准化制度强化落实到一线作业中。

(4) 组织实施各类培训，普遍增强安全知识

五矿集团所属各级企业根据自身工作特点，组织实施了一系列各具特色的专题培训，有力地增强了安监人员的管理水平和作业人员的安全知识。长沙矿冶院为进一步提高各生产经营单位负责人和安全管理人员的安全生产管理水平，组织举办了安全生产管理人员培训班，共计 30 多名专兼职安全员参加了培训。湖南有色集团制定了班组长安全培训工作实施方案，对企业所有班组长进行一次安全培训，大力推动班组安全建设。江西钨业集团举办了地下矿山企业带班领导培训班，集团主管领导在培训班上亲自授课，并聘请了赣州市矿山救护支队领导讲授炮烟中毒窒息事故应急救援基本知识。

(5) 组织开展形式多样的活动，全面提升安全意识

安全生产月期间，五矿集团所属企业以开展安全专题活动的方式，全面提升一线操作人员的安全作业技能及安全意识。五矿（赣州）稀土股份有限公司组织了公司范围内的安全生产主体责任知识竞赛活动，要求各生产企业认真组织员工学习《企业安全生产主体责任读本》，并分批组织全体员工积极参与知识竞赛活动。公司按照各单位组织、参与的情况以及答题卡准确率，评选出优秀组织单位并颁发奖牌。五矿湖铁公司组织职工观看安全生产月主题宣传片《安全责任，重在落实》、科教警示片《如何做班组管理工作》9 场，观看人数约 800 人/场；各单位对 289 名班组长、副工（炉）长骨干进行了培训。江西钨业集团在安全生产月活动第一周开展了安全生产事故案例教育活动，突出抓了对该公司《职工安全知识读本（事故案例篇）》中典型案例和身边事故案例的深刻剖析，分析原因，总结教训。同时，还组织开展了“十佳安全理念”征集和创建“青年安全生产示范岗”活动。鲁中矿业有限公司各单位认真分析、研究以往发生的生产安全事故，并把建矿以来影响较大的工亡事故和伤害事故作为典型事故案例，通过各种形式开展警示教育。

通过每年一度的安全生产月活动，以月促年，进一步增强了五矿集团各级员工对安全生产工作重要性和紧迫性的认识，提高了全员安全意识和素质，使“以人为本、安全发展”的理念和“安全第一、预防为主、综合治理”的方针更加深入人心，安全工作执行力进一步加强，真正体现了“安全责任，重在落实”安全生产月活动主题，促进了全公司安全生产工作持续稳定地开展。

6. 中冶宝钢技术服务公司进行反“三违”安全教育的做法

中冶宝钢技术服务有限公司始建于20世纪50年代，其前身为上海宝钢冶金建设公司，曾先后参加过武钢、马钢、攀钢及宝钢一期、二期和三期等国家重点工程建设，2006年12月公司更名为中冶宝钢技术服务有限公司。更名后，中冶宝钢技术服务公司形成了协力生产、设备检修、机械制造、钢渣综合利用、工程建设及房地产开发等跨行业、多元化的产业发展格局。公司下设17家专业分公司和十余家独资、控股联营及中外合资子公司，从业人员2万多人。

服务宝钢20多年来，中冶宝钢技术服务公司积累了一整套现代化的钢铁服务企业管理经验，拥有139项具有自主知识产权的国内领先、国际先进水平的专有核心技术，具有2 000多台套门类齐全的各式装备、设备、仪器仪表等，综合实力在同行业中始终处于领先地位。近年来，公司在生产作业中，针对人员违章违纪行为，积极开展反“三违”专项整治活动，通过对人员的宣传教育，改变错误认识，纠正习惯性违章，收到了很好的效果。

中冶宝钢技术服务公司进行反“三违”安全教育的做法主要是：

(1) 高度重视“三违”危害，分工负责治理“三违”

在企业生产作业过程中，人员违章是导致事故发生的重要原因。因此，及时纠正人员的各种违章行为，是安全生产管理的一个重要组成部分。反“三违”专项整治活动开展后，公司领导高度重视、亲自挂帅、亲自组织，并亲自带队组织各类检查，各部门积极配合响应，二级单位精密策划，全员广泛参与。

为了更好地开展反“三违”专项整治活动，公司将“三违”内容进行了细化分解，指定专业管理部门重点开展整治督查工作。

“违章指挥”治理工作主要由公司安环部负责实施，在现场安全检查活动中，重点监控检修作业是否开展事前专项安全交底教育，生产协力作业时是否按照操作规程组织。为此，公司安环部下发《关于开展基层管理者安全尽职情况检查的通知》，对全公司的车间主任（队长）、作业长、班组长以及车间（队）专职安全管理人员等的安全履职情况进行全面调查。以班组长安全职责为例，主要从班组长对安全工作是否做到以身作则，认真执行公司、分公司和业主方各项规章制度等10个方面的管理尽职情况进行了调查，根据调查结果，建议各分公司对相应管理者的岗位和系数进行调整。

“违章作业”主要由各分公司负责监管，由生产部、技术中心牵头，相关部室和分公司配合。首先对公司所制定的岗位规程、安全规程和技术规程进行了修订，为员工标准化作业提供前提和依据。随后，各分公司依据每月违章统计分析的结果，设定了10条重点违章治理工作，对违章人员记分考核，实行5分清退制度，并对责任人进行内部扣款，对管理人员实行连带考核。

公司对违章人员实行“违章再教育”，各分公司月初对上月违章人员进行再教育，接受违章再教育的员工必须通过相关考试才能重返岗位。协力生产分公司采取“124”考核法，即第1次查到某员工违章记1分，再次查到该员工违章记2分，如果第3次查到该员工违章则计分翻一番变为4分。员工违章计分累计达到一定分值后就要接受违章再教育。通过落实“违章再教育”制度，员工的违章作业行为基本上得到了杜绝。

此外，第三检修分公司还通过向当事人家属邮寄员工违章情况告知书的方式，发动员工家属一起反违章。

在对员工进行宣传教育的同时，公司也加大了违章考核的力度，部分分公司将违反“十条违章禁令”的违章升格为事故来考核，让员工切实体会到了违章的沉重经济代价，不敢也不愿再冒险作业。公司实施的《安全违章计分与安全评价管理规定》明确规定：凡被公司、分公司查处的员工违章，对班组长、作业长按应负管理责任实施50%以内的连带扣款，扣款标准按100元/分，建筑施工扣款标准按50元/分。诸如此类的连带考核，也使管理人员的责任心得到前所未有的增强。

“违反劳动纪律”治理工作主要由公司人力资源部负责实施。在人力资源部的策划和安排下，公司领导亲自带队，每月不定期在23点30分以后对生产作业现场的劳动纪律进行检查，对擅离职守、上班打瞌睡等违反劳动纪律的行为在公司范围内进行通报，并在周一早会上进行曝光。在经济处罚和计分考核等多重措施的实施下，违反劳动纪律现象明显减少。

(2) 掌握安全管理知识，提高查处“三违”的能力

中冶宝钢技术公司在反“三违”工作中，把班组长和作业长作为反“三违”工作的抓手和龙头，加强对“两长”安全管理知识和技能的培训，提高查处“三违”的能力。

为了提高班组长和作业长查处“三违”的能力，公司安环部、人力资源部和工会联合对公司1 497名班组长进行分批安全生产知识轮训，每个训期为2天，对包括反“三违”在内的安全生产知识和技能进行全面培训。在炎炎夏日，公司总经理率安环部管理人员用了近2个月时间，检查主体单位班长、作业长的安全教育工作。检查之后，各分公司都收到了一份内容包括被查人员的具体得分以及检查评价意见的检查评价报告。

反“三违”专项整治活动开展以后，班组长、作业长在现场的安全管理更有意识、更有针对性了。通过该活动，现场“三违”现象明显减少，尤其是习惯性违章。令人感到欣喜的是，以前曾经有一个“定量抓违章”的措施，即要求安全管理人员必须完成相应的抓违章人员的指标，以前违章很好查，习惯性违章俯拾即是，但现在下去查违章已经没有以前那么容易了。

公司预防事故一定要防微杜渐，要从反“三违”等细处做起。纠正违章应该是理直气壮的，不管怎么管，首要的出发点是员工的安全。教育员工不要图省事，如果按规章制度去做，肯定是安全的。公司在规章制度方面，每年都要花很大力气去做集中评审，尽量把规章制度定细、定实、定合理，这样，员工按照规章制度去做，才会不出事故。

(3) 注重细节改进，促进反“三违”专项整治活动深入发展

造成人员违章作业的原因很多，例如存在抵触情绪、业务技能水平低、工作自控能力差、管理考核松懈、管理者与被管理者情感沟通少等。因此，在进行反“三违”专项整治活动中，不能采取简单的罚款做法，还需要注重细节的改进，使违章行为纠正之后不再延续发展。中冶宝钢技术服务公司在反“三违”专项整治活动中，特别注重细节的改进。

中冶宝钢技术服务公司下属的上海宝冶工业工程有限公司现有行车工 2 500 多名，以前为了图方便省事，不少行车工在吊装作业中经常不经“试吊确认”，便直接进行重吨位物件的吊装作业，结果由于吊点夹具确认不到位，发生了许多事故。曾经有一名老行车工因为违章进行吊装作业，结果把重达 300 多 kg 的钢筒筒心从高空摔落地上，地面顿时被砸出一个大坑，好在那里没有人员和设备设施，否则后果不堪设想。为了消除违章行为，公司进一步修订完善了行车工安全操作规程，明确要求每一吊都要进行“试吊确认”，并严格禁止“三联动”等违章作业。

今年 26 岁的张成珠来自安徽，是一名普通行车工。在他工作的车间里，有这样一幅标语：“像时钟一样准确地运转。”他每天上班后第一件事就是开班前会。班前会上，班长布置当天的工作并进行安全交底，如果班长发现哪位员工精神状态不佳，立即会询问原因，通常情况下会安排该员工回家休息。约 5 min 的班前会结束后，张成珠便和他的同事开始一天的繁忙工作。张成珠和他的同事起吊重物时，每每稍离地面，就要作几秒短暂的停顿，随后再进一步吊装作业。这样的短暂停顿叫“试吊确认”。公司根据以往的事故教训，修订了操作规程，规程规定行车吊装在吊物离地 20 cm 后，必须停顿 5 s 后才能再提升，以确保吊装安全。以前这样的“试吊确认”只有在吊运重吨位物件时进行，但现在“试吊确认”已经被广泛运用于每一次吊装作业。

中冶宝钢技术服务公司通过持续开展反“三违”活动，习惯性违章等“三违”现象在全公司得到极大遏制，各类事故数量也明显下降，人员安全、设备安全得到了可靠保障。

7. 中铝公司山西分公司石灰石矿开展互爱连锁活动的做法

中铝公司山西分公司是拥有资源能源、建筑材料、高新科技、建筑安装、新型材料、现代服务等产业多元化的大型企业集团，现有资产 50 亿元，年销售收入 30 亿元，从业人员 10 000 人，下设 13 个独资企业、9 个控股公司、3 个参股公司。山西分公司所属石灰石矿，年爆破矿石 60 余万 t，有各类车辆 70 余辆，这些车辆在海拔 900 m 的盘山公路上年行驶达 350 万 km。

近年来，中铝公司山西分公司所属石灰石矿坚持科学发展观，按照“改革创新，科学发展”的发展理念，以“经济效益增长，企业健康发展，职工安居乐业”为发展目标，针对企业的实际情况，积极开展互爱连锁活动，提高员工的安全意识，消除各种潜在的不安全因素，促进了企业的安全生产，连续两年被评为山西省非煤矿山安全生产先进单位。

中铝公司山西分公司石灰石矿开展互爱连锁活动的做法主要是：

(1) 确定保证安全生产的新思路

中铝公司山西分公司针对本企业的实际情况，提出了“3421”的安全管理思路，即从人、机、环境三要素入手，构建思想、技能、设施、制度四道防线，抓好确认标准和对标确认两项工作，最后实现建立职业健康安全管理体系的目标。

班组作为企业的细胞，是人机接口的切入点，是所有工作的落脚点和终端，因此，如何在班组贯彻“以人为本”的安全管理理念成为必须解决的关键问题。

中铝公司山西分公司领导经过深思熟虑，提出了充分利用亲情和友情这两种资源，在班组成员之间开展“互爱连锁”活动的设想，旨在创建一种“内驱机制”，调动职工自主参与安全管理的积极性，即在自己承诺自保的基础上，进行工友间的互保和亲人的家保。相互之间有一定联系的班组或班组成员，通过结安全对子或签订安全联保协议，在作业过程中互相提示、制止对方违章，从而形成安全联保责任共同体。

(2) 开展互爱连锁活动的做法

该矿为每个班组制作了一块展板。在运输车间汽修一班活动室，一面“安全带来全家幸福，事故造成亲人痛苦”的大幅展板挂在墙的正中央，上边是班组成员的照片、姓名和自我承诺的内容，下面是红底心形的全家福和亲人的嘱咐。职工张红峰的妻子写道，“你的平安就是我们全家人的最大祝福和心愿”。卢茂森的儿子把亲人的安全比喻为金字塔的塔基，“只有塔基的牢固才能确保塔峰的安全”。

签订互爱连锁协议书，实行连带考核制度。在班组职工中签订互爱连锁协议书，对职工相互间的职责、义务进行了明确规定，并由职工本人签名确认，形成了全过程、全方位监护的安全生产格局。一位职工说，每个成员在工作中，除了自己不违章，还有责任要求别人不违章。

规范班前会。班前会是车间、班组一天工作的开始。该矿对班前会实行军事化管理，像军人出操一样，要报告当班人数和实到人数。在班前会上还有一项重要内容，就是所有员工面对全家福，由一人读其亲人的嘱咐，唤起大家的共同回忆。汽修一班杜占海说：

“每天早上作业前，面对妻子、孩子的照片，温习亲人的嘱咐，首先从思想上就绷紧了安全这根弦。”

（3）开展互爱连锁活动的效果

互爱连锁活动开展后，石灰石矿割除了习惯性违章这个毒瘤。原来铲车司机有人偶尔不戴安全帽、不穿劳保鞋，拉电缆时图省事不戴手套，现在这些违章行为得到了100％的纠正。

运输车间调度刘会民说：互爱连锁活动使司机杜绝了翻斗车边落斗边走，吊车司机将头、手伸到车外等违章现象。爆破车间是石灰石矿一个特殊的车间，由于是野外作业，作业时间较长，大家都有将烟带到现场的习惯，现在经过相互监督提醒，作业人员干脆将烟锁在了工具箱中，改变了爆破中抽烟的习惯。

互爱连锁活动还消除了重大事故隐患。运输车间是石灰石矿的主体车间，共有5个班组，所辖38台运矿车有34台到报废期，设备老化，隐患较多。谈起互爱连锁活动，车间主任郭该收别有一番感触：8个月来车间不仅没有发生一起小磕小碰事故，而且消除了两起重大隐患。10月中旬，103号翻斗车司机在点检时没有发现修理工正在车下点检，点检完后直接上车开始发动，千钧一发之际，被监护人员赵水云发现，及时制止了司机开动车辆，避免了一起人身伤亡事故。11月26日，运输车间汽修一班杜昌军在点检时发现88号20 t翻斗运输车车厢轴罩固定螺栓断了3根，并及时进行了处理，避免了翻斗车起斗卸料时，车斗从车梁上掉下来，将人和车拽入七八十米深沟的恶性事故。

互爱连锁活动增强了职工的责任心，由于职工之间的相互提醒，避免各类事故十几起。例如，职工景付刚看到前面的车自动起斗，立即赶上前去告诉了司机，从而避免了因车起斗而翻车的事故。

8. 中国铝业中州分公司用亲情建设第二道安全防线的做法

中国铝业公司中州分公司位于河南省焦作地区，其前身是中国长城铝业公司中州铝厂，年生产规模20万 t氧化铝的一期工程于

1987 年开工建设，1993 年建成投产，以后通过持续的技术改造和扩建，不断提升生产工艺技术水平和生产规模，2002 年氧化铝生产规模已超过 80 万 t，现有员工 4 549 人。

中州分公司物资配送中心担负着分公司所有物资的配送、产成品的包装发运等工作，大型吊装设备、运输车辆等高危设备多，安全工作尤为重要。从成立以来，该单位就把安全工作放在了各项工作的首要位置来抓，一把手亲自负责，设置了专职安全工程师岗位，安全工作不断创新。特别是近年来，该单位将安全工作延伸到家庭，通过亲情化的安全管理，在企业内部营造了浓厚的安全文化氛围，为安全生产构筑起了第二道防线。

中国铝业中州分公司用亲情建设第二道安全防线的做法主要是：

(1) 亲情化的班组建设

“用亲情撑起安全的天空，用温情浇灌安全的花园”，这是该单位近年来开展创建“无伤害班组”工作的一大特点。走进这里的每一个班组，都能看到诸如“员工的安全高于一切”“你的安全是家人的牵挂”等充满温情的标语，同时，每个班组都有由员工的“全家福”照片或是员工与家人合影组成的班组园地，有些班组员工的交接班、班前会就专门安排在这些“家庭幸福园地”前进行，让员工一上班就感受到这种温情的安全提醒，让员工时刻感受到自己的安危关系着亲人的幸福，时刻牢记自己的安全是亲人的牵挂、家庭的期盼，从而促使员工从思想上实现“要我安全”向“我要安全”的转变。

(2) 亲情化的安全管理

随着企业的发展，企业安全生产已经逐步进入规范化、制度化管理，企业的各项安全规章制度已经十分健全，员工的思想认识也有了很大提高。建立企业良好的安全文化，让安全工作从制度化向员工思想上转变过渡，成为企业安全工作探索的目标。中州分公司物资配送中心适时提出了亲情化安全管理理念。

在该单位的吊装运输班，有一个保持了多年的习惯，就是每到春节、中秋等重要节日前后，班组都会把包括劳务用工在内的员工家属请到单位举行座谈会，并带领员工家属参观生产作业现场，让员工家属感受亲人的工作环境，了解亲人的工作性质，同时拉近员工家属与企业的距离。通过座谈会让员工家属掌握亲人在生产作业时存在的安全隐患，鼓励员工家属充分发挥“安全唠叨”和“安全枕边风”的作用，此举收到了良好的效果。在该班组开展的“为亲人安全祝福”活动中，一位家属为丈夫写道：“我们夫妻已风风雨雨走过 10 年，我不图你富贵，为了我们今后的生活，只求你认认真真工作，平平安安回家。”另有一位女职工的家属写道：“安全是家庭幸福的基石，在操作上一定要严格执行各项规定，遇到问题要多看多想。”还有一位儿子在给父亲的温情提示中写道：“爸爸，您是家中的脊梁，您的安全是我们全家的幸福，为了我们全家，请您在工作中一定要把安全放在第一位。”

该单位安委会、工会还联合与从事吊装、运输等高危工作的 21 名员工家属签订了《家属安全联保互保协议书》，要求员工家属要时刻关心亲人的安危，经常提醒亲人注意安全，帮助亲人改掉一些不良习惯，尽量保证亲人在工作时保持良好心情，及时向单位提供亲人的身体状况等信息，单位则根据员工家属表现，在年终给予一定的奖励等。活动开展两年来，收到了良好的效果，员工王保华的爱人针对他爱喝酒的习惯，从报纸、网络上收集了大量有关喝酒危害健康、喝酒造成事故的文章让王保华看，使王保华逐渐改变了爱喝酒的毛病。司机李民由于工作要求，经常早出晚归，他的妻子主动承担了家里的所有家务，不管李民回家多晚总能吃上可口的热饭，在他出车过程中，还能经常给他发一些安全问候的信息，对李民开车起到了一定的提醒作用。

(3) 亲情化的安全教育

在一些班组，长期以来，安全学习就是采取一人念大家听的方式，内容无非就是国家安全法规、企业规章制度等，这些“格式化”的安全教育已很难吸引员工的学习兴趣。中州分公司物资配送中心通过将“人性化”“亲情化”理念引入安全教育，极大地提高了员工的学习兴趣。

在该单位的许多班组，利用安全活动日组织员工举办“家庭幸福与安全大讨论”“亲情化安全演讲”等活动，如吊装运输班的安全活动日就经常组织员工谈自己在多年生产作业中遇到的紧急情况，让大家讨论遇到这些情况后的最佳处理方案，以及事故会对员工自身和家庭造成的危害等，使对员工的安全教育变得丰富多彩。

2008年年初，该单位安委会开展了“亲情呼唤安全”征文和“安全格言警句”征集活动，并积极鼓励员工家属参与活动，一年来，共征集到安全征文130多篇、安全格言110多条。66%的员工结合自身工作实际写出了安全感言、安全建议、安全言论以及安全与家庭的散文、诗歌等，经过整理汇编印成《守护安全》一书，发放给了每一名员工。其中多名员工家属参与征文活动，员工李民的家属李渝梅在散文《方向盘，我心中的牵挂》一文中写道：下雪了，好美的景呀，农民乐了，孩子乐了，而我却恨那飘舞的雪花，她给我的丈夫带来了许多安全隐患。员工姜文忠的家属在征文《短信传情》中写道：有了手机短信真好，许多平时说不出口的话可以通过短信传达，注意安全啦、我和儿子都想你啦、盼你平安归来啦，感觉还挺浪漫的。书中一句句真情的表达，一篇篇紧密结合工作实际的安全感言、安全言论，对员工起到了很好的教育作用。

同时，该单位还积极利用网络平台开展安全教育，在其内部网站——中州物流网的安全板块中，经常转载一些安全事故分析、安全方针政策、安全规章制度等内容，为员工营造了一个良好的学习和查找资料的平台。

几年来，中国铝业中州分公司通过将“亲情化管理”理念引入安全工作，不仅在企业内部构筑起了安全生产的第二道防线，还促

进了员工家庭的和睦，受到了员工及家属的一致好评，该单位成立5年来没有发生过一起轻伤以上安全事故。(王松伟、姜彦庆)

冶金有色企业开展宣传教育工作的做法与经验评述

冶金与有色金属企业由于规模大、员工多、生产过程复杂，因而在生产过程中危险因素多、事故隐患多，容易发生各类事故。因此，企业在生产过程中，需要以人为本，充分利用行政、经济、宣传教育等多种手段，在安全管理工作中通过抓住存在安全不稳定性的重要人员、安全事故容易发生的重点时期，加强培训教育，形成一种以点带面、以骨干带全局，层层抓安全、事事重安全的良好氛围，从而实现长周期安全生产。

运用安全教育和培训，采取预先防范的措施，加强对重点人员、重点时期的安全管理，对于实现安全生产具有重要的作用。

(1) 抓好重点人员的安全教育与培训

企业的重点人员包括：车间、科室负责人，班组长，新入厂人员，转换岗位人员等，对这些人员，应注意加强安全教育。

● 车间、科室负责人教育与培训。只有不断提高车间、科室负责人的安全管理责任感和安全防范意识，才能做到在布置工作任务的同时交代安全注意事项，安排保障安全的人力、物力；只有车间、科室负责人有了较强的安全管理责任感和安全防范意识，才能做到重视并支持其单位的安全管理人员和班组长抓安全、管安全，为营造一个良好的安全管理氛围奠定坚实的基础。提高车间、科室负责人的安全管理责任感和安全防范意识，主要可以通过对其进行安全生产法律法规及安全生产责任制培训，使其明确自身担负的职责；在管理层安全例会上及时指出各单位存在的安全问题，使其明确安全管理的不足之处，并限期纠正或整改；依据有关规章制度，对其安全管理工作进行定期、不定期检查，并严格考评，奖罚兑现。

● 班组长教育与培训。班组长素质的高低对企业的安全生产影响极大，只有具备相当安全防范意识和技能的班组长，才能在组织班员进行生产经营活动时有条不紊、处乱不惊，准确分析、预测存在的不安全因素，并采取有效的防范措施，防止事故发生。通过有计划经常开展安全法制教育、安全管理基础知识教育、安全技术教育等，提高班组长的安全防范意识和防范技能。同时，对不能尽职尽责进行班组管理的班组长要及时更换，造成事故和损失的要予以处罚。

● 新入厂人员、转换岗位人员教育与培训。这些人员由于要工作的环境较以前有较大改变，都有一个熟悉、适应新的工作环境和岗位操作规程的过程。如果对他们疏忽管理，就有可能发生事故。对这些人员一定要按规定逐级进行安全培训教育（对新入厂人员还要进行入厂教育），主要对他们进行企业概况及工艺流程、有关安全生产的规章制度及考核办法、拟从事的岗位工作环境、安全规程、技术操作规程、标准化作业程序等内容的培训教育，培训后要进行考核，合格后才能上岗，在见习期、熟练期、学徒期还要安排师傅传帮带。

（2）抓好重点时期的安全管理

● 国家规定集中放假的各“黄金周”前后。劳动节、国庆节、春节等节假日前后，是人的心情亢奋时期。节前大家都筹划着怎么安排假期的娱乐、休闲活动，工作中容易分散注意力，干活不专心。节后往往又余兴未尽，心里还沉浸在一种激动与回味的气氛中，加上精力疲劳，干起活来容易丢三落四。这些现象的存在，给安全生产带来严重的影响。为此，要加强对职工淡化节日意识的教育。节前要开会稳定职工情绪，并要教育职工注意娱乐有度，外出旅行要安排回家有1～2天的休息时间再上班；节后要集中进行安全教育后才能正式投入工作。这段时间的现场安全督察重点要放在劳动纪律、工作精力方面。

● 季节性气候更迭期。春夏之交、秋冬之交、梅雨季节、三伏酷暑、三九严冬等季节，气候变化异常，人体在这些时段易产生感冒、中暑、心烦、感觉不适等生理和心理上的异常现象。工作起来精力不集中，容易发生误操作，引发事故。在此期间，一是要确保防寒防冻、防暑降温物资的正常供应；二是要开展现场医疗巡诊；三是认真搞好杀虫、杀菌、灭四害等卫生防疫工作；四是根据气候特征及时调整作息时间，避开在高温、严寒等条件下长时间干重体力活。

● 企业经济效益低迷、波动期。随着经济改革的不断深入，企业效益的好坏对职工的思想情绪和工作热情影响日渐增大。企业效益好，职工干劲足，工作踏实，情绪稳定。企业效益差或者时好时坏，职工收入得不到保障，人心惶惶，这时企业安全全面进入危险期，也是事故多发期。要加大思想教育力度，教育广大职工树立同甘苦、共患难的思想。通过开会、板报等多种形式将企业的实际情况告诉大家，指出目前面临的困难与挑战，存在的有利条件和机遇，让每一个职工心中有数，避免思想、认识混乱，使各项安全管理按部就班进行，避免安全管理出现空当。

● 重大变化期。各个企业为了适应市场的需要，企业内部结构调整，人员调配，直至裁减人员都是不可回避的事实。这个时候，职工都异常关注单位的走向，担心自己的工作岗位会发生变动。要对职工加强改革意识的教育，分析利弊，指出改革的必要性和可行性。同时，一项改革措施的出台，一定要进行充分的调研，一旦付诸实施要快捷果断，拖泥带水和犹豫不决反而影响职工的稳定，也影响安全。

(3) 开展安全教育培训需要注意方法

安全是人类永恒的主题。安全教育是安全生产的一项重要的基础性工作，是贯彻“安全第一，预防为主”方针的具体体现，是建立安全生产长效机制的一项重要举措。安全教育的主要目的之一，就是增强职工的安全意识。在实现目的的过程中，需要注意方式方法。

我们来看一些企业在安全宣传教育上所采取的方法。

事例之一：河北钢铁集团邯郸钢铁公司第三炼钢厂的安全教育方法

邯钢第三炼钢厂紧紧围绕安全生产大局，积极从强化职工安全生产知识培训教育入手，开展职工安全生产知识培训教育，提高职工素质，使广大职工把安全作为工作的“第一需求”，实现安全工作发展到“要我安全→我要安全→我懂安全→我会安全”不断转变和良性循环的正确轨道上来。具体做法如下：

● 开展“学、背、用”规程示范竞赛岗活动。该厂在全厂开展“学、背、用”规程活动，工会组织人员深入到班组岗位，抽查职工“学、背、用”规程活动效果，对掌握扎实的职工予以奖励，促使人人会背规程，人人会用规程，真正实现本质安全。

● 开展亲情教育，时刻敲响警钟。该厂在重点生产岗位建立了“职工全家福”展板，开展安全寄语、安全家书、安全短信等活动，“团圆的家庭是我们的期盼，温暖的家庭是我们的港湾”“你工作中多一份谨慎，我心里便少一份牵挂；你工作中多一份安全，我心里便多一份踏实”。一句句深情的寄语，使职工在上岗前会深深地感受到母盼妻想儿牵挂的亲情，心中时刻绷紧安全弦，做到上标准岗，干标准活。

● 开展岗位突发事故应急处理预案演练。该厂针对可能发生的事故，提炼出10项应急预案，包括转炉大喷、煤气中毒、触电伤害等内容，不定期组织各车间开展岗位突发事故应急处理预案演练，通过扎实有效的演练，使每一名职工对本岗位的危险因素、防范措施、事故应急措施做到心中有数，懂危害、会处理、会应急、会救护。使职工自身素质得到了提高，安全意识不断增强。

事例之二：鲁矿集团公司“每周一题”开辟安全教育新途径

山东鲁中冶金矿业集团公司是一家集采矿、选矿、轧钢、建筑及机械修理等为一体的高危行业企业。为了提高职工的安全生产素质，鲁矿集团在安全生产学习中开展“每周一题”活动，组织职工每周学习、解答一个与安全生产工作有关的问题，收到了良好的效果。

鲁矿集团规定，班组安全员负责选题，选题要切合本班组的生产实际。学习题目确定后，由班组长组织职工答题，可以翻阅相关书籍、上网查询、交流讨论，对疑难技术问题，通过模拟演练解决。为加强对“每周一题”安全生产学习活动的管理，各车间都成立了学习辅导小组，成员包括车间党政工团负责人和专业技术人员。该小组每周检查班组答题情况，并写出评语。每次检查完毕后，各班组都将答题簿悬挂于班组学习园地，组织职工交流心得体会。各车间每季度开展一次安全生产学习分析会，要求每名职工写一份学习心得。

在活动中，鲁矿集团下属各单位根据自身情况组织学习，尽量使每道题都“出在职工的心眼儿里”。鲁矿集团供电部门在每年历时三个多月的春季电气预防性试验中，以电气试验项目为重点，每周出一道题，组织职工学习、解答，以确保电气安全。如鲁矿集团采暖部门根据冬季采暖工作的特点，从锅炉操作和突发故障处理等方面选题。有的班组还在“每周一题”活动中采取故事会、演讲会等形式，寓教于乐，使职工受到教育，提高解决实际问题的能力。

通过长期不懈地组织安全生产学习，鲁矿集团职工的安全生产素质得到了明显提高，一批年轻的技术骨干、业务尖子脱颖而出，职工们处理安全生产问题的能力得到了提高，职工在“每周一题”安全生产学习中提出合理化建议上百条，整改了多处事故隐患，有效提高了职工队伍的安全生产素质，确保了企业的生产安全。

（二）石油化工企业开展宣传教育工作的做法与经验

9. 吉林油田公司建立HSE培训机制提高控制能力的做法

中国石油天然气集团公司吉林油田分公司主营业务为石油和天

然气勘探、开发及销售，总部位于吉林省松原市。吉林油田勘探始于20世纪50年代，其前身为吉林省油田管理局，1996年12月改制为吉林石油集团有限责任公司。重组改制以来，油气勘探取得重大突破，五年新增探明石油地质储量2.4亿t，原油产量连年攀升，实现了500万t的历史性跨越。

吉林油田公司在生产过程中历来注重安全管理，在全力治理隐患、改善安全环保条件的同时，始终把HSE培训作为安全生产的重要基础。2009年以来，结合提高全员HSE能力，实现安全发展的需要，以承担集团公司“油气田企业基层HSE培训机制研究”项目为契机，从转变观念、创新方法入手，从基层生产岗位和操作员工的需求抓起，切实搞好基层操作员工安全操作基本技能培训，解决全员HSE基础培训短板问题。

吉林油田公司建立HSE培训机制提高控制能力的做法主要是：

(1) 量化操作单元，按岗位操作规定HSE培训需求

基层操作员工HSE培训应当满足安全操作的基本需求。对于油田企业来讲，采油（气）、油气处理、修井作业是油田公司的主体专业，也是风险最高的生产作业。吉林油田公司现有油（气）采输、修井作业操作员工1.47万人。为探索“需求型”基层HSE培训，公司选择了含有采油、油气处理和修井作业等油田主要专业的新民采油厂为试点，根据劳动定员、生产工艺、属地责任，对每个生产岗位的生产内容进行了梳理，把每项工作量化分解成多个操作单元，每个单元的操作列为操作员工应当掌握的基本技能，建立起岗位HSE培训需求矩阵，作为基层操作员工HSE培训的纲要。

通过量化操作单元，将采油、油气处理、修井3个专业17个工种分成了41个操作岗位；将采油队的采油、集输、测试、维修4项主要工作量化分解成了159个操作单元，油气处理站接油、分离、输油、注水、司炉5项主要任务量化分解成了130个操作单元，修井作业搬迁、立放井架、起下钻等作业量化分解成了105个操作单元。其中，仅采油工一个工种就分成了井组班长岗、井组资料岗、一般采油岗、夜班岗 4 个岗位，采油队抽油机运行管理一项工作就量化分解成了检查、起停、监测、维护、保养、调整、修理、安装等 17 项操作单元，每项操作落实到了具体的岗位。按照一个岗位一个矩阵，建立起了 41 个岗位的 HSE 培训需求矩阵，从 HSE 基本知识、本岗位操作技能、生产受控管理流程和 HSE 理念四个方面规定了 432 项培训内容，每项培训内容设置了“掌握”和“了解”两种培训效果，一年和三年两种培训周期，课堂讲授、现场操作、研讨、自学、告知五种培训方式，0.2～2 个课时培训时间，直线领导和培训师授课，为探索“需求型”基层 HSE 培训模式构筑了主体框架。

(2) 细化能力评估，按员工能力需求实施 HSE 培训

HSE 培训应当以员工掌握安全操作基本技能为目的。过去在基层操作员工 HSE 培训上，总强调“干什么、学什么，缺什么、补什么”，但因为没有衡量的标准，培训“大而全”、硬灌输，没有真正达到目的。

为解决培训“大而全”、硬灌输这一实际问题，公司把 HSE 培训需求作为基层操作员工 HSE 能力基本标准，根据评估结果制订培训需求计划，按实际需求开展培训。HSE 能力评估包括“执行能力”和“操作能力”两个方面，其中，“执行能力”评估以遵守规章制度、日常工作表现和完成本岗位工作任务情况为主，通过对个人平时 HSE 表现、工作业绩考核进行评估。“操作能力”评估以本岗位操作技能评估为主，通过现场操作测试进行评估。评估按“直线责任”由班组长评估本班组成员，站队长评估班组长，依据能力评估表逐项考核测试。HSE 能力评估周期一般为一年，新入厂、转岗操作员工上岗前，在岗操作员工从事新的工作前，或者发生严重违章及事故时必须进行评估，并与个人奖励和再培训挂钩。“执行能力”和“操作能力”评估全部达到合格的授予三星级员工，并给予相应的奖励；评估合格的操作项目，在一个培训周期内可以不重复培训；任意一项评估不合格的，对不合格的项目进行专项培训，在培训评估合格前不得单独进行该项目的操作。

2009 年以来，在试点单位进行了三次基层操作员工 HSE 评估，评估 847 人，其中 834 人全部合格，占参加评估员工总数的 98.47%，评估存在不合格项目的员工全部进行了专项培训。通过细化能力评估，按能力需求实施 HSE 培训，既检验了基层操作员工 HSE 能力，做到“缺什么、补什么”，同时也进一步解决了以往培训范围过宽、内容过多和无效、重复培训等问题，节省了培训资源，得到了绝大多数基层员工的认可。

(3) 深化风险培训，按操作内容需求培训风险控制能力

安全操作既需要技能，更需要控制风险。例如，采油工更换抽油机皮带是一项经常性、比较简单的工作，也是一项伤害事故最多的高风险操作，安全教育、技能培训没少搞，技术措施也采取了许多，但皮带压手的事故或险情仍时有发生。

2009 年上半年，通过组织试点单位进行深入调查，发现采油工更换抽油机皮带，不是不清楚操作规程和存在危害，而是对每个操作环节如何预防伤害不够掌握。对此，公司打破 HSE 培训与操作技能培训分开运行的界限，立足控制风险、提高技能，对 HSE 培训与操作技能培训，从管理到授课、考核、评估进行了全方位整合，将 HSE 作为操作技能培训的最基础内容，将基本操作技能作为风险培训的重要载体，实行了 HSE 与操作技能同步培训。在采油工更换抽油机皮带培训中，把更换皮带存在的风险和事故案例作为首要培训内容，根据存在的风险和操作规程要求，按操作步骤培训安全操作，使 HSE 培训突出了风险控制、联系了操作实际，风险控制渗透到每项操作的全过程。2009 年以来，试点单位再没有发生更换抽油机皮带伤害事故。一名在采油岗工作 10 多年的员工，参加更换抽油机皮带操作培训后说，“过去总讲抽油机更换皮带要‘四点一线’、注意安全，现在我可知道怎么换才能换好、还安全”。

为深化风险培训，把风险控制纳入到基本操作中，制定了《操作规程管理办法》，组织设备、质量、企管、勘探、开发、安全环保部门和采油、修井等单位，按照“操作前准备”“操作前检查”“操作步骤”“操作后检查”“应急处置”等项目，制定、修订了1064项操作规程；组织在公司最大的采油厂和专业修井公司进行了危害因素辨识活动；组织专业人员、生产一线骨干开发了采油、油气处理、修井三个专业队种HSE培训教材330项，每个教材为一个操作项目的安全操作指南。

(4) 多样化培训授课，按培训效果需求采取不同的授课方式

HSE培训作用如何，在一定程度上取决于培训效果。多年来，吉林油田公司为搞好HSE培训，采取了每年48学时培训、“三个百分百”培训、“填鸭式”培训等一系列举措，但由于员工是被动接受培训，培训效果受到很大的影响。

公司围绕探索“需求型”基层HSE培训，转变传统方式，采取了分岗位、小范围、短时间、多形式、形象教学、互动培训和以实际操作培训为主、课堂讲授相结合的培训方式。除了国家和行业规定的特种作业人员资格培训外，其他培训由基层站队组织，一次培训只针对一种岗位，不搞“大帮哄”；每次培训一般不超过30人，每项内容培训时间不超过1 h；课堂培训采用多媒体授课，保证1/3以上时间用于接受培训人员提出、回答问题或者参与问题讨论；实际操作培训，以接受培训人员操作为主，HSE培训师进行示范和指导。员工参加培训不再像小学生一样正襟危坐、记笔记、受约束，而是自愿结合，分组围坐，随时交流、研讨；鼓励接受培训人员提出问题和参加问题讨论，把培训内容记在心里。每项培训内容通过课堂提问、实际操作测试、课后笔试、能力评估或者安全行为观察与沟通等方式进行效果考核，考核结果记入个人《HSE能力证书》，不仅提升了培训效果，也给员工与员工、员工与HSE培训师沟通搭建了一个平台，受到了基层员工的普遍欢迎。2009年以来，已在试点单位举办培训班 103 期，培训基层员工 2 708 人次，培训相关内容 44 项，一次培训考核通过率为 97%。

修井队基层员工常年野外作业，过去对传统方式培训意见很大，有的员工讲“宁可站着干活，也不坐着上课”。在试点单位实行多样化培训授课，特别是侧重现场实际操作培训后，员工反响良好，不再为坐不住凳子、上课就写字而发愁了。

(5) 专业化设置培训师，按基层实际需求配置培训资源

搞好 HSE 培训离不开资源，而 HSE 培训师是 HSE 培训资源中的重中之重。在探索“需求型”基层 HSE 培训中，公司始终把建设一支懂专业、通操作、善于风险管理的基层 HSE 培训师队伍当成一项重要课题，充分发挥基层培训资源的作用，用一个或几个 HSE 培训师带动一个群体共同健康安全环保。

为搞好 HSE 培训队伍建设，在试点单位制定施行了《基层 HSE 培训管理办法》，明确规定了 HSE 培训师设置、聘用、职责和待遇，每个基层站队根据含有的专业设置 2～3 名 HSE 培训师，择优选聘，兼职授课；基层管理人员有责任对员工进行 HSE 培训，鼓励员工人人成为 HSE 培训师，要求人人尊重 HSE 培训师的劳动；HSE 培训师对实施的培训效果负责，同时享有相应的待遇。

2009 年以来，在试点单位先后培养、选拔、聘任了 51 名 HSE 培训师，其中生产一线操作员工 23 人，占培训师总数的 45%。被聘为 HSE 培训师的操作员工，除授课按公司《兼职教师管理办法》发放讲课酬金外，还享受操作骨干待遇。在资金十分紧张的条件下，投资 50 万元为试点单位培训师配备了笔记本电脑、投影仪、照相机、录像机等培训设备设施。HSE 培训师开发培训课件，实行首发命名制，按采油厂管理创新成果给予奖励，在职称（等级）晋升、高技能人才评比、优秀员工选拔时给予适当加分，不仅激励了 HSE 培训师讲好课，同时也调动了全体员工学习 HSE 知识和操作技能的积极性。目前，试点单位的基层 HSE 培训全部由 HSE 培训师授课。

HSE 培训师在授课前认真备课、自主开发课件，在授课时严格按“安全提示、经验分享、内容介绍、授课实施、问题解答、授课总结”六步法授课。

为了深入探索“需求型”基层 HSE 培训模式，公司在开展上述工作的同时，实行了 HSE 培训行政主要领导负总责，人事部门统一归口管理，专业技术部门具体组织，基层站队长带头授课，一级培训一级、一级考核一级、一级对一级负责，员工发生事故 HSE 培训师和能力评估人承担连带责任等一系列管理举措，确保了“需求型”基层 HSE 培训探索工作取得阶段性成效。

10. 塔里木油田公司实施矩阵式培训促观念转变的做法

塔里木油田是中国陆上第二大油田，位于新疆塔克拉玛干大沙漠中，石油和天然气储量丰富。塔里木油田公司组建于 1989 年 4 月，是一家集油气勘探开发、炼油化工等为一体的大型石油公司，总部位于新疆库尔勒市，作业区域遍及塔里木盆地及周边 5 个地州 20 多个县市，公司现有员工 12 400 人，资产总量 313 亿元。

近年来，塔里木油田公司以转变安全观念为导向，以矩阵式培训为核心，实施分层次、有针对性的培训策略，建立培训师体系，整合培训资源，形成完善的 HSE 培训机制。通过培训，转变员工安全观念，固化员工安全行为，培养员工安全习惯，员工由被动的“要我安全”转变为“我要安全”“我会安全”。

塔里木油田公司实施矩阵式培训促观念转变的做法主要是：

(1) 营造全员参与 HSE 培训的氛围

塔里木油田公司始终围绕“转变员工的安全观念、培养员工的安全习惯、提高员工的安全能力”的主线开展安全文化建设的推进工作，对安全理念、管理方法及操作技能的培训贯彻始终。

塔里木油田特色安全培训的核心是依据岗位技能与培训需求矩阵制订培训计划，整合并开发培训资源，落实矩阵式安全培训，开发了有利于提高 HSE 培训针对性和有效性的一系列方法和工具，建立了全方位、全员覆盖的安全能力评估系统，以及配套制度支撑的HSE培训管理科学机制，从而有力地保证了各级HSE培训工作的健康发展。

塔里木油田要求各级领导不仅要带头学习先进的安全理念和安全标准，而且要亲自培训员工，把亲自宣贯安全理念、安全标准作为各级领导提升安全领导力的机会，作为强化带头遵章守纪意识的载体，引领全员关注和参与安全培训。在基层员工中，把满足岗位安全工作需要的安全能力建设作为落实属地管理的一项重要内容，积极开展在岗培训，改善培训条件，拓展培训方式，增强培训效果，鼓励生产技术骨干成为安全培训师，多措并举促进员工实现由“要我安全”到“我要安全”的观念转变，由“我要安全”到“我会安全”的能力提升。在“有感领导”“属地管理”“全员参与”等多重影响和作用下，塔里木油田逐渐形成了员工积极参加安全培训、各级领导亲自进行安全培训、员工相互培训的良好氛围，员工成为各级安全培训的主力军和最大受益者。

(2) 推行矩阵式HSE培训

结合岗位职责和工作需求，塔里木油田采取直线领导与下属沟通的方式，按照安全理念、安全知识、安全技能等层次明确每个岗位的培训内容、要求、周期，建立了所有岗位的HSE技能与培训需求矩阵，上至油田领导，下到普通员工，凡涉及生产安全的岗位均按照安全矩阵模式进行安全培训，因岗、按需施教，先评估、后培训、再评估，“缺什么，补什么”，提高培训的针对性、有效性，消除了培训负担化、福利化倾向，在全油田建立合理的安全能力架构，保证各岗位人员满足岗位安全管理和生产的要求。

● 管理层培训。以“转变观念”为突破口，实施以“安全文化理念”为侧重点，以“有感领导”为切入点的培训策略，采取由杜邦专家一对一辅导的形式，强化各级领导对安全理念的理解，提高各级领导的安全管理技能，同时，定期开展安全文化理念、标准的重复性培训，鼓励各级领导通过积极参与安全实践，加快能力提升步伐，使“有感领导”在油田安全文化建设过程中发挥出更大的作用。

● 中层干部培训。以“提高安全管理技能”为突破口，实施以“安全文化理念”为关键，以“安全管理标准和方法”为重点的培训策略。定期开展安全文化理念和安全管理技能培训，建立领导干部的逐级安全综合能力评估和辅导促进机制，将安全综合能力的评估结果与领导干部的聘任升迁挂钩等。

● 员工培训。以“提高操作技能”为核心，全面推行矩阵式培训。建立岗位技能培训需求矩阵，重点强化操作技能培训，切实解决培训的针对性问题，建立员工 4 种能力评估系统，完善培训评估机制。

● 承包商培训。以提高“风险识别和控制能力”为核心，对承包商实施分类管理的培训策略。长期运行和检、维修承包商与甲方培训要求一致，临时承包商实施入场前 3 级安全培训。

(3) 建立保障机制，加强和推行培训工作

为了加强和推行培训工作，塔里木油田成立系统安全分委会，负责 HSE 培训工作的整体推动，定期研究、解决 HSE 培训存在的问题；人事处负责整合 HSE 培训计划，保障培训资源；质量安全环保处负责对 HSE 培训工作提供技术支持，编制油田级的安全培训标准课件并负责维护，对各单位安全培训的实施情况进行指导和审核等；教培中心具体负责油田 HSE 培训计划的组织和实施，组织特殊工种从业人员的培训、取证与复审工作等。

● 建立健全规章制度，夯实工作基础。《员工能力评估、培训管理程序》从 HSE 政策上明确了 HSE 培训的重要性，《员工教育培训管理办法》确立了油田教育培训各方职责、组织实施及持续改进的机制，《安全培训管理标准》确定了实施 HSE 培训的科学方法——矩阵式培训，《内部兼职培训师管理办法》和《安全培训师、工艺安全分析师管理标准》以制度的形式建立了内部培训师选拔、聘用和评估机制。

● 培养安全培训师，形成长效机制。建立内部安全培训师选拔和评估机制，安全培训师实行站队级、厂部级、油田公司级3级管理，将取得安全培训师资质作为聘用安全管理人员的必要条件。油田制定激励政策，吸引更多员工走上讲台；开展多期安全培训师培训技巧培训，培训人员达650多人次；开展油田内部培训师授课竞赛等活动，不断提高内部培训师的培训技巧。

● 成立安全文化工作站，培养骨干。安全文化工作站为副处级单位，于2009年成立，挂靠在质量安全环保处，主要职能是研究油田安全文化发展方向，制订安全文化推进计划，参与制定安全文化的相关标准，辅导基层安全文化推进，组织安全管理现状审核等。安全文化工作站固定编制4人，其他人员定期从基层选拔，在站内学习3～12个月不等。安全文化工作站采取流动管理的模式，进站人员先进行系统培训，再通过参与安全文化建设的各项工作，达到掌握标准、熟悉安全管理工具的目的；通过出站评估后，方可出站。安全文化工作站为基层培养安全文化骨干，成为传播安全文化的种子。

(4) 全方位辐射安全文化培训，注重开展各类专项培训

将安全文化培训纳入各类专项培训。新分配大学生入厂培训班、科级干部培训班、班组长培训班、井控培训班等专项培训班中均增设安全文化培训课程，通过培训班的学习，参与者安全观念发生转变，同时也提高了安全技能，调动了直线组织参与安全文化建设的积极性，也发挥了直线组织在安全文化建设中的职能。

● 开展各类专项培训。通过举办各类专项培训，引导员工在工作和生活中养成良好的安全习惯，提高安全技能。油田举办了多期事故/事件调查、工艺安全分析方法、办公室安全、防御性驾驶、居家安全、消防知识等专项培训，每年各类安全培训约1.5万人次。

● 开展安全实践活动。油田鼓励员工参与安全管理实践，通过实践熟练掌握和应用安全观察与沟通、工艺安全分析、工作安全分析、事故调查方法等管理工具，持续提高员工的风险识别和控制能力。例如，通过领导亲自指导下属进行安全观察与沟通，培养良好的工作习惯；通过预审核、正式审核、组织现场沟通和交流会等形式，与基层交流安全文化建设存在的问题，提升对标准的理解；利用新改、扩建项目设计阶段的工艺安全分析，组织员工参与和学习，提高工艺危害的识别能力；推行工作安全分析，提升操作员工的风险识别能力等。

● 建立课件库，资源共享。针对不同的培训内容，开发相应的培训课件，建立培训课件库。目前，油田共编制公司级 HSE 培训课件 40 余个。油田在发布 HSE 标准的同时，组织编制并发布培训课件，通过采用幻灯片、漫画、视频等方式，丰富课件样式，鼓励员工自主开发培训课件，开展活动征集基层安全培训课件及建议。截至 2011 年 9 月，油田共收集培训课件和建议 550 多个。

● 鼓励基层创新培训方式，强化培训效果评估。油田以实际应用为目的，充分发挥员工的积极性和创造性，创新培训方式，增强培训效果。油田鼓励基层以实战式、演示型的培训评估方式取代课堂培训、书面评估，以短课时、小范围甚至是一对一辅导的培训方式取代统一培训，以视频、挂图、实操等方式取代对承包商员工的枯燥的文字理论培训，既减轻了基层的培训负担，又提高了培训效果。同时，对参与培训的员工和培训师均进行双向评估（考核），不断完善培训评估机制。

● 探索建立安全能力评估系统。油田建立了全员覆盖的安全能力评估系统。各级领导从安全领导能力、风险掌控能力、安全综合能力、应急指挥能力等侧重于管理的 4 方面的能力入手，进行逐级评估，操作岗位员工从身体能力、业务能力、事故预防能力、应急能力等倾向于操作的 4 方面能力入手，进行评估。通过持续开展 4

种能力评估工作，建立员工能力评估系统和各级岗位的评估细则，实行逐级评估、逐级负责，每年逐一进行能力评估，评估人找出被评估人最强和最弱的各3项，针对弱项制定出个性化的培训计划予以提高，将各级领导、员工能力评估的结果与个人的业绩考核、岗位技能鉴定、人员变更管理和岗位晋升挂钩，切实提升了全员安全履职能力，形成评估、培训持续改进的良性循环。（魏云峰、丁新云、徐银燕）

11. 中石油海外勘探开发公司进行HSE管理体系建设的做法

中国石油天然气勘探开发公司自1993年以来，积极走出国门，在国际石油市场开展油气业务，历经多年的跨越式发展，目前已进入规模化发展的新阶段。截至2009年年底，公司在全球29个国家参与运作与管理着81个油气合作项目，初步建成非洲、中亚、南美、中东和亚太5个海外油气合作区，基本形成了勘探开发、管道运输和炼油化工与销售上下游一体化的完整的石油产业链。目前，公司从事境外投资业务的中外籍员工约38 000人。

近年来，中国石油天然气勘探开发公司在海外业务拓展中，由于国内外的政策规定、文化习俗、传统观念存在很大的差别，国内企业对生产安全事故所奉行的“四不放过”原则，在国外企业的实际执行中，由于普遍存在过度追究事故相关人员责任的倾向，从而导致事故瞒报、迟报现象普遍，事故原因调查不深入，事故预防措施过于笼统、缺乏针对性等问题。因此，公司下属海外企业改变这种问责文化，转而实施主动预防的转变，借鉴国际石油公司的通行做法，进行HSE管理体系建设，培育鼓励报告、公正定责、共享教训的免责文化，从而取得良好的效果。

中石油海外勘探开发公司进行HSE管理体系建设的做法主要是：

（1）转变责任追究理念，共享事故教训

中石油海外勘探开发公司经过研究，首先转变事故/事件管理理念，从重责任追究向重原因分析和措施落实转变，同时，调整责任追究和 HSE 绩效考核标准，经过事故调查确认存在玩忽职守、屡教不改或主观恶意的员工才会因事故/事件受到处罚，业绩考核从主要考核结果向结果与过程并重转变，对坦诚报告并认真调查隐患事故/事件的单位不但不责难，反而在公司 HSE 工作会上或在进行 HSE 培训时公开表扬，树为现场监管严格、形成公开报告文化的典范，在评选先进单位时给予加分，引导各单位管理层将管理重心从较大事故下移到事故隐患上来，真正做到防患于未然；将不安全行为/状态的辨识、事故/事件报告作为 HSE 培训的重要内容，并借助每周下发的 HSE 报告，在员工中普及关于安全观察、隐患辨识和报告的重要性、方法、程序、工具等的知识，让员工会辨识、会报告。

公司还将海外单位发来的事故/事件报告编制成英文版的《HSE 警示》，包括事故经过、原因分析、整改措施、防范建议等内容，在删除事发单位名称后发给各单位共享，并给予报告人适当的奖励，既让报告人愿意报告，让全体员工受到教育，又避免让事发单位和相关责任人难堪，使其今后能坚持报告；建立事故/事件数据库，对事故特点和趋势进行分析，为管理层制定决策、改进管理提供依据，为海外单位改进业绩提供指导。

(2) 加强安全教育，提高员工技能

为了加强安全教育，公司结合实际，增强 HSE 管理的主动性，建立了不安全行为/状态与险兆事件报告、分析系统，任何部门、任何员工都可以非常方便地通过该系统报告身边的隐患，系统会自动生成不安全行为、状态及不合规定环境破坏行为图表；此外，还建立了事故跟踪系统，用户可以按区块、时间段、事件类型查询安全环保统计信息，系统可以自动显示数据表和图表，管理层可以根据系统中的报告和统计信息评审和完善安全环保政策、程序和培训计划，找到事故/事件发生的根本原因，采取措施填补管理漏洞。

海外项目单位还采用 SMART（安全造就好团队）卡鼓励本单

位员工和承包商员工关心他人安全，观察、报告不安全行为、未遂事件和事故，对上报员工进行奖励；对本单位发生的每一起事故都认真调查，编写事故调查报告，找出事发原因，制定并落实预防措施；提倡以教育为主，一般不采取罚款、开除等方式处罚，需要培训的培训后再复岗，不适合岗位工作的调换岗位，情节严重的对其发警告信并抄送工会。

近几年来，通过实施上述措施，各级员工，尤其是基层员工普遍认识到自己是安全的最大受益者，主动报告、干预不安全行为/状态、未遂事故的积极性明显提高，“我的安全我负责，你的安全我有责”的团队意识正在形成；各级管理层及时纠正不安全行为，整改不安全环境，采取措施根除隐患，在员工中广泛分享事故教训的主动性普遍增强，确保了预防和纠正措施的及时落实、良好安全作业实践的迅速普及，有效降低了事故率，HSE 管理从事后被动整改逐渐向主动消除隐患的高级阶段过渡。

（3）推广安全经验分享，促进团队安全作业

安全经验分享是指员工将本人亲身经历、看到、听到或读到的有关安全、环境和健康方面的典型经验、实用常识等总结出来，通过在会议、培训等集体活动前介绍和讲解，通过电子邮件发送或上传到内部网站等方式，在一定范围内分享 HSE 方面的典型经验和教训。安全经验分享活动是宣传安全知识、提高安全意识、推动全员参与、营造安全氛围、培育安全文化的有效方法。

中石油海外勘探开发公司本部从 2007 年 9 月起建立了每周编制和下发 HSE 简报的制度，2009 年又新增了 HSE 警示。HSE 简报和警示均为图文并茂的英文 PPT 文件，HSE 简报的选题内容涵盖石油石化行业 HSE 新知识、新理念、新技术，紧密结合近期 HSE 工作的重点、难点；HSE 警示介绍业内、本公司及承包商的事故原因、经过，避免类似事故再次发生的建议和措施等。HSE 简报和 HSE 警示每周二发放给海外单位总经理、HSE 主管领导、中外籍 HSE

经理和监督，受到中外方 HSE 人员的普遍欢迎。他们将这些资料用于改进 HSE 管理，翻译成当地语言后用于 HSE 培训、安全经验分享，制作成安全宣传图片张贴在现场，有的还转发给承包商学习，达到了普及安全知识、提高安全意识的良好效果。

2009 年年初，中石油海外勘探开发公司开始在所有海外单位推广安全经验分享活动，要求各单位将安全经验分享作为企业领导办公会、生产经营协调会、安全环保例会、基层班组交接班会、施工交底会等相关会议以及各类培训班的一项基本内容，纳入议程，持之以恒，养成习惯。

(4) 学习国际先进经验，建立四级培训架构

持续、有效的培训，是促使各级各类人员转变落后观念，改变不安全习惯，提升 HSE 能力的前提。中石油海外勘探开发公司一直高度重视 HSE 培训，建立了本部、地区公司、项目公司、作业现场 4 级培训架构，多年来，通过持续开展不同层次、类别的 HSE 培训，极大地提高了各级领导和员工的 HSE 综合素质。

中石油海外勘探开发公司积极学习国际石油公司 HSE 培训的先进经验和好的做法，实施了以下改进：

● 提升全员安全能力。明确了 HSE 培训的总体工作思路，即：按照直线管理、全员参与、满足岗位需求的原则，实行统一规划、分级实施、定期考核，实现全员“安全意识到位，安全知识到位，安全能力到位，安全行为到位”；制定并下发了《健康安全环保培训计划》《HSE 培训管理办法》《新员工 HSE 培训管理办法》等管理规定，要求新员工必须参加不少于 24 学时的 HSE 培训，取得 90 分以上的考试成绩，并且通过 16 学时的防恐安全取证培训后，方可办理出国手续。根据不同层面人员的岗位需求，编制了健康、安全、环境 3 个模块的培训矩阵，明确了从最高管理层直至基层员工共 15 类人员的必修课和选修课，列出了各门课的培训大纲；编制了《HSE 基础知识题集》和 3 套 HSE 通用知识试题，自编了部分培训课件，并购买了系列培训课件；建立了员工 HSE 培训档案——HSE 护照。

● 建立先进的学习体系。人力资源部和 HSE 部依据员工职业生涯设计规划，结合行政人员、地质师、设施工程师等 25 大类员工岗位职责和任职要求，开展了岗位培训需求分析，明确了各类员工每年必须接受的培训内容，开发了针对不同类别员工的从入门级、发展级、称职级、专业人才级、高级专业人才级直到专家级的 6 级培训矩阵。

HSE 部还成立了由 3 名专职安全环保培训师组成的培训小组，负责开发和更新培训课件、培训内部师资，与各业务领域的监督一起制订一岗一单的培训计划，组织培训、演练。为突破地域、时间的限制，实现培训常态化、规范化，公司在定期举办各种讲座、演练、模拟演习的同时，还开设了“自助餐”式的在线学习培训系统，HSE 课程是基础培训的一个重要模块，员工可以随时随地根据“岗位与培训矩阵”的要求参加在线培训和测试，系统会为员工建立动态的 HSE 培训“电子护照”，自动记录员工在线培训的时间和成绩，并提示员工哪些课程还没有学习或没有通过测试。人力资源部通过“电子护照”监测员工培训情况，并评估培训效果，将其作为员工年度绩效考核、奖励晋升的一项重要内容，极大地调动了员工自主学习的积极性，保证了培训效果。

● 打造高素质人才队伍。通过多层次、多类别、多形式的 HSE 培训，中石油海外勘探开发公司各级领导的安全管理能力，各级业务、技术人员的安全业务能力，各级 HSE 人员的专业指导、支持和协调能力，岗位员工的安全综合素质，承包商员工的安全综合能力均得到显著提高，建立了一支具有先进的 HSE 理念、安全的工作习惯、较高的 HSE 能力、丰富的国际油气业务运作经验、能与当地文化有机融合的中方人才队伍，同时还培养了大量认可中石油海外勘探开发公司的企业文化、愿意为中石油海外单位工作的高素质当地

人才，为中石油海外油气业务的持续发展和满足资源国提出的不断提高用工本地化比率的要求提供了人才保障。（赵奇志、齐金郦）

12. 欢喜岭采油厂实施安全教育培训“三到位”管理的做法

中国石油辽河油田公司欢喜岭采油厂1976年投入开发建设，1979年正式建厂，油区面积350 km^2，是中国石油辽河油田分公司的主力采油厂之一，全厂现有员工7 437人，管理着3座联合站、106座采油站、47座注汽站和3 007口油、气、水井，日产原油3 180 t，年产量规模114万t。

欢喜岭采油厂结合多年安全管理工作经验，实施“三到位”安全管理新举措，即“坚持靠教育提高安全意识，保证干群思想重视到位；坚持靠培训提高岗位技能，保证安全行为规范到位；坚持靠文化全面提升，保证安全行为养成到位”，进一步促进了安全基础管理水平的提升，保障了企业的安全生产。

欢喜岭采油厂实施安全教育培训“三到位”管理的做法主要是：

（1）坚持靠教育提高安全意识，保证干群思想重视到位

意识是行为的先导。纵观石油企业各类安全事故，究其原因，都是干部职工思想上麻痹大意、重视不够造成的。安全工作是一项系统工程，只有企业领导和全体员工高度重视，扎实工作，才能避免和减少安全事故的发生。欢喜岭采油厂在思想源头的安全教育上实行了“四个坚持”。

● 坚持领导干部率先垂范。真正把安全工作作为“一把手”工程来抓，在各级领导干部中倡导“五个安全责任”理念，做到领导逢会必讲安全，季节变换提醒安全，安排工作突出安全，成本使用优先安全，检查考核铁腕治安全。在安全监管干部中倡导“抓安全是做善事”理念，要求安全监督人员学习愚公、包公、济公的“三公”精神，依法履行HSE监管职责，真正发挥“保护伞”的作用。对班组长以上生产骨干注重培养管理能力和领导能力，发挥好在群众中的监督和示范作用，用言传身教潜移默化地感染员工，为全员提高安全意识营造人文环境。

● 坚持理念法规的宣传贯彻。采取各种形式持续加大安全法律法规的宣传力度，确保员工学法、知法、守法，是减少不安全行为的有效途径。欢喜岭采油厂通过下发简报、举办知识竞赛、板报比赛、设置 HSE 文化宣传板等多种形式，持久地加大安全法律法规和安全理念的宣贯力度，让“安全是第一责任、第一效益、第一品牌、第一保障”“关键在领导、重点在现场、要害在岗位、成败在执行”等安全理念根植于每名干部员工的心中，落实到生产组织的全过程和干部员工的言行当中。

● 坚持案例教育。事故案例的真实性和鲜活性可以起到启迪和警示作用，是最宝贵的教育资源。欢喜岭采油厂将中国石油系统发生的安全事故案例制作成多媒体教学片，发放到各个生产岗位，使员工在血的教训中提高安全责任意识，学会举一反三，学会自我保护。

● 坚持环境熏陶。据有关研究表明，听到的东西只能记住 15%，而看到的东西则可以记住 25%。欢喜岭采油厂通过在工作场所设置 HSE 文化墙，悬挂安全警示标牌，设立安全“亲情板”，每季度开展一次优秀安全亲情格言表彰等形式，做好安全提示工作，让员工时时处处牢记安全工作。

(2) 坚持靠培训提高岗位技能，保证安全行为规范到位

分析安全环保各类事故的直接原因，绝大多数都与人的不安全行为有关，安全环保培训工作是治理隐患、杜绝事故的关键措施。但是，如何抓住不同类型员工的安全心理，因时而异、因人而异开展安全培训工作，并在培训内容、形式和手段上不断改进，是企业开展培训的一个探索点。欢喜岭采油厂提出树立“三大学习理念”、突出“两个培训重点”、创新“四种学习模式”的培训思路，促使员工用日渐提高的安全技能承担起安全责任。

● 三大学习理念。树立“培训不到位，人人是隐患”“教育培训是一把手工程”“教育培训是对员工最大的福利和奖励”的理念，通过在采油厂建立练兵基地，在各作业区、基层队建立练兵场，在班组和岗位建立练兵角，长期开展班组岗位技能对抗赛等活动，促使各级部门真正重视、严抓安全环保培训工作，从根本上解决了学习兴趣不浓、动力不足、效果不好等问题。

● 两个培训重点。把班站长以上管理人员、领导干部和岗位操作员工作为安全培训的两个重点群体。定期举办班站长、各级管理人员和领导干部培训班，系统讲解安全法律、法规、HSE 体系、HSE 职责和现场 HSE 检查标准等知识，提高了领导干部履行安全职责、开展风险评估以及应急处理的能力，杜绝违章指挥。面向岗位员工通过“每日一题、每日一练、每周一课、每月一考、每季一赛”的培训形式，用最基础的理论知识和基本操作技能，作为落实岗位职责、保证自身安全的最低“门槛”和底线，促使员工达到“四懂、三会、五知道”（懂原理、懂性能、懂结构、懂用途，会使用、会维修、会排除故障，知道规章制度、知道岗位职责、知道岗位规程、知道危险源、知道隐患控制预防）的技能水平。

● 四种学习模式。即基础理论自觉学、基本操作跟踪学、疑难问题讲解学和整体提高比武学。通过开展全员、全方位、全过程的岗位练兵活动，每季度组织对采油、热注、集输、运输四大系统的基础理论考试和操作考核，举行七大工种技术尖子擂台赛等形式，评出学习型标兵班组，十大知识型、技能型员工标兵等，调动岗位员工的学习积极性，在人防上为安全环保提供了保障。

（3）坚持靠文化全面提升，保证安全行为养成到位

安全文化是安全科学发展之本，是实现安全生产的基础和灵魂。建设企业安全文化必须在务实上下功夫，要将制度的硬性约束与文化的柔性熏陶有机地结合起来，才能保证干部员工行为养成到位。欢喜岭采油厂注重发挥丰厚企业文化底蕴的优势，依托独具特色的“苇海家文化”体系，大力开展以创建“平安之家”为重点的安全文化建设，着力培育了“四种安全文化”。

● 开展“三违现象大家谈、大家写、大家画”活动，培育安全行为文化。发动岗位员工针对身边的习惯性违章，深入开展“三违现象大家谈、大家画、大家写”和“安全、环保、健康”警言征集活动，并将员工的原创作品和安全感悟印刷成册发放到基层班组，引导员工自觉查找身边的习惯性“三违”现象，人人向“三违”宣战，不断增强自我教育、自我防范的安全意识。

● 在生产班站、生产岗位设立安全“亲情板”，培育安全亲情文化。为每个生产班组设置安全“亲情板”，在每张全家福照片旁配上由员工亲人撰写的安全寄语，每天上下岗、交接班、班前讲话时，组织员工进行“亲情安全提示一分钟”活动，让员工在亲人的照片和寄语前感受家庭的温馨，用浓浓的亲情提醒员工时刻牢记安全，规范日常操作，增强员工的安全责任感。

● 坚持“关心重心下移”，培育真情关爱文化。通过倡导“关心重心下移”的理念，建立员工疗、休养制度和健康体检制度，制定员工住院慰问和重病员工帮扶办法，实行基层优秀员工和生产骨干强制带薪休假等，加强员工健康管理工作，使全厂员工真正感受到企业的真心关怀，调动员工关心企业、关注安全、关爱生命的积极性。

● 坚持总结、凝练、升华，培育安全管理文化。总结、凝练、升华是长期以来抓安全生产工作和执行岗位责任制、岗位操作规程的好经验、好做法，用这些形象朴实、富有哲理的语言、方法，进一步指导安全生产工作，使干部员工认知、认同，大力表彰安全管理创新成果，促进安全管理水平全面提升。

辽河油田欢喜岭采油厂“三到位”管理方式，是在安全管理工作实践中总结出来的具有采油单位特色的新型管理方式。通过实践，该厂安全工作实现了思想跨越和行为转变，连续 7 次被评为辽河油田公司“安全生产特殊贡献单位”，成为辽河油田安全工作的一面旗

帜。（于明、罗青、易双林）

13. 燕山石化公司突出主题探索开展竞赛活动新途径的做法

中国石油化工集团公司北京燕山分公司始建于1967年，是中国石化直属的特大型石油化工联合企业，目前拥有63套主要生产装置、68套辅助生产装置，原油加工能力超过1 000万t/年，乙烯生产能力超过80万t/年，可生产94个品种、431个牌号的石油化工产品，是我国最大的合成橡胶、合成树脂、苯酚丙酮和高品质成品油生产基地之一。

近年来，燕山石化公司以深入开展“安康杯”竞赛活动为突破口，突出主题，突出重点，明确职责，落实责任，着力在增强职工安全生产责任意识和自我防护能力上下功夫，并结合公司的生产实际，积极探索有效开展“安康杯”竞赛活动的新途径和新方法，为实现公司安全稳定生产工作目标提供了有力的支持和保证，取得了可喜成绩。

燕山石化公司突出主题探索开展竞赛活动新途径的做法主要是：

(1) 加强组织领导，确保实现竞赛工作目标

燕山石化公司的生产具有易燃、易爆、易腐蚀、高温、高压和工艺流程长、连续生产的特点。公司地处首都，首都是我国的政治、文化中心和国际交流中心。正是基于这种认识，公司成立了由公司领导挂帅的“安康杯”竞赛领导小组，制定了详细的竞赛活动方案和各项安全生产工作方案，紧紧围绕竞赛主题，通过加强安全生产监管工作，严格直接作业环节管理，细化对关键装置、要害部位的安全监控，强化隐患治理和全员安全教育培训，加强设备安全运行的动态监测，充分发挥群众性劳动保护监督检查网络作用，加大巡回检查以及考核与奖罚力度等方式和手段，加强组织领导，明确职责分工，夯实管理基础，狠抓责任落实，从而确保了“安康杯”竞赛活动目标的实现，形成了“党委统一领导，行政大力支持，部门通力合作，工会协调组织、职工全员参与”的工作格局，形成了公司党政工团齐抓共管的良好局面。同时，公司将“安康杯”竞赛优胜奖作为公司安全生产的最高奖项，确保了“安康杯”竞赛活动的深入开展。

（2）完善制度，确保竞赛活动有效、深入开展

在前期“安康杯”竞赛的组织开展过程中，时常感到竞赛活动存在着许多不足。一是竞赛活动开展有浮于表面的现象，工作深入不下去，只是停留在宣传、发动上；二是充分发挥专业部室的作用不够，总是工会一家在唱独角戏；三是劳动保护监督检查员作用发挥不明显，工作中有“畏难”情绪。针对上述情况和问题，从2005年开始，公司对“安康杯”竞赛的考核标准、考核要求、考核权限等工作职责进行了重新划分，制定了《燕山石化公司“安康杯”竞赛考核评比办法》，将安全管理、环保管理、职业卫生管理、生产管理、设备管理、交通安全管理、群众监督等工作纳入到“安康杯”竞赛的考核范围，并按照工作专业性质的不同，确定考核的责任单位，由相关专业部室分别进行考核、打分，并将考核结果定期公布，增强考核的透明度，以此来推动“安康杯”竞赛活动的有效开展。具体做法是：

● 量化考核指标。公司首先在竞赛要求相同的前提下，对所属各单位按照工作性质、管理权限、责任大小进行划分，共分为两个组，一组为主要生产单位，由于这些单位的人员多、管理难度大，装置的技术水平、工艺水平高，所以把对他们的考核标准定为90分合格；另一组为辅助生产单位，这些单位的人员相对较少，管理难度也小，工作装置的技术难度相对较低，因此把对他们的考核标准定为95分合格。通过考核分数的调节，增强了考核的公平性。

● 明确考核标准。公司对考核的内容和标准进行了完善，并增加了考核否决项。考虑到主要是充分发挥专业部室考核的作用，将专业部室的考核纳入到“安康杯”考核体系之中。如将生产管理部的“非计划停工”、保卫武装部的“交通安全管理”单独拿出来进行考核，其目的就是要明确考核职责，落实考核责任。同时，增加否决项，目的是加强对关系到企业安全稳定生产以及会产生社会影响的考核项的考核，不达标的采取一项否决制，从而使被考核单位能够更加重视，切实将本单位的工作组织好。

● 细化考核内容。在实际工作中，公司更加注重贯穿全年的竞赛过程监督，采取累计扣分的方法，加强对日常安全管理的检查、考核、监督的工作力度。坚持定期考核与日常检查相结合，将日常检查中出现的劳动防护用品、用具穿戴不符合要求、在生产过程中发生的违章操作、违章作业等情况，纳入到考核的指标范围，发现问题累计扣分。公司的出发点就是要通过累计扣分，加大整治力度，杜绝职工在日常工作中出现的“低标准、老毛病、坏习惯”，杜绝因麻痹思想而发生的各类事故。

● 完善考核体系。公司将考核的时间定为月度考核，要求各专业部室在每月初将考核结果报给公司工会（公司竞赛领导小组办公室），由公司工会负责整理汇总，每季度对考核结果公布，使各单位能够及时了解和掌握各自的考核情况，及时整改存在的问题，从而起到激励先进、督促后进的作用。

● 综合评价效果。每年年底，由公司各专业部门结合各单位每月考核的情况、每年两次对基层单位进行的综合安全大检查和年底的专项检查的情况，对主要生产单位全年综合考核结果达到 90 分、辅助生产单位综合考核结果达到 95 分的单位，授予燕山石化公司年度“安康杯”竞赛优胜单位称号，并从中推选最优秀的单位申报北京市及全国“安康杯”先进称号，为基层企业搭建了不断进步的台阶和空间。

2010 年，随着公司经济责任制考核体系的不断完善，公司在保留上述考核标准的基础上，又进一步加大了考核力度，将公司经济责任制考核中的专业考核纳入到“安康杯”竞赛考核之中，由过去各专业部室专门打分考核，改变为各单位只要是在公司经济责任制考核中，若因安全、环保、职业卫生、生产、设备、交通安全、消防等问题发生扣奖的，就在“安康杯”竞赛考核的相应考核项中扣除相应的分数。

(3) 履职尽责，确保“安康杯”竞赛扎根于基层

竞赛活动的有效开展，不仅要有完善的制度作为保证，还必须充分调动全体职工广泛参与，有效发挥职工的热情和作用；同时，还要加强对竞赛活动过程的控制，确保竞赛活动扎根基层、取得实效。公司的具体做法是：

● 抓教育引导，着力提高职工安全责任意识和素质。开展“安康杯”竞赛活动的目的，就是要全面提升企业职工的安全素质，在实际生产活动中杜绝“三违”、实现“三不伤害”。为了有效提高职工整体安全素质，着力提升职工安全责任意识和自我防护能力，几年来，燕山石化公司工会与公司相关部门通力合作，相继组织编辑、出版了《职工安全卫生消防知识普及读本》《职工劳动保护知识普及读本》和《燕山石化公司“三基”工作知识读本》等书籍，下发到公司所属各单位的全体班组，组织全体职工认真学习安全生产、劳动保护及相关管理知识，提高职工责任意识和能力；同时，公司还相继组织、开展了“我要安全”主题活动，“安全在我心中”“绿色奥运，平安奥运”主题征文活动，“安全生产及劳动保护知识竞赛”和“职工安全知识答题”活动，在电视台设立了“我要安全大家谈”栏目，启动了“党员安全示范岗”“青年安全技能大比武”“主题合理化建议”活动，以及“杜绝‘低标准、老毛病、坏习惯’竞赛”和“百日安全无事故竞赛”等活动，得到了广大职工群众的认可。

● 抓班组建设，将提升职工安全素质与提升班组建设水平相融合。2009 年，公司尝试性地将提高职工安全素质与提升班组建设水平相融合，围绕班组安全文化和班组建设工作，组织开展了“班组风采”展示大赛活动。大赛共分为安全生产知识竞赛、案例分析、风采展示和演讲比赛 4 个环节。编纂了内容涵盖安全环保管理、生产与设备管理、班组建设知识、企业文化、员工守则等的《燕山石化“三基”工作知识读本》，下发到公司所属每一个班组，并要求在班组中组织集中学习，改变了以往竞赛只有少数人参与、为竞赛而学习的状况。此次“班组风采”展示大赛历时 5 个月，经过初赛阶段的选拔，最后共有 33 个单位的 35 支代表队参加了公司决赛阶段的比赛，在有效促进班组建设，进一步增强班组凝聚力、战斗力的同时，进一步提升和增强了职工的安全意识和素质。

● 抓过程控制，确保竞赛活动扎根基层、取得实效。首先，公司要求各单位根据开展竞赛活动的通知要求和活动安排，结合本单位工作实际制订活动方案，上报公司工会，并根据公司《燕山石化公司“安康杯”竞赛考核评比办法》的要求和评分标准，对本单位所属的基层单位和部门进行检查、打分，年终时对本单位组织开展“安康杯”竞赛好的单位（或部门）予以表彰、奖励。其次，公司在每年的年终专门组织，由各单位工会干部组成检查组，分别对各单位“安康杯”竞赛组织宣传、活动开展、职工参与等工作情况，以及劳动保护监督检查工作开展情况进行检查，并对在公司安全大检查和设备大检查中提出的整改项进行检查，落实整改情况。同时，结合公司全年“安康杯”竞赛考核的情况和安全环保工作评比的情况，确定公司级“安康杯”竞赛优胜单位，在公司进行表彰、奖励，并从中选取工作开展较为突出的单位推荐参加北京市“安康杯”竞赛优胜单位的评选。此外，通过组织检查评比，也为各基层单位的工会干部提供了相互学习和交流的平台，对有效、深入地开展“安康杯”竞赛活动起到了进一步的促进作用。

实践证明，通过对“安康杯”竞赛组织开展的全过程控制，可以有效地促进竞赛活动的开展；通过加强宣传教育、强化检查考核、落实表彰激励等手段，可以起到鼓励先进、激励落后的作用，有助于在企业形成比、学、赶、帮、超的浓厚竞赛氛围，确保“安康杯”竞赛活动扎根于基层、植根于班组。

14. 河南油田水电厂大做竞赛文章推动企业安全生产的做法

中国石化公司河南油田分公司地处河南省南部南阳盆地，油区横跨南阳、驻马店、平顶山市（地）的八个县区，是一个集油气勘探开发、炼油化工于一体的大型国有企业。河南油田于1970年开始勘探，1972年5月成立南阳石油勘探指挥部，后更名为河南石油勘探局，1998年划归中国石油化工集团公司，2000年重组改制成立中国石化公司河南油田分公司，现有10个下属二级单位。

近年来，河南油田水电厂把安全建设工作确立为重点工作，深入调查研究，查找不足之处，明确重点环节，科学制定规划，细化推进措施，强力推动实施，并且根据本企业的实际情况，赛职工安全知识水平、赛职工安全生产技能、赛单位安全管理方法，通过竞赛促进安全，最终赛出了安全生产的长周期。

河南油田水电厂大做竞赛文章推动企业安全生产的做法主要是：

（1）管理赛出新模式

河南油田水电厂是一个技术性很强的生产单位，业务杂、工种多、任务重是其最大特点。据统计，水电厂现有工种29个，许多工种就只有一个班组、十几名职工。为了保证安全管理工作能够服务生产实际，收到预期效果，水电厂安全管理部门在加强教育、指导、监督、保障的同时，也把更多的安全管理权限下放到了基层，提出了“百花齐放，百家争鸣”的思路，鼓励各单位结合单位实际，创新安全管理模式，并将各单位安全管理的形式、内容、效果作为年底评选安全先进的参考内容。

科学的决策、上级的鼓励给了基层宽松的环境，基层的管理者和安全员纷纷结合本单位安全生产特点，开动脑筋，创新思维，想出了一大批提升单位安全管理水平的金点子。

该厂供水修试车间制作编写了《安全行为提示手册》，将车间各工种的生产过程拍摄成图片，用一幅幅真实、直观的图片全面展示生产过程中可能发生的不安全行为，使职工掌握了正确的操作方法，保证了生产安全，在车间营造了一种“人人要安全，主动要安全”的良好氛围。该厂魏岗供电车间持续开展以“查作业现场、查设备状况、查劳动保护，纠正思想认识、纠正违章行为、纠正不安全措施”为内容的“三查三纠”活动，全力保证职工人身安全。该厂双河供水车间维修班结合自己的生产实际，制定了以“上看有无落物危险，下看有无孔洞隐患，左右看护栏是否齐全结实，四周看是否有紧急撤退路线”等内容为主的“安全生产五步法”，用简单具体的安全行为规范，保证了工作安全。一个个金点子好似一张张“护身符”，保护着职工的生命，保护着企业的安全。

(2) 职工赛出高技能

近年来，随着一些现代管理制度在企业的推广实施，新的管理模式在企业中大量出现，特别是安全管理工作更是有了重大的改变。为了推动新型安全管理体系的有效运行，河南油田水电厂在加强安全教育培训的同时，针对职工喜欢“争先夺冠”的特点，提出了“以赛促学，以赛代训”的思路，通过在厂、大队、车间、班组分层次开展不同形式的安全知识和技能竞赛，在全厂形成了全员关注、全员参与、全员学习、全员练兵的 HSE 管理氛围，提高了员工的安全素质。

双河供电车间为提高职工的应急处置能力，连续几年开展“急救技能班组对抗赛”，通过组织车间职工按班组进行急救技能比赛，提高了全员的自救、互救能力。供水检修车间在开展车间“HSE 知识竞赛”过程中，加入了隐患指认活动，车间职工在“工作情景剧”中查找隐患，反思事故，有效地增强了职工的安全意识，提升了安全技能。安机科也经常举办“HSE 知识竞赛”，并在竞赛过程中穿插一些“安全小品”“安全故事”，提高了竞赛活动的趣味性和观赏性，保证了活动的效果。

各种各样的竞赛活动，有效地提高了职工学安全的兴趣，在全厂掀起了一个又一个学习安全知识的高潮。全员 HSE 知识竞赛、

HSE 技能对抗赛、基层队 HSE 知识竞赛等持续不断，一项又一项围绕安全开展的竞赛活动如雨后春笋般地出现在该厂的各个角落，职工们在各种比赛中，不但提升了安全意识和工作技能，也提高了识别危害的能力和自我保护的能力。

(3) 安全赛出长周期

水电行业是一个高危行业，稍不注意就会造成人身伤亡事故。因此，河南油田水电厂把“实现安全运行长周期”确定为安全生产目标，要求厂属各单位不但要避免安全事故，还要保持连续安全生产，并以 HSE 管理体系为主线，强化培训，规范操作，加强监控，确保了各单位的安全稳定运行。在此基础上，水电厂还加大了奖惩力度，对长时间保持安全运行的重点要害部位和班站实施重奖、连续奖，使职工尝到了安全生产的甜头，调动了班组职工为班组安全生产出主意、想办法的积极性。江河变电站提出了保证安全生产的“一停、二看、三想”操作法；双河变电站制作了安全生产亲情提示卡，魏岗变电站建立了工作票三级验收制度。各单位积极开展小改小革活动，如双河变电站制作了“防鼠盖板”；江河变电站开展 QC 活动，完成了“地刀提示旗”的研制。

班组安全生产的时间越长，职工越想保持；职工越用心保持，班组安全生产的时间就越长。河南油田水电厂用“竞赛”建立起来的安全良性循环，最终为该厂赢得了连续 6 年未发生安全生产事故的好成绩，因此，连续 5 年获得河南油田 HSE 管理先进单位。（李如飞）

15. 镇海炼化分公司深入开展“我要安全”主题活动的做法

中国石油化工集团公司镇海炼化分公司的前身为始建于 1975 年的浙江炼油厂，是中国石化旗下的骨干企业，拥有 2 000 万 t/年原油综合加工能力，60 万 t/年尿素、100 万 t/年芳烃、20 万 t/年聚丙烯生产能力，4 500 万 t/年吞吐能力的深水海运码头，以及超过 300 万 m^3 的储存能力，是我国最大的原油加工基地。

镇海炼化公司十分注重“本质安全”，严格落实各级安全生产责任制，从2009年1月开始，深入开展“我要安全”主题活动，通过全员、全过程、全方位的参与，不断提升安全理念，让“我要安全”之风吹遍每一个角落，将以往制度约束下被动的“要我安全”行为，转化为积极、主动的“我要安全”行为，努力提升“安全是全员的第一需求”的深刻内涵，保障企业又好又快地安全发展。

镇海炼化分公司深入开展“我要安全”主题活动的做法主要是：

(1) 全员、全方位、全天候的HSE闭环管理

对许多人来说，节假日是休闲、娱乐、家人团聚的日子，可是，在镇海炼化的各个装置区、施工点，总有几个人头戴白色安全帽、臂套红袖章在厂区转来转去，内部人一看便知这是值班的安全管理人员，正在进行日常HSE（健康、安全和环境管理体系）检查。在镇海炼化，全员、全方位、全天候的安全检查从不间断。

安全生产的最终目标是形成自下而上的、人人自觉主动参与安全管理的局面。镇海炼化作为全国最大的炼油基地，2009年正处于建设“世界性炼化一体化标志性企业”宏伟蓝图的关键时期，已明确将“塑造大企业应有的风范”作为目标。企业面临飞速发展，对安全工作提出了极高的要求，严格的安全检查尤其是现场的安全检查便不可缺少。镇海炼化建立了“每周三检”的HSE日常检查制度，由安全、环保、消防、职业卫生各专业人员共同组成检查组，每周三次对装置区和施工现场进行HSE日常检查。这些检查的时间是不固定的，但其中一次必须安排在双休日。对查出的问题，每周编写一次HSE检查通报，在公司内部网页上发布，并进行闭环管理，严格考核，从而使安全警钟长鸣，人人有责及时参与监督和整治隐患。

除了HSE日常检查，还有许多专项检查也在有序地进行，包括对空气呼吸器佩戴技术、防化服穿戴技能、罐区消防设施、机动车辆火花熄灭器以及射线探伤作业等的检查。对空气呼吸器佩戴技术的检查最为严格，不仅要求能够熟练佩戴，还在检查通报中详细公布每一位被查者佩戴所花的时间，并根据佩戴时间评出先进集体和先进个人。对罐区消防设施的检查最为仔细，对每一根灭火系统管线、每一个防火堤穿管都要进行耐心的检查。

（2）应急预案演练成为全员基本技能

将应急预案演练作为全员必修的一项安全生产基本技能，这是近年来镇海炼化全面提升员工安全意识，不断培育“我要安全”理念，大力激励全员、全过程、全方位参与安全生产的一项重要举措。

2008年10月17日，中石化集团公司安全环保检查组对镇海炼化进行了突击性夜间抽查。该检查组成员走近一台泵，出其不意地对操作人员宣布泵有泄漏，指令其应急处置。操作人员迅即反应，准确判断，立即报警并进行现场处理。公司应急预案随之启动——10辆消防车、2辆气防车、2辆消防指挥车在5 min内到达现场，站位准确，出水及时；抢修工、仪表人员、电气人员、公司领导及有关部门人员也在第一时间赶到现场。中石化集团公司安全环保检查组组长在讲评中，对镇海炼化公司各部门在反事故演习中的表现给予充分肯定，他指出，在事先完全不知情的情况下，各部门按照事故预案将演习进行得如此到位，实属不易。

“养兵千日，用兵一时”。此次出色表现，完全是因为平时下了大量功夫。镇海炼化对应急预案演练有一套完整的管理系统，在应急预案演练中反应迅速、操作正确已经成为所有职工必须掌握的基本技能。应急预案体系由1个公司总体预案，17个公司级专项应急预案（如《危险化学品应急预案》《火灾爆炸应急预案》《环境污染应急预案》《射线危害应急预案》等），444个二级单位专项预案和现场预案构成。2008年全年共演练140项次，其中公司级5次，运行部级135项次。全员、全过程、全方位的学习掌握、实战操练，为提高公司应急救援能力奠定了可靠的基础。

2009年年初，公司又将内容更新、要求统一制定的年度应急预案演练总计划、专项预案、现场预案分别汇编成册，下发至相关二级单位，组织职工进行经常学习、分期演练。公司还着力于应急预案演练后的评审，对存在的问题进行整改，使预案更具操作性和实效性。

(3) 职工积极参与安全格言“海选”

2009 年 3～4 月，镇海炼化公司组织开展了安全生产格言警句征集评选活动。在一个多月的时间里，安全生产格言警句“海选”活动得到广大员工的积极支持，参与的员工之多是没有预料到的。共有 3 000 多名职工参加了安全生产格言警句创作，收集作品近 4 000 条。在各二级单位初选的基础上，公司安环处会同宣传部、新闻中心、工会等部门和部分专家组成评选小组，对各二级单位推荐的 1 000 多条作品，在隐去作者姓名及其身份的情况下，严格按程序进行评选，共评出 62 条获奖作品，其中，一等奖 10 名、二等奖 22 名、三等奖 30 名。

评选结果揭晓后逐一查对作者，发现这些获奖者涵盖了各类人群，有来自基层的普通操作人员，有多年从事安全工作的安全工程师，有各二级单位的党政领导。获奖者的分布也相当广泛，教培中心的邱建成，是一位有 30 多年工龄的“老前辈”，从生产一线转行到教师岗位之后，多年教授化工设备、机械制图等专业课程，为他总结、提炼安全生产格言警句打下了扎实基础。他创作的格言“向‘三违’亮剑，让‘安全’放光”，很好地体现了炼化企业安全的本质，得到评委们的一致好评，被列于获奖名单的首位。炼油二部的张晓东，1993 年技校毕业之后一直工作在生产一线，积累了丰富的操作经验，现在是装置班长。他创作的格言“内操多盯一眼，生产平稳一点；外操多走一步，装置少出事故”，看似朴实无华，却非常贴合实际，也获得了一等奖。炼油五部的韩安平，1993 年就加入安全管理队伍，担任运行装置安全员至今，一直是安全工作的排头兵，多次被评为公司级安全生产先进个人，2003 年、2006 年两次被评为集团公司级安全生产先进个人，2007 年还光荣当选中国石化“百名安全卫士”。韩安平把自己多年心得凝聚在格言中，他创作的两条安全格言，分别获得一、二等奖。

征集到的格言数量那么多，每一条都凝聚着创作者的心血，弃之可惜，而获奖名额毕竟有限，为了解决这一矛盾，在公司评奖活动揭晓后，许多二级单位紧接着组织了本单位的格言评选。质技中心将本单位评选出的 20 条优秀格言制作成幻灯片，放在网页上供职工浏览；储运部将评选出的优秀格言制作成标语牌，并对职工宣贯；公用工程部、炼油三部等单位，评选格言后对获奖者进行了物质奖励。

“我要安全”，简简单单的四个字，对于镇海炼化公司来说，最重要的就是“全”。每一个人都参与，每一项工作都涵盖，每一个岗位都包括，让“我要安全”之风吹遍每一个角落。（汤红梅）

16. 新龙电化集团开展“争创青年安全模范岗”活动的做法

山东新龙电化集团公司是集氯碱、热电、聚氯乙烯以及新型塑料建材、精细化工于一体的股份制企业集团，占地面积 120 多万 m^2，拥有总资产 16 亿元，年销售收入 20 亿元。主导产品有：烧碱 20 万 t，液氯 3 万 t，盐酸 3 万 t，PVC15 万 t，PVC 塑钢门窗型材 4 万 t 等，年发电能力 16 亿 kW · h，年供热 4 639 200 百万 kJ。集团先后被授予“山东省精神文明先进单位”“山东省优秀中小企业”等荣誉称号。

近年来，新龙电化集团公司为实现安全生产的目标，建立结构化的科学运行机制，提高全体职工的职业健康安全意识，积极推行安全管理规章制度，在员工中建立自我约束和持续改进机制，提高安全管理水平，大力开展“争创青年安全模范岗”活动，逐步建立安全管理长效机制，确保了该公司安全生产无事故。

新龙电化集团开展“争创青年安全模范岗”活动的做法主要是：

（1）大力宣传“争创青年安全模范岗”活动的意义

化工生产具有易燃易爆、高温高压、有毒有害、生产连续性强等特点，各生产岗位一环扣一环，一岗连一岗，没有各个生产岗位的安全稳定，也就没有公司整个生产系统的稳定，因此，安全生产是稳定的核心之核心。

为确保公司生产安全稳定，公司创新开展了“争创青年安全模范岗”活动，目的是提高生产一线员工，特别是青年员工的安全意识，规范员工的安全行为，在工作中形成比安全、比技术、比效率的氛围，真正做到不伤害自己、不伤害别人、不被别人伤害。通过调度会、安全会、班前会、黑板报等形式大力宣传开展此项活动的意义，迅速掀起人人争当岗位安全人、岗岗争创青年安全模范岗的工作热潮。

（2）重视“争创青年安全模范岗”活动评比的过程

“争创青年安全模范岗”活动覆盖公司生产岗位30多个，参与人员达到400余人。公司专门成立以生产副总为组长，安全办主任为副组长，各职能科室人员为组员的竞赛领导小组，组织开展这项活动。竞赛小组非常重视竞赛过程，每天早上巡回检查，每10天定期组织摸底检查，每月进行竞赛总结，每季度开会评比，表彰优胜单位。

“争创青年安全模范岗”活动要求，胜出的岗位必须符合5个基本条件：一是不准发生任何人身伤害事故；二是不准发生任何设备责任事故；三是不能出现因本岗位原因，造成公司生产系统停车；四是岗位人员必须模范地遵守公司的规章制度和文明生产制度，每季度违纪人数不能超过3人次；五是出现问题要及时汇报，不能有隐瞒事故和推卸责任的现象。违反任何一条，都不能评为“安全模范岗”。评比小组和参选岗位针对上述条件，都制定出详细措施，注重过程管理，认真开展此项活动。

(3) 丰富“争创青年安全模范岗”活动的形式和内容

开展“争创青年安全模范岗”活动，不能依靠单一的竞赛形式，那样的话竞赛热情会随着活动的开展慢慢消失。该公司结合实际情况，不断丰富竞赛内容，将竞赛活动引向深入。每季度每次评选结束后，竞赛小组都会在下季度竞赛中加入新的内容。比如，第一次评选结束后，第二次评选加入“自我安全评价”活动，要求各岗位人员对自己的安全意识、操作行为等进行一次自我剖析、自我评价。对剖析深刻、评价客观准确的岗位加分，并将优秀评价内容在黑板报上发表，给予一定经济奖励。第三次评选则加入开展“新龙杯”安全演讲比赛活动，在对获奖单位加分的同时，给予一定的经济奖励。依次类推，分别加入了“安全知识竞赛”“庆祝元旦——安全征文”“庆祝春节——安全文艺晚会”等活动。通过不断丰富内容，各岗位的竞赛积极性大大提高，竞赛热潮一浪高过一浪。

(4) 及时总结“争创青年安全模范岗”活动的成果

竞赛活动开展得如火如荼，各岗位通过创新工作思路、落实安全措施，实施技术改造、确保生产安全等措施，保证了生产安全稳定，取得了很好的效果。竞赛小组专门对优胜岗位和最差岗位进行总结，发现新思路、新办法、新技术，总结出新经验，提炼出“成果”。公司每次都召开表彰大会，优胜单位上台将自己的胜出经验讲出来，让大家学习。竞赛领导小组要作出本季度的竞赛总结，既总结出好的经验，又指出存在的不足，推动竞赛活动向好的方面继续顺利开展。

新龙电化集团通过大力开展“争创青年安全模范岗”活动，将安全管理工作与企业安全文化紧密结合，充分激发了企业员工的工作积极性和创造性，筑就了一道坚实的安全屏障。（李晓亮）

石油化工企业开展宣传教育工作的做法与经验评述

石油化工企业的生产与机械加工、产品制造有所不同，因其所具有的生产连续性强、自动化程度高，所用原材料、半成品、成品多为危险化学品，容易发生火灾、爆炸、环境污染、人身伤害等事故，而且石油化工企业员工众多、来源广泛、文化水平参差不齐，安全管理难度比较大。对于企业安全管理来讲，需要有针对性地采取积极有效的措施予以应对，特别是在对员工进行宣传教育，和知识与技术的培训上，需要有新的思维、新的办法。

(1) 安全教育工作是提高员工安全意识和能力的重要途径

安全的核心是人的安全思想，提升员工的安全思想水平的主要手段就是安全教育。安全教育就是对全体员工进行以安全为核心的思想、态度、责任、法制、价值观等方面的系统教育，从根本上提高员工的安全意识和安全技能，树立“安全第一”的观念。

安全教育首先需要有明确的目标和计划，目标明确，计划周详，能够收到事半功倍的效果。

安全教育的目标是通过持续有效的教育，全面持续地提升员工的安全意识和能力，必须让人人都认识到，搞好安全生产是自身利益所在，是与自己本身和家庭幸福息息相关的大事。安全需求是马斯洛“需要层次”理论中仅次于生理需求的基本需求，也是义不容辞的责任，是法律和制度的强制性要求。这样，全体员工才会积极行动起来，自觉规范自己的行为并参与安全管理，并逐步形成一种安全“注意力”，即对与安全相关的信息特别敏感。

安全教育的计划十分重要，安全教育要保证持续有效，必须是一个让员工能够接受的愉快过程，要针对法规的要求、员工的思想状态、装置的运行情况、季节性的变化，通过一定的手段（讲座、黑板报、培训班、安全竞赛、班组日常安全学习等），对员工进行经常性的生产作业安全技术知识、专业安全技术知识等教育，加强其自我保护意识。通过安全知识教育和各类安全活动，创造安全文化氛围，逐步形成注重安全的浓厚氛围，制造安全需求环境。

需要注意的是，安全技术知识的教育要以员工喜闻乐见的方式进行。以开大会念文件的方式来进行安全知识教育的方式已经完全不能适应现在的形势变化，需要针对现有劳务人员的实际情况，通过开展各种各样的安全教育活动、通过事例的讲解来进行，要给员工指出，其工作的环境与事例中发生事故的环境非常类似，并通过观看资料、图片，让他们提出自己的看法。这样的教育避免了空洞的说服教育，能收到很好的效果。

(2) 针对员工的不同层次，安全教育要有不同的方法

安全教育的方法和手段是多种多样的，但采用哪些方法则要视对象和目的而有所区别。企业在进行安全教育的过程中，可以将教育内容分为两部分，一是在安全防护的硬件（器材、设备）使用上进行培训，主要是强化员工的安全操作技能；二是在思想教育上下工夫，即强化员工的安全意识。企业面对不同文化、年龄、资历、层次的员工，需要制订不同的安全教育培训计划，特别是针对文化层次较低的农民工，在培训上要以实际安全操作技能为主，安全思想、意识教育为辅，坚持每季度开展实际操作培训和考试，着重巩固实际操作技能，从而促进技术水平的提高。

(3) 开展多种形式、重在实效的安全教育

安全管理的基础是“全员参与”，如果没有员工的理解和支持，实施过程就会大打折扣，规章制度的执行就难以保证。因此，强调员工的主动性是非常重要的。安全教育不能死板，需要开展形式多样、活泼生动、丰富多彩的活动来促进安全教育。现在来看一些事例。

事例之一：开展宣传板报和征文比赛

2010 年 6 月，陕西金泰氯碱化工公司在组织开展“安全生产月”活动时，为切实加强安全生产宣传教育工作，进一步推动安全生产法律法规的贯彻落实，推进公司安全文化建设，提高全员安全素质，公司面向基层、面向员工，在全公司范围内广泛深入开展了宣传板报和征文比赛。

开展宣传板报比赛活动以分厂和部门为单位，分别围绕隐患排查治理、安全文化学习、“三违”整治宣传、应急管理4个主题分期进行，各自承办一版安全生产宣传板报。本次活动所宣传的内容贴近生产、贴近生活，大部分内容都取材于职工身边的事情，达到了宣传教育的目的。

组织征文比赛受到广大职工的欢迎，因而踊跃参加，共收到征文82篇，涌现出了一批体裁新颖、具有独特见解的文章，如《赤壁之战惨败，问责安全领导曹操——安全生产月趣谈》《安全发展，预防为主——安全发自内心的感慨》。此次征文比赛的优秀文章，还陆续发表在公司《金泰简报》上，供大家交流学习。

事例之二：采取分层次、多种形式的安全教育方式

山东金岭化工股份有限公司在厂区营造浓厚氛围，让职工头脑装着安全，许多安全生产警句让人过目难忘，如“处处宣传安全、人人重视安全、时时想着安全、事事注意安全”“遵纪是安全的保证、违章是事故的根源”等。这些警句是该公司向职工征集的，读起来朗朗上口，内容通俗易懂。该公司将这些警句制作成横幅，悬挂在厂区的醒目位置，职工一进厂区就能看见。

公司在安全教育上，还采取分层次教育的方式。公司建立了安全生产教育培训室、安全生产图书阅览室、安全生产警示园，对职工进行多种形式的安全生产教育。教育形式包括：一是自学式教育。在安全生产图书阅览室内，安全生产法规、知识等方面的读物一应俱全。记者了解到，为了进一步“武装”阅览室，该公司新近又为职工订阅了不少安全类杂志、报刊，购买了音像制品。二是促进式教育。在安全生产教育培训室里，整齐摆放的数十张座椅前，安放着投影机和投影屏幕，该公司经常在这里对职工进行各类安全生产教育。公司在提高培训专业性的同时还注重提高针对性，让职工愿意接受培训，提高培训的效率。三是延伸式教育。该公司组织职工把自己身边发生的事故用漫画、图片等形式表现出来，在安全生产警示园里展示，这些发生在身边的事故容易引起职工的共鸣。公司还引导职工进行“预防小事故、确保大安全”的思考，使安全生产教育走向深入。

事例之三：发动员工开展“金点子”活动的做法

相对于安全管理来说，安全文化就是企业“隐形的翅膀”。齐鲁石化腈纶厂把安全管理和安全文化作为企业腾飞的两翼，通过安全文化、责任文化、节约文化、创新文化等九大文化建设，为职工精心打造“隐形的翅膀”。在这双“隐形的翅膀”的带动下，职工不断挑战自我、完善自我、热情工作、快乐生活，综合素质大幅度提升。

在该厂，无论是谁，只要有好的点子，无论是否可以实施，哪怕不成熟的一点想法，都可以进行发布。车间每月举办一次“创新点子”发布会，厂部每季度组织一次“创新成果”发布会，厂长则每月主持专题会议对职工上报的点子逐一论证，逐一反馈。厂部对在车间发布中获奖的职工进行双重奖励，并邀请一等奖获得者参加每月的“阳光晚餐”，与厂长面对面交流，至今已有468名职工参加了“阳光晚餐”。另外，该厂每季度还评选“创新明星”，获得这一称号的职工，统一佩戴厂里专门制作的精致胸牌，每月领取1 000元的特殊津贴，还可以享受旅游疗养的奖励。这些激励措施的实施，使得职工的创新激情经久不衰。短短3年里，该厂共征集创新点子1.3万多个，创直接经济效益5 000多万元。

（三）煤矿企业开展宣传教育工作的做法与经验

17. 鹤壁煤电公司三矿以安全文化为载体保障安全的做法

河南鹤壁煤电股份有限公司三矿始建于1956年，1958年投产，井田面积17.1 km^2，原设计能力为年产60万t，核定生产能力为年产70万t。经过数次技术改造，现生产能力稳定在年产135万t。该矿先后被授予“中国煤炭工业优秀企业管理奖”“五一劳动奖状”“文明单位”等荣誉称号。

近年来，鹤壁煤电公司三矿在安全生产管理中，结合本矿实际，积极探索新的安全管理模式，坚持以五项安全文化为有效载体，竭尽全力筑牢广大职工的安全思想防线，取得了良好的效果，有力地促进了企业的安全生产。

鹤壁煤电公司三矿以安全文化为载体保障安全的做法主要是：

(1) 以物态安全文化为载体

在安全文化建设中，该矿投入大量资金，在井上、井下设立了安全灯箱、安全壁画、安全横幅、安全标牌、安全展板等，形成了声光并存、图文并茂、鲜明夺目的安全文化长廊，与由安全文化核心理念、安全格言、安全警句、亲情寄语、企业管理理念和科技文化理念等组成的安全文化广场构成了物态安全文化中心。安全警示牌、工业广场文化墙、安全宣传展板等形成了图片配文、色彩绚丽、举目可见、侧耳能闻的物态安全文化氛围。

该矿宣传科在广播站开辟了“安全文化保安全”专栏，安质科在《安质简报》上开辟安全文化建设专栏，将矿上的安全文化建设远景目标、安全工作理念和煤矿职工十项权利制作成专项展板，在安全橱窗内展出。同时，在全矿开展学唱《三矿之歌》活动。要求各基层单位制定出本单位安全文化建设远景目标和实施规划，教育职工遵章守纪，树立安全法制观、长效安全观、以人为本观，积极为矿井安全生产营造良好的氛围。

(2) 以制度安全文化为载体

该矿先后制定完善了《安全管理制度》《安全办公会制度》《安全质量奖惩办法》《安全生产行政处罚办法》《安全隐患排查及整改实施办法》等多项安全管理制度，按照“责任层层负、压力人人有”的工作原则，通过“立足点、贯穿线、辐射面”的安全责任工作法，形成了“四机制”的工作格局。即建立、完善了主要领导总体抓、分管领导具体抓、群监会靠上抓，“谁管理谁负责”的领导责任机制，建立、完善了目标明确的排查机制；建立完善了公正严明的责任追究机制；建立完善了严格合理的激励机制。

2006年，该矿采二队在3105工作面生产，由于工作面顶板较为破碎，又遇到全岩，给安全生产带来了极大的困难。针对这种情况，该矿矿长经常深入到工作面查隐患、保安全，并且组织工程技术人员多次进行研究，积极出主意、想办法，努力扭转工作面的安全生产被动局面，取得了良好的成效。

（3）以亲情安全文化为载体

利用安全活动日、安全文艺演出、安全知识竞赛、安全演讲等活动，大力营造“人人话安全、家家保安全”的浓厚氛围。通过女工“赠平安鞋垫”“缝平安衣扣”“送平安话语”“献平安茶水”，使亲情安全文化融于人文关怀中，收到了事半功倍的效果。女工协管会坚持以提高职工安全意识为目标，以亲情安全教育为主题，以亲情温暖、亲情感化、亲情帮教、亲情现身说教等主要形式，深入职工宿舍和家中，筑牢亲情安全文化防线。

2006年，该矿工会坚持以安全为主线，紧紧围绕安全生产开展亲情保安全活动。一是在6月初，组织工会会员在“安全生产，国泰民安”条幅上签字，同时组织全矿各基层车间工会开展了安全誓师签字活动。二是在全矿女工和家属中开展了“亲情安全嘱语”征集活动，收到安全嘱语300余条，并且开展了“安全警句、安全谚语”征集活动和“安全漫画、安全书法”作品比赛。三是在井口设立茶水站和义务缝补服务站，不仅为职工献茶水，而且为职工缝衣缀扣，同时进行安全教育，把好职工入井前的最后一关。四是组织有关人员分组深入到基层区队，在班前会上进行安全知识问答。

（4）以行为安全文化为载体

该矿不仅充实调整了群监组织，而且建立了由200余人组成的群监网络，通过扎实开展“安全生产日”“百日安全”“安全知识竞赛”“安全有奖问答”等活动，增强了职工的行为安全文化意识，实现“要我安全”向“我要安全”的转变，积极促进行为安全文化的创新。该矿干部职工认真转变思想观念，牢固树立“违章就是违法”

的理念，按章操作，遵章守纪。全矿各级领导干部恪守职责，坚持领导干部下井带班、跟班制度，保证工人三班倒、班班有领导。领导干部深入井下一线，深入作业现场，查隐患、堵漏洞、保安全，杜绝重大事故发生。

该矿安质科、纪委、工会、团委等有关部门还组成安全小分队，不定时、不定期、不定地点、不定班次地进行穿插活动，针对重点地区、重点岗位及重要环节进行严格排查，及时制止各类违章现象，消除事故隐患。通过安全巡查小分队的活动，加大了现场隐患查处力度和处罚力度，有效地遏制了事故的发生，确保了企业的安全生产。

(5) 以心态安全文化为载体

该矿本着“每季一个大型活动、每月一个重点活动、每周一个小型活动、全年教育不断线”的创新理念，辛勤培育心态安全文化，全力夯实安全文化根基，逐步强化全员“生命无价、安全第一”“不安全不生产”的心态安全文化。

在心态安全文化上做到了“四个”到位：

● 安全宣传发动到位。宣传科、工会、安质科、团委充分利用广播、电视、横幅、橱窗、展板等，广泛宣传“煤矿职工十项权利”、集团公司的“十六条安全理念”和安全生产的重要性，使广大职工筑牢安全防线，增强自主保安全意识，提高反“四违”能力。

● 安全活动开展到位。该矿认真组织开展了安全征文、安全知识竞赛、安全警句征集、安全文艺演出、安全帮教等活动，还邀请文艺团体到矿上进行安全慰问演出，让广大职工在活动中受到教育，提高安全意识和自主保安全能力，自觉遵章守纪、按章作业。

● 现场安全管理到位。矿、队领导干部强化现场管理，坚持现场抓安全、保安全，实行跟班盯岗制度，矿、队领导干部与工人同上同下，把安全当作工作的重点和难点，做好做扎实，形成干部抓安全、工人保安全的良好局面。

● 安全资金投入到位。在矿资金紧张的情况下，不断加大安全投入的力度，把有限的资金用在最关键的地方，这样不但巩固了心态安全文化，而且为矿井的安全生产提供了良好的安全支撑。（许宏勋）

18. 城郊煤矿实施班组建设“登高工程”做好培训的做法

河南煤业化工集团有限责任公司于2008年12月组建，是集煤炭、化工、有色金属、装备制造、物流贸易、矿山建筑、现代服务等产业相关多元发展的特大型能源化工企业。2009年营业收入1 041亿元，资产总额1 109亿元，煤炭产量5 698万t，实现利税107亿元。

永煤公司城郊煤矿是河南煤化集团下属单位，近年来，城郊煤矿针对班组执行力衰减、管理质量下滑，员工情绪低落、对技术技能不求上进等班组建设方面存在的问题，实施了班组建设“登高工程”，加强班组现场管理，强化对员工技术技能的培训，收到了明显效果，促进了企业的安全生产工作。

城郊煤矿实施班组建设“登高工程”做好培训的做法主要是：

（1）多方调研找准病根，对标施培潜能显现

前些年，由于煤矿企业特殊的用工性质，煤矿职工整体文化程度较低、业务技能较差、文明素质不高等现象普遍存在，从农民工骨干中选拔的大部分班组长，管理观念陈旧，管理知识贫乏，管理方式粗放。城郊煤矿在深入区队管理现场、深入班组中间，对影响和制约班组建设的瓶颈问题开展调研后，梳理出了团队建设、精细管理、素质锻造等方面存在的13项共性问题，并坚持对标设计，实行量身定做，制定了《城郊煤矿班组长胜任素质能力提升》个性化培训方案。

在培训中，煤矿一改以往“我讲你听”的简单说教，采取“快乐学习”的教学方式。互动式教学、抛砖型培训、案例管理剖析等培训方式增强了班组长的思考力，塑造了一种全新的心智模式。团队合作游戏，使“我是谁？我要做什么？我为什么而做？我将如何去做?”的角色认识转变为“对企业，我们是管理的第一人；对上级，我们是高效的执行者；对班员，我们是优秀的教练；对同事，我们需要成为忠实的合作者”的心智定位。通过起点、精进、迷茫、困惑、成熟5个节点的提问和学、习、思、悟4个环节的启示，240名班组长在快乐学习中完成了“团队建设与职业心态、班组长能力分析、人本激励机制、案例管理法、职业能力训练、人人有绝活和早晚会机制”7个项目的培训，在激情参与下实现了自我超越。参加培训的班组长形象地将这次培训比喻为“对症下药治病根”。

通过培训，班组长们感悟了管理真谛，增长了领导才干，增强了竞争意识和拼抢意识，使培训效果“立竿见影”：产生团队活力，创造力争上游的士气；注入激情状态，实现积极心态，促进团队协作；营造反思文化，主动找问题、主动找差距、主动反思、自我超越、不断创新；强化基于责任的尽职精神；形成组织观念，系统思考、把握全局；拨亮一盏心灯，重新审视自己，活出职业生命意义。培训产出的实绩让班组长们改变了以往的错误认识，开启了新的管理思维模式和管理行为方式，实现了自我心智的重塑。

(2) 及时跟进搭起平台，快速催化提升素质

在煤矿企业组织结构中，班组是最基层的管理单元。而一个班组是不是有战斗力的高效团队，班组长能否管理好班组，需要班组长掌握科学的管理理念，身体力行地实践和修炼。

通过培训，许多班组长已经拥有了“从我改变，由我改善”的意愿和创新的思维，但是，在培训内容的应用上缺乏方法，在机制运作上缺乏指导，更缺乏班组创新的机制与平台。为此，煤矿又专门组织了《中层管理者的使命与胜任力提升——做基层管理者教练》的专项讲座，目的是让基层区队为班组长改善班组管理、创新班组建设营造氛围、搭建平台。同时，还专门下发了《城郊煤矿班组长胜任素质能力培训效果催化实施方案》，规范催化内容，制定催化目标，明确催化效果，并以强制实施手段和激励约束措施，促使培训效果快速转化为矿井的现实生产力。

《班组长胜任素质能力培训效果催化方案》是机制，班组长素质和风采大赛是平台。通过效果催化和大赛竞技，班组长实现了 9 大目标：

● 强化应知应会应做。以班组长自身岗位应知应会的学习与应用为基础，以矿编制印发的《岗位应知应会》系列学习手册为依据，促使全员学习、掌握应知应会知识，达到应做且要做到位的目的。

● 强化安全行为认知。以班组长安全管理行为知识的学习与应用为基础，以矿编制印发的《员工安全行为学习手册》为依据，带动全员学习、掌握“三违”的原因、心理、行为危害等知识，达到熟悉岗位“三违”现象的界定，杜绝或减少“三违”行为，掌握安全教育的方法与技巧的目标。

● 全面推进班组士气管理。以充分调动员工士气、进行精神激励为导向，形成拼搏进取、积极向上、和谐共进的团队意识和班组文化。

● 推行班组轮值管理制度。形成人人参与、人人管理、人人进步的班组日常管理方法和激励机制，提高全员素质，提升班组管理成效。

● 全面应用案例管理法。在班组长带领下，在班组内部开展全员案例创作和宣讲分享活动，形成班组安全、质量、成本、学习、团队、激励、问题、创新等多种类型的管理案例，并应用于班组的建设中。

● 深入开展绝活挖掘活动。围绕“人人有特长、人人有绝活、人人都分享”的理念，在班组内发掘、培养有工作技术特长或绝活的员工人才，并组织全员进行分享，形成的绝活广泛应用。

● 班组长自身职业能力修炼。通过限制性信念的打破和陈旧观念的转变，促使班组长明确个人成长目标，为班员成才搭建舞台，帮助员工成长。

● 建立可行的班组管理机制，建设优秀班组。要求班组长将培训所学、所得与矿井生产管理的实践相结合，并举一反三加以运用，形成自己的班组管理机制。

班组长结合现场管理和生产实践总结出的班组管理机制更具有现实意义和应用价值。为推广应用，专门举办了《班组长素质登高工程创新成果展示会》，共展示了士气管理机制、案例管理法应用效果、班组建设创新机制等 16 项成果，这些成果对班组建设的深层推进有着积极的借鉴意义。

(3) 学以致用产出成果，班组建设效果显著

没有一支强大的班组队伍，就没有企业的发展壮大。城郊煤矿充分认识到这一点。在“登高工程”实施中，矿上给舞台、定机制；区队搭平台、定措施；班组定规则、勇创新。创新的班组管理法让基层班组发生着可喜的变化，“登高工程”效果凸显：班组长树立大局观念，岗位责任能力增强，管理素质提升；员工激情参与，工作斗志高涨，劳动效率快速提升，为矿井班组建设水平的提升积累了宝贵的经验，为矿井管理水平的提升奠定了坚实基础。

● 完成了作风整顿。班组长变被动为主动、变消极为积极、变麻木为敏锐、变滞后为超前、变保守为创新，树立拼抢意识、竞争意识、团队意识。掘六队、开二队、开六队、探防队生产进尺连创新高，矿井连续 9 个月实现稳产高产。

● 树立了全新的班组管理理念。班组长大局观念的言传身教带动了班员的全体行动，解决了班组之间常常发生争执、相互不理解、互相不体谅等矛盾。“与人方便，自己方便”“互创有利条件”成为班组建设的主流文化，这种理念促使文化管理真正在基层落地。

● 推出 5 大专业班组管理法。在班组长自行制定完成了的 26 项班组管理机制基础上，矿井组织人员进行分类归纳、总结提炼、融合提高，形成了符合现代化矿井管理需要的采煤、开拓、掘进、机电、辅助 5 大专业适用的班组管理法。

●推出管理案例 988 例。案例分为班组长领导力体现、现场精细管理实例、激励机制应用、班组建设方法和安全管理 5 个类型，这些案例对提高班组长的“带兵能力”、提升班组建设水平有着很好的借鉴作用。

●“五型”班组建设办法初具雏形。结合矿井发展对班组建设的需求，制定出台了安全型、效益型、学习型、创新型、和谐型“五型”班组建设考核管理办法，目前正在 6 个基层区队进行试点，已取得了较好的效果。

●发现挖掘职工绝活、绝技。通过推广应用 74 项绝活、绝技，让员工创造的岗位技术这一宝贵财富转化为生产力，创造着效益效能。有 222 名班组长取得了人力资源和社会保障部、中国职工教育和职业培训协会监制并颁发的《企业班组长岗位培训合格证书》。

●建立起优秀班组长人才队伍。通过培训、催化、大赛、取证、应用、创新，发现了班组长队伍中的优秀人才，经过考察，已确定了一批极具潜力的优秀班组长充实到后备干部队伍。

登高好望远。城郊煤矿把加强班组建设、加快班组长素质提升作为促进矿井科学发展的创新工程来实施，目的就是让基础更牢固，力争在较短时间内打造出一批卓越班组。

19. 神华胜利能源公司弘扬安全理念以竞赛保安全的做法

神华北电胜利能源有限公司成立于 2003 年 12 月，位于内蒙古锡林郭勒盟锡林浩特市，由中国神华能源公司等共同出资，主要开发胜利煤田西一号露天矿，建设大型坑口电厂，经营煤炭综合利用项目，建设大型能源基地。胜利西一号露天矿可采储量 18.90 亿 t，到 2015 年煤炭生产能力达到 5 000 万 t/年，发电装机容量达到 4×660 MW；到 2020 年煤炭生产能力达到 6 000 万 t/年，发电装机容量达到 8×660 MW。2010 年原煤产销 1 450 万 t，2011 年计划原煤产销 2 000 万 t。

神华胜利能源公司作为大型国有能源企业，始终把安全生产作为促进发展的“第一要务”，认真落实“安全第一，预防为主，综合治理”的方针，积极开展“安康杯”竞赛活动，在员工中大力弘扬“为家人负责，为自己负责，为企业负责”的安全理念，不断实现安全生产的机制创新和管理创新，加强过程管理，进一步把安全生产责任制落到实处，保障了员工的生命安全，提高了公司安全生产和劳动保护工作水平，确保了公司安全运行。

神华胜利能源公司弘扬安全理念以竞赛保安全的做法主要是：

(1) 建立健全机构，制定管理制度

在“安康杯”竞赛活动中，公司加强了组织领导，成立以总经理为组长，副总经理、总工程师、工会主席为副组长，各职能部室主任为组员的领导小组，竞赛办公室设在党群部，下属各二级单位也分别成立了“安康杯”竞赛领导小组。

竞赛领导小组将公司年度安全管理目标和“安康杯”竞赛目标有机结合，制定周密的系列活动方案，列出了每项活动实施的具体措施，检查落实人员及相应的考核办法，做到了“五化”，即竞赛管理目标化，竞赛项目系列化，竞赛内容多样化，竞赛检查制度化，竞赛考核规范化。

公司根据安全生产的实际情况，于2010年3月成立了工会劳动保护监察委员会，同年10月成立安委会，把安全生产中有丰富经验、安全思想牢固、责任心强的职工及时充实到竞赛的组织中来，保证了公司工会劳动保护群众监督体系和行政安全监察体系的健全。

将强化落实安全责任制作为安全工作的重点。公司坚持把落实安全生产责任制作为加强安全管理的重中之重，把安全生产内容作为落实安全责任制的重要内容，通过公司与各基层单位和部门签订《安全生产责任状》等形式，明确各自的安全生产责任。基层单位制定“现场安全检查考核办法”，层层细化和强化安全责任。按照三级控制的原则，完善安全生产目标管理体系和相应的安全生产保证措施，明确目标、制定措施、落实责任。

坚持现场安全检查和安全督察制度。公司每天召开生产早调会，主要领导参加会议。通过加强对每天生产任务的协调和安排，努力做到安全生产的可控、在控，同时也使安全检查和安全督查做到了有的放矢。在现场安全检察中，注重把重点放在反习惯性违章上；在安全督查中，把重点放在各级领导切实负起安全责任上，使安全责任制落到实处。

组织开展季节性安全检查和专项安全检查。公司根据气候特点，认真组织开展春季、夏季、秋季、冬季安全生产大检查，组织进行专项事故隐患的排查和整改。

(2) 结合竞赛活动，落实安全责任

“安康杯”竞赛活动与本质安全体系建设相结合。截至 2010 年年底，公司生产安全部已完成了本质安全体系的文案工作，找出危险源 1 375 个，露天矿、运销公司开始了本质安全体系考核方案试运行，使危险源辨识、风险评价及控制更加科学、全面、合理，努力培育大安全的观念，推动安全管理向科学化、规范化方向发展。

“安康杯”竞赛与安全性评价工作相结合，纳入日常安全管理，实行动态管理，扎实抓好整改措施的落实。

“安康杯”竞赛活动与危险源分析预控工作相结合。在公司普及推广各级各类工作中的危险源的分析和预控，对复杂、重点工作实施重点监控，实现安全生产可控、在控。公司在实践中积极探索危险源点预控的有效方法，在局域网上建立危险源预控网页，并开发危险源点预控管理程序，在实际应用中取得了良好的效果。

公司为每个班组配备了高清电视，为每个班组长配备了笔记本电脑，共配置高清电视 24 台，笔记本电脑 24 台。每天的班前会上，班组长都要根据具体的生产安排，在电视大屏幕上讲解安全注意事项，强调哪些是危险源，哪些应该重点监控。有效地将危险源点分析预控工作纳入到日常的安全监管中，作为一个重点检查内容，每日进行跟踪检查。通过危险源分析预控工作，使现场的工作秩序和人员的工作行为有了较大的改变，使各类危险源得到了有效地控制，确保了作业人员的人身安全。

（3）选准适当时机，组织开展各项活动

2010年，公司选准时机，把“安康杯”竞赛活动与“安全生产月”活动有机地结合，充分利用班前会、班组安全活动等时间，集中对员工进行安全生产法律法规、方针政策、规程制度的教育培训，着力实现“三个提高”，即提高员工的安全意识，提高员工对安全生产重要性的认识，提高员工搞好安全生产的自觉性，使员工从“要我安全”向“我要安全、我会安全、我能安全”转变，进一步夯实公司安全生产基础。在这一期间，组织开展了以下活动：

● 读一部安全生产方面的规程。组织员工利用安全活动、政治学习的时间认真学习与本岗位有关的规程，以提高广大员工的法制意识，用法律和规章制度来规范自己的安全行为。

● 提一条安全生产建议。公司组织开展了“合理化建议”活动，组织全体员工积极参加“我为企业安全生产进一言”合理化建议征集活动。广大职工踊跃参与，针对安全生产上的不足和薄弱环节提建议、出主意、想办法，大多数合理化建议能结合本部门的生产实际，针对性好，操作性好。活动共提出安全合理化建议300余条，充分体现了职工关心安全、心系企业的主人翁精神。

● 开展一次安全生产签名活动。组织公司全体生产班组的员工开展一次以“常敲安全生产警示钟，争当遵纪守法好员工”为主题的签名活动，让员工在思想上牢固树立起“安全第一、预防为主”的意识。

● 写一篇“我的一次不安全行为”事故案例。2010年年初，公司组织了“我的一次不安全行为”征文活动，共收到稿件300余篇，并已经汇编成册，下发给每个职工。

● 当一天安全员。在公司下属的露天矿、运销公司、物业供应公司的各厂（队）、班组，每天安排一名工作班成员“当一天安全员”，协助班组长（或工作小组负责人）工作，对生产进行全过程的安全检查，做好当天的安全工作。通过活动提高了职工对搞好班组安全生产重要性的认识，增强了职工的安全责任意识。

● 接受一次职业病防治和安全培训。2010 年上半年，公司举办了职业病防治讲座，专门邀请锡盟医院的专家前来授课，使大家了解了职业保护的职责，明确了工作内容以及工作方法，为更好地落实群防群治工作奠定了基础。

● 每月召开一次安全专题会议。公司坚持每月定期召开全公司安全工作例会，及时通报本月各方面安全情况，研究、解决安全生产中的重大问题，对安全生产中存在的隐患提出要求，及时上报、整改，对本月安全生产上取得成绩的单位予以表扬，对下阶段的安全生产提出明确要求。

● 开展一次安全生产展览。在安全生产月中，公司组织员工开展了安全书法和安全漫画展，共收到职工创作的安全漫画 200 余幅、安全书法 15 件，并将这些作品摆放在活动中心与职工培训中心，让大家观看。通过观看漫画与书法作品，举一反三，吸取教训，时刻绷紧安全生产的弦。

● 忆一次事故教训。公司在及时通报煤矿出现的重大事故后，组织员工召开座谈会，谈事故的教训。2009 年 8 月 30 日，公司露天矿发生一起死亡事故，2010 年 8 月 30 日，公司组织各基层单位开展针对此次事故谈经验教训的活动，警醒大家注意安全。通过座谈，使公司员工耳边的安全警钟长鸣。

● 开展一次主题安全活动。班组利用安全活动时间，开展“查隐患、纠违章”主题安全活动。在会上组织员工查身边的事故隐患、查习惯性违章，针对查出的事故隐患进行整改，进一步提高职工的安全意识，营造安全生产的良好环境和氛围。

公司为了加强安全宣传教育，形成浓郁的安全生产氛围，还将煤矿安全生产法律法规、安全知识、公司的安全理念制作成标语、警示牌，树立在生产现场、出入公司和生产现场的道路两旁；在所有的办公场所悬挂了制作精美的安全提示、格言警句牌匾。让职工群众在每一处都能看到有关安全生产的提示，形成有效的视觉冲击，时刻警示大家注意安全。（任少华）

20. 兴隆庄煤矿建设学习型企业提升职工学习能力的做法

山东兖矿集团兴隆庄煤矿于1981年12月建成投产，是我国自行设计和建造的第一座设计年产300万t的大型现代化矿井，井田面积54 km^2，地质储量7.8亿t，主要设备从美国、英国等8个国家引进，采掘机械化程度达100%，所产煤炭是良好的动力用煤和炼焦配煤。矿井先后荣获全国“创建学习型组织，争做知识型职工”活动示范单位、“中国企业文化建设先进单位”“全国学习型组织标兵单位”等荣誉称号。

近年来，兴隆庄煤矿在全国煤炭行业中率先创建学习型企业，以积极的姿态把学习型组织这一先进管理理念引入到矿井各项管理之中，统一全矿职工的认识，明确创建目标，建立相应的组织和物质保障机制，全面提升了企业文化和管理水平，职工的学习能力、业务素质明显增强，涌现出了一大批学习型、知识型、创新型职工，进一步推动了企业可持续发展。

兴隆庄煤矿建设学习型企业提升职工学习能力的做法主要是：

（1）统一认识，明确建设学习型企业的目标

兴隆庄煤矿领导班子认识到，新的世纪是知识经济时代，知识更新步伐加快，技术创新层出不穷。要想把握时代的脉搏，跟上时代的节奏，个人需要终身学习，企业需要转化为学习型组织。企业之间的竞争归根到底是人才与科技的竞争，对一个企业而言，学习是创造能力和创新能力的源泉，是企业唯一持久的竞争力。建立学习型企业文化，是企业适应时代发展的迫切需要。

兴隆庄煤矿围绕矿井发展战略，积极引导职工把握今天、着眼未来，经过全体干部职工的广泛参与、反复酝酿，整合确立了“建设世界煤炭最具创新力的煤矿”的共同愿景。在共同愿景的召唤下，兴隆庄煤矿结合实际，先后制定了《兴隆庄煤矿创建学习型企业实施方案》《兴隆庄煤矿全面推进学习型企业创建工作意见》等 20 多项创建性文件，有效地规划、指导和把握了整体创建方向。着眼于提升职工的学习能力、实践能力、创新能力、创业能力和职业再生能力，从维护职工学习权、发展权，促进职工的全面发展出发，制定了《兴隆庄煤矿 2004～2010 年人力资源发展规划》《兴隆庄煤矿深化学习型企业创建，实施职工素质教育工程“三三规划”》（2005～2007 年、2008～2010 年职工素质培养发展目标两个三年规划）。

（2）完善三种机制，提升职工的学习能力

兴隆庄煤矿在创建学习型企业中，一方面着重加强对职工的技能培训，另一方面则是通过建立和完善培训机制，促进培训工作的开展。

● 指导推进机制。兴隆庄煤矿成立了以党政一把手为会长、党政副职为副会长、各有关单位主要负责人为理事的“学习型企业促进会”，定期召开会议，研究创建工作遇到的各种问题、发展趋势和具体的创建方案；成立了学习型企业推进办公室，负责学习型企业创建的理论研讨、信息交流和综合协调工作；形成了以团队为主体，以班组为支撑，以职工自主学习为基础的点线面结合的层层推进机制。

● 灵活运作机制。在促进会的指导下，制定了《兴隆庄煤矿学习型企业深化方案实施细则》《兴隆庄煤矿深化学习型小区创建实施细则》《兴隆庄煤矿学习型企业阶段性评估标准》等多项灵活有效的运作机制。在创建过程中，各基层单位都充分结合自身实际，制定了形式多样、符合实际、突出特色的创建制度，从而形成了实施有方案、运作有措施、评估有标准、验收有效果的运作机制。

● 有效激励机制。结合创建实际，兴隆庄煤矿建立实施了“人才开发、教育培训、绩效考核、报酬认可”四项激励机制。煤矿制定了《兴隆庄煤矿“岗位证准入”制度》《兴隆庄煤矿人才发展规划》《兴隆庄煤矿工人技师考核奖励办法》《兴隆庄煤矿继续教育管理办法》《兴隆庄煤矿计算机等级考核管理办法》，基层单位制定了《有证上岗、多证加薪管理办法》等多项融目标激励、情感激励、信任激励、奖惩激励“四位一体”的激励机制。这些激励机制在全矿推广运用后，极大地调动了职工学技术、练本领的热情，目前，全矿 2 861 人获得两个以上岗位资格证书，全矿实现全员培训率 100% 和持证上岗率 100%。

此外，兴隆庄煤矿还从强化宣传、营造氛围入手，运用各种宣传媒体开辟专题节目，利用演讲会、知识竞赛、理论考试等形式深化创建理念；编辑出版了《理论篇》《实践篇》《经验篇》《感悟篇》《共享篇》等创建文集，撰写了 22 万字的再现创建历程的《激活生命细胞》一书；制作了 500 多块大型宣传牌板、宣传灯箱，建起了宣传一条街。形成了以点带面、全员参与、整体辐射、高层推进的良好舆论氛围。

(3) 建设训练中心，提升职工的创新能力

兴隆庄煤矿为了提高职工的综合素质，建立了兴盛园拓展训练中心，这是目前山东省设施最全、师资力量雄厚、自然环境优美的大型专业拓展、攀岩、户外运动、野外生存训练中心，被山东省体育局指定为山东省拓展训练基地和攀岩训练基地。该基地始建于 2004 年 7 月，占地面积 10 000 多 m^2，配有 340 m^2 的现代化教室，拥有一支 20 多人的专业培训师和中级教练员队伍，能够开展拓展训练、攀岩、户外运动、野外生存等多个项目为一体的培训课程，使学员达到“磨炼意志，陶冶情操，完善人格，锻炼团队”的培训目的，进而使个人在工作、生活、学习及情感、人际关系等方面有所突破，有所超越。

创建学习型企业并长年保持下去，关键是让广大职工深刻认识到只有不断学习，才能成长进步、实现自我价值；只有提升队伍整体素质，企业才能更好地发展。兴隆庄煤矿积极为职工营造学习环境，建立了学习型组织网站“煤海驿站”和86个学习交流活动室，成立了617个文化、技术学习小组。煤矿还鼓励职工学习计算机知识，凡是职工购买电脑，矿里给予补助1 000元。此外，对职工文化自学考试取得毕业证书的给予奖励，对取得岗位技能等级证书的职工加薪奖励，对各类技术比武中涌现出来的岗位能手、技术大拿给予重奖。

创建学习型企业，使兴隆庄煤矿形成了知识结构合理，适应企业发展的人才梯队，为企业参与同内外煤炭开发储备了大量的技术人才。涌现出了张传武、孙健全、马加力等学习型职工带头人，同时还涌现出了一大批学习型、知识型、创新型职工，如兖矿集团第一个享受政府特殊津贴的工人技师高兴亮，他从一名技校毕业的采煤工人成长为工人技师，被誉为精通煤机维修的“技术大拿”，获得山东省“有突出贡献的技师”等荣誉称号。

企业的生命力在于不断地学习，创建学习型企业是一项只有起点、没有终点的工作。目前，全矿范围内从单位到社区、从地面到井下、从社区到家庭，形成了领导带头学、职工主动学、干部相互学、团队竞赛学的浓厚氛围，职工体会到了“工作学习化、学习工作化”的真正内涵。

21. 中煤能源集团公司借助“安全生产月”推进安全的做法

中国中煤能源集团有限公司的前身是1982年7月成立的中国煤炭进出口总公司，目前已经发展成为大型能源企业，主营业务包括煤炭生产及贸易、煤化工、坑口发电、煤矿建设、煤机制造、煤层气开发等，现有全资公司、控股子公司41家，在册职工12.1万人，2010年原煤产量1.54亿t，营业收入964亿元，利润总额121亿元，总资产达到1 476亿元。

中煤集团以落实安全主体责任为己任，认真贯彻落实“安全第一，预防为主”的方针，坚持“安全就是最高的责任，安全就是最佳的业绩”管理思想，牢固树立“零死亡”理念，积极推动集团公司科学发展、安全发展、健康发展，深入开展“安全生产月”“安全生产年”活动，推动企业的安全管理工作，取得了明显成效。

中煤能源集团公司借助“安全生产月”推进安全的做法主要是：

(1) 运用“安全生产月”平台，强化安全教育

● 层层开展安全宣讲。中煤能源集团制定“安全生产月”活动方案，成立以主要负责人为组长的领导小组，利用网络、报刊、杂志等平台开辟专栏，成立“我与祖国共奋进，我与中煤同发展”宣讲团，广泛宣传安全发展理念，用高目标统领安全生产，营造浓厚的“安全生产月”活动氛围。所属企业充分利用报刊、广播、电视、宣传栏等形式，采取制作专题节目、张贴宣传标语、文艺演出、演讲、安全知识和技能竞赛等职工喜闻乐见的活动形式，弘扬以人为本的安全文化。

● 全员普及安全知识。突出“安全责任，重在落实”主题，积极组织开展安全生产宣传咨询日活动。全面开展“三学一承诺”活动，即学习法规、规程和标准，承诺杜绝“三违”、做到三不伤害、实现一个目标（不发生事故），同时开展安全知识竞赛和岗位练兵、技能比武，增强了员工“我要安全”的自觉性。平朔公司在职工文化活动中心广场开展了咨询日活动，上千名职工及家属参加了活动；大屯公司在一线职工中全面开展“做一件预防事故的实事、忆一次事故教训、提一条安全合理化建议、纠正一次不安全行为、查一起事故隐患、读一本安全生产书籍”六个一活动。

● 大力弘扬安全发展理念。通过组织开展“安全六月行，我们在行动”等活动，举办以落实安全主体责任为主题的演讲、歌曲晚会，积极参加“安康杯”竞赛及“生命之歌”全国安全歌曲大赛，形成了“以人为本、关爱生命”的浓厚氛围。公司还以“铭记教训、防范事故”为主题，组织开展了安全生产事故警示教育周活动，编制了重特大事故案例，制作 3 000 张光盘发放到各企业，组织全员进行大反思、大讨论，用身边的事故教育人、警示人。各企业精心组织学习，深入剖析，分析原因，总结教训。各级党、政、工、团领导深入基层现场，与职工座谈交流，上安全大课，教育广大职工警钟长鸣。订购《安全责任、重在落实》《金牌班长》《矿哥矿嫂的平凡生活》《黑色瞬间》等宣教片 6 000 多份，利用班前会组织员工观看，增强警示教育活动的感染力、影响力和渗透力。

（2）运用“安全生产月”平台，开展特色安全活动

● 开展“责任在我心中”岗位安全责任对标活动。集团公司及所属企业进一步贯彻落实中央企业安全生产禁令，全面修订安全生产责任制，划定了 608 个岗位共 2 250 条安全生产红线，完善了横向到边、纵向到底的安全责任体系。以班组为单元，对照岗位安全责任制、操作规程，组织开展了全员岗位责任制宣贯学习和安全责任对标自查活动，员工反思了自身存在的不足和问题，做出了个人整改承诺，所属企业负责人和矿处级负责人在安全办公会上进行了安全反思。

● 开展安全知识竞赛活动。公司采取集中培训、书面答卷、现场知识竞赛、班组抽考等形式，全面组织开展以“落实安全主体责任，创建安保型企业”为主题的安全知识竞赛活动，并对 3 个先进单位和 160 名优秀个人进行了表彰奖励，充分调动了全员参与竞赛活动的积极性。

● 开展安全巡检活动。公司把“治理隐患、防范事故”作为当前的中心任务来抓，把“重大隐患未消除不得生产”作为一条纪律来执行，实行集团公司、二级企业、矿（厂、处）三级联动，全面开展安全巡检活动。所属企业均制定了工作方案，实施逐级安全包保责任制，落实安全措施，突出雨季“三防”，对所有煤矿、工厂、项目部进行全面系统的隐患排查，不留盲区，不留死角，共查出各类隐患 1583 条。坚持隐患分级分类，按难易程度进行 A、B、C、D

管理，通过安全管理信息系统，实现隐患整改超时自动升级，闭环管理。

(3) 运用“安全生产月”平台，推动重点安全工作

在“安全生产月”活动中，中煤集团运用“安全生产月”平台，推动重点安全工作，重点是推进三项基础工作，抓好三项重点任务，扭转了安全生产被动局面，连续18个月杜绝了死亡事故。

● 启动创建安保型企业三年行动。围绕“组织体系、制度标准、安全环境、安全投入、隐患治理、教育培训、员工权益、应急管理、激励约束、安全文化”十个方面，编制了中煤集团“落实安全主体责任，创建安保型企业”三年行动方案、标准及评级办法，力争用三年时间初步建成安全保障型企业，并利用“安全生产月”平台进行全面宣贯和解读。各单位广泛宣传，层层发动，举办培训班学习标准，并结合实际制定实施方案和配套措施，营造开展三年行动的浓厚氛围。

● 深入开展安全质量标准化达标活动。集团公司坚持“把实践中有效的成果转变成标准，把当前存在的管理缺陷纳入治理规划，把规范人的行为作为管理工作的抓手，把安全质量标准化建设作为一种文化提升”四个原则，深入开展安全质量标准化达标活动。发布了中煤集团《安全高效现代化矿井标准》，修订提升了煤矿、矿建施工安全质量标准化标准，印发了煤机装备、煤炭洗选、坑口发电安全质量标准化标准。集团公司还召开了整合技改矿井安全质量标准化现场推进会，组织开展了安全质量标准化达标考核，掀起标准化建设的热潮，推动岗位达标、专业达标、企业达标。

● 全面加强班组建设。围绕班组管理制度化、操作标准化、行为规范化、考核精细化“四化”建设，全面打造学习创新型、自主管理型、专业技能型、安全和谐型、生产文明型“五型”班组。制定了“四化五型”班组建设标准和管理办法，全面规范班组工作“三步骤”，即坚持班前安全教育“六必讲”，开展危险预知和风险评估；坚持班中执行岗位操作规程，严格隐患排查，安全不确认不生产；坚持班后复查、评估和考核。

22. 中平能化集团创新典型培养机制推动企业发展的做法

中国平煤神马能源化工集团有限责任公司于 2008 年 12 月在平煤集团和神马集团的基础上重组整合而成，是国有特大型能源化工集团，注册资本 189.68 亿元，资产总额 1 002 亿元，是我国品种最全的炼焦煤、动力煤生产基地和亚洲最大的尼龙化工产品生产基地，已经形成煤炭采选、尼龙化工、煤焦化工、煤盐化工 4 大核心产业，煤炭产能 7 000 万 t/年，产销量居全国前列，有职工 15.8 万人。

多年来，中平能化集团高度重视对先进典型的选树、培育和宣传工作，通过建立完善的先进典型发现、培养、宣传机制，先后涌现出了“新时期产业工人的楷模”张玮、“金牌矿工”吴如、“煤炭企业工程院院士第一人”张铁岗、“全国劳动模范”王永红、煤矿班组长的楷模白国周等一大批在社会上影响广泛的先进典型人物。

中平能化集团创新典型培养机制推动企业发展的做法主要是：

(1) 把握典型的客观性，建立先进典型发现机制

中平能化集团高度重视先进典型的示范、导向和带动作用，建立了规范化、制度化、日常化的典型发现机制。集团坚持每年开展劳动模范、先进生产（工作）者和先进单位、优秀班组、文明窗口等评选活动，选树年度工作中的先进集体和个人，为发现先进典型提供了机制保证。集团各条战线十分注重发挥典型的引路作用，通过先进事迹报告会、现场观摩推广会等形式学习推广先进工作经验，从中发现了一大批先进模范人物。在 2008 年初集团组织的一次“争做本质安全人”演讲比赛中，发现了在井下一线连续工作 22 年、带出班组成员有 230 人之多、培养了 13 名优秀班组长、从来没发生一起安全事故的七矿开拓四队班长白国周。集团管理层敏锐地指出，这一典型对促进煤矿安全工作具有十分重要的意义，随即在集团大力开展学习活动，白国周创出的白国周班组管理法很快成为煤矿班组长的工作指南。

发现典型、宣传典型，出发点和落脚点都在于推广和应用，因此，必须善于总结典型的亮点，使大家可学可用。集团在选树推广白国周班组管理法的过程中，先后经历了向白国周学习和白国周班组管理法推广两个阶段。前一阶段主要是学习白国周的典型事迹，大力弘扬了白国周不折不扣贯彻落实党的安全生产方针的务实精神、持之以恒争当本质安全人的进取精神、坚持不懈潜心研究现场安全管理的求索精神、年复一年用心营造安全心理环境的人本精神。后一阶段主要总结推广了白国周“六个三”工作法（三勤、三细、三到位、三不少、三必谈、三提高），并重点提炼了白国周用心做事、爱心待人、恒心坚持的“三心”精神内涵及其在支撑“六个三”工作法中发挥的倍数效应、叠加效应和放大效应，指出两者共同构成了白国周班组管理法的完整内容。总结出来的这一亮点，受到前来集团参观学习的兄弟单位的一致认同和广泛好评。

(2) 把握典型的群众性，建立先进典型宣传机制

中平能化集团把“从群众中来，到群众中去”作为先进典型宣传的重要原则，把握选时机、重应用、求突破三个重点，使先进典型宣传工作更加富有成效。

● 选时机。重大典型宣传的时机，对于典型的推出效果影响很大。集团结合不同历史阶段的发展形势，顺应时代的要求，确定宣传的重点，先后成功推出了不同时代、不同特点的先进典型。2009年3月，中华全国总工会和国家煤矿安全监察局下发了《关于加强煤矿班组安全建设的指导意见》，引起了煤炭企业管理者的强烈反响，形成了高度共识。集团顺应煤矿班组安全管理的需求，对白国周班组管理的经验进行认真总结、深入挖掘和系统提炼，形成了可学可用的白国周班组管理法，并掀起了学习白国周班组管理法的热潮，引起新闻媒体和有关领导的广泛关注。

● 重应用。选树典型，归根到底还是应用。白国周被确立为先进典型后，集团从宣传的内容、形式、时间等方面进行精心谋划和实施，使白国周班组管理法很快在集团内全面推广。集团开展了“学习白国周，班组找差距”活动，深入查找了在安全思想、安全管理和现场管理，学习安全技能、争做本质安全人，班组身心调适、班组团队和谐等方面存在的差距和问题，明确了学习应用的重点和方向。同时，集团立足于更好地运用，突出区队长、班组长学习和应用重点，大范围开展了以白国周班组管理法为主要内容的学习培训活动，使白国周班组管理法进区队、进班组，成为班组长日常管理的重要方法和具体实践；突出建章立制重点，把白国周班组管理法中的“六个三”内容和白国周班组管理法的精神特点，通过具体的管理制度落实到实际工作中去，形成了推动班组建设的长效机制；突出指导推动重点，全面加强对推广白国周班组管理法工作的组织领导，做好白国周班组管理法宣传、学习、推广、应用等系列工作。2009 年，集团借助学习推广白国周班组管理法，全面推进班组建设，先后下发了《关于加强班组建设的指导意见》《关于加强煤炭产业班组建设的实施办法》等文件，采取有力措施，使班组建设在加强企业基层基础管理工作中发挥了重要作用，全年煤炭百万吨死亡率0.043，创安全生产历史的最好水平。

● 求突破。重大典型的宣传，如果能在更大范围内宣传学习，将会产生广泛深远的影响。白国周班组管理法在中平能化集团推广后，主动争得新闻媒体的支持，《人民日报》《光明日报》《经济日报》、中央电视台等数十家媒体作了采访报道，白国周班组管理法在社会上产生了强烈反响。2009 年 11 月，国家安全生产监督管理总局等五部委联合下发了《关于学习推广“白国周班组管理法”进一步加强煤矿班组建设的通知》，白国周班组管理法在全国煤矿系统得到全面推广。白国周班组管理法经宣传报道和学习推广后，先后有数十家单位和政府部门到中平能化集团学习参观，增强了集团员工进一步搞好安全生产各项工作的信心和决心。集团借助推出的先进典型，对外展示了集团经济发展、政治稳定、社会和谐的良好形象，促进了集团资本运作和参与国际化竞争的步伐。

(3) 对先进典型发现培育宣传工作的几点体会

● 要突出时代性。典型是时代精神的体现，选树的典型要与时俱进，反映时代要求，突出时代特征，展示时代风貌，体现时代精神，充分反映社会前进和发展的价值取向。选树的典型要自觉走在时代和人们前头，符合“党性强、有能力、肯干事、出业绩”的要求，在政治素质、道德水准、精神风貌、工作能力等方面有突出的表现和实绩。

● 要坚持群众性。选树的典型要具有深厚的群众基础，体现群众意愿，反映群众要求，事迹真实感人，经验先进管用，能够激发群众奋力拼搏、积极向上。选树典型时，一定要深入基层，广泛调查研究，挖掘具有特殊意义、群众公认的典型。典型的事迹越平凡、越真实、离群众越近，就越感人，在广大干部群众的心目中就越伟大、越高尚，留下的印象就越深刻，典型推出后才能让人们觉得可信、可亲、可敬、可学。

● 要保持连续性。成功典型的培育有一个由发育到成熟的过程，一个树得起、叫得响、过得硬的先进典型，除了自身必须具备良好的素质和不懈努力，更需要组织的持续培养。因此，既要注意典型的运用，又有责任加强对典型的管理，在不断选树新典型的同时，推动老典型的新发展，努力为典型的自我完善和提高创造良好的环境，保持典型的先进性和生命力。

23. 东荣二矿综采一队开展竞赛活动实现三个转变的做法

黑龙江龙煤矿业控股集团有限责任公司的前身为黑龙江龙煤矿业集团有限责任公司，在重组鸡西、鹤岗、双鸭山、七台河四个重点煤矿优良资产的基础上创建的大型煤炭股份公司，主要从事经营煤炭生产、煤炭洗选加工及销售、电力生产，煤矿专用铁路运输、煤炭焦化及煤炭深加工等。下设有4个煤炭分公司，以及控股、参股企业。

黑龙江龙煤集团双鸭山分公司东荣二矿综采一队是黑龙江龙煤集团重点采煤队组，担负着全矿 2/3 的原煤产量回采任务，现有职工 142 人，其中党员 20 人，团员 15 人。近年来，该队在开展“安康杯”竞赛活动中，始终把提高安全标准化水平作为竞赛活动的重中之重，做到落实三个到位、实现三个转变，从而使“安康杯”竞赛的效果越来越好。连续 4 年产量突破了 130 万 t，安全上消灭了重伤以上的人身事故，质量标准化成为双鸭山公司精品示范工作面。2006 年以来荣获省“五一”劳动奖状、全国“五一”劳动奖状及全国“安康杯”竞赛优胜班组等荣誉称号。

东荣二矿综采一队开展竞赛活动实现三个转变的做法主要是：

(1) 安全思想教育落实到位，员工由要我安全向我要安全转变

“安康杯”竞赛活动能否深入人心、扎实有效地开展，思想发动和舆论导向是关键。在开展“安康杯”竞赛活动中，综采一队首先从强化员工安全思想教育入手，采取有效措施，不断加大教育力度，提高活动效果。

● 教育内容丰富多彩。一方面充分利用班前活动时间，组织员工认真学习上级以及东荣二矿制定的有关安全质量方面的具体规定、标准和岗位必知必会等，使员工明确工作标准，自觉遵章作业。另一方面，坚持把党和国家的安全生产方针、《矿山安全法》《煤矿安全规程》等安全生产法规作为主要教育内容，从法律、法规上对员工进行教育引导，使全体员工明确坚持安全生产方针与国家、企业及个人利益的关系，与自己生命安全和身心健康的关系，与家庭和谐幸福的关系，从而在工作中时时处处做到安全生产。

● 教育形式灵活多样。紧紧抓住“安全生产周”“安全生产月”等有利时机，组织员工班前观看安全录像、安全事故案例挂图展，举办以“关注安全、关爱生命”为主题的班前安全演讲赛。班前活动室设立“三违”曝光亮相台，井下巷道、工作面等凡是员工能接触到的地方，适合贴标语的就贴标语，适合挂牌板的就挂牌板，打造“安康杯”竞赛和安全生产声势，为竞赛活动创造了良好的舆论氛围，从而使员工在工作、生活所处的环境中受到潜移默化的安全思想教育。

● 教育效果非常明显。在强化员工安全质量思想教育过程中，通过丰富的教育内容，灵活的教育形式，使全队员工把坚持规范作业、做好自主保安变成了自觉的工作行为，实现了员工思想上的新跨越，真正达成了安全第一的认识共识。

(2) 安全管理制度落实到位，标准化作业由灌输引导向行为养成转变

要真正把“安康杯”竞赛活动开展好、抓出成效、实现安全生产，必须强化安全规章制度的落实。在开展活动中，综采一队注重把安全规章制度落实到位，使员工对标准化作业由灌输引导向行为养成转变。

● 建立了安全质量标准检查考评组织机构。成立了由段队党政一把手担任组长，分管安全、机电、技术，副队长和工会主席任副组长的安全质量工作领导小组，建立了安全质量目标考核责任制，明确了工作职责，形成了主要领导亲自抓，分管领导重点抓，工会安监具体抓，全队员工一齐抓的安全质量管理体系。

● 建立了安全质量管理工作运行机制。按照“安康杯”竞赛方案，结合综采一队工作面现场实际，每月初都要制定出安全生产、质量标准工作规划，进行总体安排和部署，提出明确的目标、方法和措施，检查考评小组做到每天一检查，每旬一考核，每月一总评，把考核结果同小班员工收入直接挂钩，作为推荐矿工评先树优和段队干部提拔使用的重要依据。

● 扎实深入地推进安全质量标准化作业。尤其是在遇到生产条件异常的情况下，检查考评小组对发现的问题要立即落实到小班人头上进行整改，对整改完毕的隐患还要及时组织复检，把安全质量工作当作一项长期而艰巨的任务来抓，推动了“安康杯”竞赛活动的顺利开展，使全队实现了安全生产。

● 建立了安全标准化作业激励机制。为激发员工搞好安全质量工作的积极性，综采一队实行了“442”结构工资制，即安全占40%、工程质量占40%、产量占20%，实行了安全事故一票否决制。同时，明确规定全队员工每人每月从工资中拿出500元，作为安全质量的浮动工资，在三小班开展竞赛，每月评出一、二、三等班，实行季度安全月台账滚动奖励，做到了“机构、责任、机制、奖罚”四到位，从而使员工的标准化作业成为操作习惯。

(3) 安全标准培训落实到位，员工由学习安全知识向保证安全操作转变

安全生产工作的好坏，人的素质是关键。搞好安全培训，提高员工的安全意识和素质，是保证“安康杯”竞赛活动扎实开展的重要措施，也是保证员工安全和健康的一项治本工作。在实践中，综采一队坚持做到把安全标准培训落实到位，使员工由学习安全知识向保证安全操作转变。在实践中突出抓了以下三点工作。

● 开展技术培训，在理论上提高。近几年来，综采一队除选派员工参加公司和矿教培中心举办的安全技术培训外，还充分利用段队班前、班后时间开展队内培训。购买了采煤专业技术方面的书籍，印发岗位必知必会手册，全队142名员工统一发放学习笔记本，并利用每天班前班后时间，组织员工学习1小时，每月组织一次考试，对考试成绩不及格的，按照考核方案规定，实行末位淘汰制。2009年以来，对13名理论知识、劳动技能、工作表现较差的员工进行了末位淘汰。被淘汰的员工由矿教培中心进行待岗培训，学习期满后再行择优上岗，从而既提高了员工竞争意识，又提高了员工学习技术的自觉性。

● 开展岗位练兵，在技能上提高。几年来，综采一队一方面采取师带徒，由老工人、生产骨干与工龄较短、技术较差的青年工人结师徒对子，实行口对口、手牵手的帮教。另一方面通过开展三小班比循环、比进度、比处理应急事故的能力竞赛等活动，提高员工整体安全技术操作技能。通过开展岗位练兵活动，全队有90%的员工成为技术多面手，有80%的员工已经成为技术骨干。

● 开展技术创新，在应用上提高。为了有效降低工作面粉尘，综采一队采用煤层注水工艺和机组洒水、刮板输送机转载点洒水等方法，减少了工作面粉尘堆积飞扬。值班段长代宝芹工作中敢打敢拼，哪个小班弱，队里就把他调到哪个小班，他都能把工人的积极性调动起来，使末等班变成先进班组。经他研制的“自动抽水装置”“防片帮40型毛链”等项革新成果，在全矿得到推广，在生产实践中大大提高了生产效率，也使工作面安全生产环境得到大大的改善。自开展“安康杯”竞赛活动以来，全队先后有21名员工围绕安全质量标准化提出合理化建议37条、小改小革28项，这些建议和改革措施有效地提高了安全工作质量。

24. 鸡西矿业集团公司以安全培训提高职工安全素质的做法

鸡西矿业集团已有近百年开采历史，1948年7月建局，2001年8月改制为鸡西矿业（集团）有限责任公司。现有12个生产矿井，年生产能力1 050万t。建局以来，累计生产原煤6亿多t。现有40个直属工会，其中煤矿工会12个。在岗职工总数为81 378人，另有集体职工42 540人，矿区职工、家属46万余人。

近年来，鸡西矿业集团公司以杜绝瓦斯、煤尘和重特大事故为重点，以提高职工安全素质为手段，以实现安全生产稳定好转和生产经营形势的持续发展为目的，坚持依法组织和参加各级培训，以安全培训提高职工安全素质，员工持证上岗率达到100%，促进了矿工队伍整体水平的提高，带来了全公司安全生产经营稳定发展的好态势。

鸡西矿业集团公司以安全培训提高职工安全素质的做法主要是：

(1) 深化认识，牢固树立安全培训常抓不懈的理念

在企业生产过程中，需要加强过程管理，把安全生产责任制落到实处，保障员工的生命安全，特别是要深化认识，牢固树立安全培训常抓不懈的理念。

● 吸取事故教训，深刻感悟抓好安全培训的必要性。2002 年，鸡西矿业集团公司发生“六二〇”特大瓦斯事故，举国震惊，影响极坏，损失惨重。导致这起事故最直接的原因，仅仅是由于一两名工人的违章作业。事故教训使集团领导认识到，如果 100 个人入井，99 人都做到了自主保安全，而仅有 1 人违章蛮干，其整体的安全度实际上等于零。因此，要提高矿井的安全度，实现煤矿长治久安，就必须加大全员安全培训的力度，提高全员安全素质和技能，这也是对矿工生命的真正关爱。

● 贯彻安全法规，全面领会抓好安全培训的重要性。《安全生产法》等相关法律法规，对企业搞好安全生产技术培训，尤其是主要负责人及有关经营管理人员、重点工种人员的安全技术培训，提出了更加明确的要求。安全培训工作不是可抓可不抓的问题，不抓安全培训就是违法，依法抓好安全培训是企业应尽的责任和义务。

● 明确发展战略，充分认清抓好安全培训的长期性。集团公司作为已有近百年开采历史的老企业，在向市场经济的转轨过程中，由于历史和现实矛盾凸显，严重影响和削弱了企业的整体形象。一方面，由于生产一线职工队伍不稳定，特别是农协工、外包队的大量涌进，使职工队伍整体素质明显下降；另一方面，由于人员紧张、资金短缺，致使安全教育培训工作难度增大，加之思想认识上有偏差，往往只重视职工队伍数量的补充和使用，而忽视安全技能的培训和整体素质的提高，造成了生产一线技术力量断档，操作技能普遍降低，矿工安全意识淡薄，“三违”现象时有发生。正反两方面的经验使各级领导深刻认识到，职工素质低下，企业素质就难以提高，安全状态不好，给企业带来的后果远不止是经济损失和沉痛教训，更重要的是将严重影响企业形象、市场地位和可持续发展，这是面临的现实。

在提高认识的基础上，在全公司逐步形成了“安全第一、瓦斯为天、以人为本、群防群治”的安全理念，总结提炼了“开展安全培训是投资最少、见效最快、回报企业最持久的特殊投资”的培训理念。思想理念的逐步升华，为全公司扎实有效地开展安全培训工作提供了牢固的思想基础。

（2）夯实基础，构建安全培训常抓不懈的运行体系

安全培训是一项长期的基础性的工作，需要提高认识，抓好基础，构建安全培训常抓不懈的运行体系。这方面，集团公司主要是做到“五个坚持”。

● 坚持规范化建设基地。集团公司在资金极为紧张的情况下，千方百计筹集资金，加大投入，按照标准建立和完善了矿井两级培训基地，创造良好的培训环境。两年来，投资 60 多万元为三级安全培训中心装备了多媒体教室，购置了安全培训教学模型和演示设备。在 3 个煤矿抓试点，完善四级安全培训中心，配置了多媒体教学设备。2005 年公司又投入 300 多万元，对四级安全培训基地进一步完善。目前，各矿四级安全培训中心有大屏幕多媒体教学设备 7 套，安全培训教室 27 个，可同时接纳学员 1 600 多人。为提高井区安全培训的电教化水平，还购买了电视机、VCD 机、安全教育 VCD 片和安全知识图书 54 000 册等发给井区。全公司 12 个生产矿井和建设工程公司的四级安全培训中心先后通过了省局验收。

● 坚持强阵容配备师资。在师资配备上，坚持专兼结合，以专为主。专职教师每个矿不少于 3 人，选聘既具有较高文化专业水平，又具有本专业生产实践经验的技术人员来担任，受聘后保持其原有职称及相关待遇不变。同时，根据实际需要选聘兼职教师，由公司统一颁发资格证书。各矿副总以上党政领导都受聘为兼职安全培训教师和工会夜校教师。目前，全公司共有专职培训教师 85 人，兼职教师 187 人，基本满足了安全培训的需要。

● 坚持高标准教学内容。按照国家局规定，安全培训坚持做到“四统一”。即统一培训大纲：依据国家煤矿安全监察局颁发的“煤矿安全培训教学大纲”来培训，同时，还针对实际，组织专业人员编写各工种安全培训讲义，保证安全培训的针对性、实效性和可操作性；统一培训教材：公司先后投入 13 万元，统一为各矿订购国家指定的安全培训统编教材 60 多种和多媒体教学软件、VCD 教学碟 30 多种；统一证书模式：由公司安全监察部安全培训处负责，制发统一样式的入井安全资格证；统一考核标准：按照煤矿安全培训考核标准，坚持教考分离的原则，公司建立了 70 多套安全培训考试题库，规范印制考卷，并制定了统一严格的考核标准。同时，集团还在全公司各个培训中心开展了优质课推荐和观摩活动，每月选定一个矿召开全公司培训会议、观摩一堂优质课、参观培训成果，进一步推动培训工作的深入开展。

● 坚持全员化培训学员。为了达到全员、全方位和全过程的安全培训，在总体推进安全培训的同时，集团公司针对实际，抓住关键，破解难题：一是抓住“薄弱点”，把功夫下在夜间零点班培训上。煤矿零点班的班前培训比较难抓。对此明确规定，矿、井、段值班干部是零点班班前培训的第一责任者，承担既要抓安全生产，又要抓班前培训的“一岗双责”。同时由相关部门组成安全培训夜间稽查队，不定期检查、抽查，并公开进行通报，保证了零点班培训的正常开展。二是抓住“特殊点”，把功夫下在各级干部培训上。集团公司除坚持各级干部正常调学参训外，还要求井段干部必须与工人同时参加班前培训；必须与工人参加每月一次的培训考试或接受公司组织的井下现场考问；必须与工人同样依据考试结果接受奖惩。从而有力地促进干部带头参加培训的自觉性。三是抓住“困难点”，把功夫下在文化弱势群体的培训上。在煤矿有极少数文化弱势群体。对此开办了职工夜校，采取学习文化与安全培训结合的方法，举办扫盲识字班，逐步提高这一群体的文化素质和安全生产技能。同时，组织生产骨干、技术能手与他们签订师徒合同，实行“五包五保”（即包安全、包技术、包质量、包纪律、包任务，保安全、保学习、保守纪、保出勤、保质量），使文化弱势群体的文化和业务素质有了明显的提高，学习的积极性、主动性和自觉性也大大增强。

● 坚持多样化培训方式。主要做到“三个结合、三个为主”和“四个不同”。即坚持全员一般培训与重点培训相结合，以重点培训为主；坚持业余培训与脱产培训相结合，以脱产培训为主；坚持安全业务培训与新技术普及教育相结合，以安全业务培训为主。做到不同时期有不同的重点，不同工种有不同的内容，不同对象有不同的方法，不同层次有不同的要求。为了不断拓展安全培训的外延，各培训中心还有针对性地举办职工夜校学习班，开展练功比武、现场操作和技术演练等安全培训教育活动，通过实物演示来激发和培养学员们的学习兴趣。

（3）加强领导，不断完善安全培训常抓不懈的保证机制

为了深入、持久、有效地开展安全培训工作，集团公司加强领导，不断完善安全培训常抓不懈的保证机制。对此突出强化了三个机制。

● 从组织领导上强化责任机制。一是纳入日程。集团公司制定健全了“党政统一领导，工会全力配合，专业部门分工负责，教育培训部门综合协调”的安全培训管理体制，对安全培训工作实行统一领导。各矿都把安全培训工作纳入了“党政一把手工程”和工会的头等大事，抓在手中，落到实处。二是理顺关系。将安全培训管理职能从安监部综合处分离出来，成立了安监部下属的安全培训处，专门负责公司安全培训工作的组织实施，负责三级以上培训对象的调学和四级培训计划的下达，以及对各矿安全培训工作跟踪考核、发证工作。各矿也成立了有相应部门负责的安全培训机构。三是强力推进。先后在5个煤矿召开了安全培训工作现场会，使全公司安全培训工作得以迅速启动，全面展开，不断向纵深推进和发展。

● 从健全制度上强化管理机制。为了保证安全培训工作的顺利进行，建立了三个制度。一是实行总经理安全培训奖学金制度，主要用于奖励完成公司调学计划和自培任务的单位以及公司组织安全考试中的先进个人。对各单位安全培训实行月考核、季评比，完成季度调学计划和自培任务的单位分两个等级各奖励 5 000 元和 3 000 元；在公司每月组织的安全考试中，名列本单位、本工种第一名、成绩在 95 分以上者，当场奖励 50 元。以此推进各单位安全培训工作不断上新台阶。二是严格安全培训调学制度，明确规定：凡公司调学培训缺席 1 人，对矿罚款 3 000 元；凡国家局调学缺席 1 人，对矿罚款 5 000 元；凡培训考试不及格者、冒名顶替者一律按缺席论处。三是实行与经济效益挂钩制度。各矿每月对各井区安全培训工作检查评比一次，对 90 分以上的前 2 名单位进行奖励，第一名1 000 元，第二名 800 元；对所有工人进行安全知识考试一次，以段队为单位，前 5 名奖励 50～100 元，对考试不合格的扣发全部工资。此外，各单位还建立健全了每月例会、教学管理、学员管理等安全培训日常管理制度，从而使安全培训工作规范有序运作。

● 从跟踪问效上强化考核机制。集团公司还实行了安全教育培训挂金牌检查考核，教育和培训各占 50 分，合计 100 分，达到 90 分挂金牌，实行月考核、季度奖励，对连续三个月挂金牌的单位奖励 5 800 元。在安全培训达标挂金牌检查中，坚持突出现场考核、跟踪问效这一重要环节，对各矿特殊工种人员和干部进行井上安全知识考试和井下安全素质现场考核。考试不及格者补考，补考不及格调离岗位；现场素质考核不合格者接受培训，培训考试不及格不能返岗。通过安全教育培训挂金牌，促使各单位在培训基地建设、装备设施优化、机构人员配备上都发生了新变化。

25. 古书院煤矿以宣传教育冲击职工心灵遏制违章的做法

晋城煤业集团是我国优质无烟煤重要的生产基地、全国最大的煤化工企业集团和全国最大的煤层气抽采利用基地。现有 50 个控股子公司、14 个分公司。有 9 对生产矿井，5 000 万 t/年的原煤生产能力。古书院煤矿始建于 1958 年，隶属于晋煤集团，是一个拥有 5764 名职工、年生产能力达 300 万 t、综合机械化生产和洗选加工一体化的大型现代化矿井，目前产品主要有洗中块、洗小块、洗末煤、筛末煤四个品种。

近年来，古书院煤矿围绕如何才能提高职工安全意识这一问题，进行深入的剖析和研究，发现"提高职工安全意识"是通往终点最直接的一条路。从无数的事故教训中得到启示：不是安全管理跟不上，不是资金舍不得投入，不是奖惩力度不大，也不是措施够不够多，而是这些具体问题的落实者出了问题，有的领导没有把职工的生命摆在第一位，有的职工也没有把自己的生命摆在第一位。表现在工作上就是重生产轻安全、自保互保意识不强、麻痹侥幸心理严重，致使人员违章行为不断发生。所以，抓安全，反违章，首先要抓住职工安全意识这个突破口，通过宣传教育，冲击职工心灵，从而实现遏制违章行为的目的。

古书院煤矿以宣传教育冲击职工心灵遏制违章的做法主要是：

(1) 以强大的视觉冲击震撼职工心灵，深入开展安全文化"两进"活动

强烈的、直观的视觉冲击，可以直达人的内心深处，影响人的行为。就好比看广告，第一次看可能没什么感觉，但是如果天天看，就会发现自己已在不经意间熟悉了广告词，不经意间对广告有了潜在的认知而去购买了这种产品，这就是视觉冲击的效果和作用。为此，安全教育中紧紧抓住这种心理，深入开展安全文化"两进"（即安全文化进工区、安全文化进社区）活动，大打视觉战，取得了良好效果。

● 安全文化进工区。首先，在矿区所有活动场所、主要街道悬挂以安全为主题的大幅标语，利用大屏幕和电视反复播出诸如"财富可以创造，生命不能重来”“瓦斯不治，矿无宁日”等安全理念；其次，在交接班室、工区办公楼营造浓厚的安全氛围，随便进入哪个办公室，都会感受到一股浓郁的“安全味道”、享受到一道别致的“文化大餐”，四周墙壁几乎挂满了牌板或标语：安全誓词、安全之歌、历史上的今天、安全光荣榜、安全责任栏、全家福、充满关爱的祝语等，在这样一种环境下，不禁让人产生一种“我要安全”的责任和冲动。同时，该矿还发现职工从上班到工作面的这段路程，是职工思想最集中的时候，也是加强安全教育的最好时机。为此，该矿加大资金投入，建设了一条形式活泼、寓意深刻的安全文化走廊，从医院到工业广场，从工业广场到主井入口，从入口井到井下工作面，制作了安全巨画和灯箱，悬挂了安全标语和漫画，以别具一格的造型、深情感人的语言、五光十色的画面，组成了矿山一道亮丽的风景线，不仅使职工感受到领导的关爱、同事的祝愿、家人的叮咛，而且给职工带来了愉悦美的享受，由此激发了职工内心深处对企业、对家人的责任，从而更加注重安全，渴望平安。

● 安全文化进社区。社区作为企业一个重要群体，对各方面建设都起着至关重要的作用。为此，该矿把安全教育之网延伸到社区，延伸到家属。首先，在各小区的醒目位置悬挂安全标语和牌板、宣传和阐释安全理念内涵、张贴安全事故图片和漫画，以更加人性化的文字和画面、夸张的色调和背景，增强感官刺激和视觉冲击，触动职工与其家人的安全神经与意识，有效激发了大家“我要安全”的自觉性。其次，要求矿文工团、团委、家属委员会、老干部科和退休办等单位组织业余文艺队，编排专题节目，以小品、舞蹈、快板等多种形式宣传安全理念。此外，该矿还十分强调施工现场的安全教育，只要有施工就有安全的旗帜，比如“在岗一分钟，安全60秒”的责任理念、“安全规章是高压线”的制度理念等，一方面时刻提醒施工人员注重安全，另一方面也教育了职工家属。

“两进”活动将安全文化建设形成一个闭合网络，视觉冲击使职工在不知不觉中受到潜移默化的教育，对激发职工的安全意识起到了事半功倍的效果。

(2) 以真挚的情感打动职工，突出以人为本，开展“情感”教育

安全文化建设的本质是以人为本，充满人性化的关怀和教育是搞好这项工作的关键。为此，该矿紧紧抓住“情”这条主线，创造性地开展了一系列工作。

● 以情感人。围绕安全文化建设和安全理念渗透，该矿以情感人、以情动人，做了大量工作。首先，创办了《安全文化简报》，以更加人性化、多样化的视野，以亲情、爱情的角度去阐释、挖掘职工对平安的渴望，以真挚的情感和文字把安全责任辐射到了每个员工的内心深处。其次，编制了多部安全宣传专题片。通过对工亡家庭进行深入采访，再现曾经的历史情景，通过发自肺腑的呼声、悲情伤感的语言，唤起大家的亲情意识，尤其是制作“财富可以创造、生命不能重来”安全理念专题片播出以后，许多职工都流下了眼泪，眼泪中包含着感动、包含着责任、更包含着对生命、对未来的希冀。同时，还录制了“安全访谈录”“安全天地”“曝光亮相”等专题栏目，特别是“亲情呼唤安全”电视论坛，给“安全”这个原本严肃的话题增添了浓浓的人情味，使安全文化更具人本化。第三，设立了“安全温馨嘱咐”专栏，将亲人的嘱咐刊登在矿报上，有妻子写给丈夫的，有妹妹写给哥哥的，有母亲写给儿子的……类似“想一个人要 24 小时，爱一个人要一辈子，一句知心的话随你一生：‘注意安全，平安回家’”这些饱含祝福的话语，有效地激发广大职工珍惜生命的责任和决心。同时，还要求包队科室每季度为所包区队送一份“安全营养餐”、居委会成立“家属帮教队”、女工家属定期到井口送温暖等。这些活动的开展，感动了他们的内心世界，使他们由被动的“要我安全”向主动的“我要安全”转变，有效减少了“三违”现象和恶性事故的发生。

● 以情服人。感动虽然能触及人的内心，但感动是瞬间的，其辐射力有限。为此，该矿还注重发挥思想政治工作在安全文化建设上的作用，把“情”贯穿于整个思想政治工作的始终。首先是结合思想政治工作“一岗两责”，在各生产区队普遍建立“安全不放心”帮教制度。要求各单位党政一把手要从关心人、爱护人的高度出发，通过座谈了解、家庭走访等多种形式，及时了解和掌握员工的思想动态。对于农忙季节、家庭纠纷、邻里不和、批评过分等几种特殊情况，有针对性地开展解疑释惑、理顺情绪、扶危解困工作，把影响职工思想情绪的不安全因素及时消除在萌芽状态。为了促进支部书记真正落实责任，该矿还对基层支部书记安全教育职责的履行情况进行定量考核，并与经济责任挂钩，充分调动了基层支部书记在安全工作上的教育引导、服务保障作用。同时，对于严重违章和事故的责任者不采取简单处罚的办法，而是实施“13363”帮教程序。具体讲，“1”是指责任者要住一次自主保安学习班；“3”是在本单位三班做检查；“3”是要对其通报批评，在电视和矿专栏亮相；“6”是由班长、安检工、区队长、本人家属、包队干部、分管矿领导分别对其谈话帮教，并签署意见；“3”是最后写出自保措施，找保人，交抵押金300元。每个环节看似严厉，但具体操作过程中，却包含着浓浓的关爱之情，使职工感受到了“打是亲，骂是爱、严是爱、松是害”的真正内涵，感受到了矿领导的良苦用心，从而以更加积极主动的热情投入到安全生产中。

(3) 以理性的手段深入职工心灵，开展丰富多样的安全教育

提高职工安全意识，仅靠感性的方式去引导、去教育、去激发，其作用是不固定的，有可能是很短暂的。比如，今天受了感动，这几天会注意一点，但过几天后感动的力量淡化了，就会放松对自己的要求。针对这个问题，该矿除了“情感投资”外，还通过理性的思维和手段开展形式多样的安全教育。

● 开展“安全八个一”系列教育。所谓“八个一”是指一张安全嘱咐卡、一本管理人员安全知识读本、一份安全知识复习题、一个安全上岗证、一封违章通知书信、一个安全栏目、一次帮教、一首歌。安全嘱咐卡正面是精美的图画和年历，背面是年度安全奋斗目标和亲人嘱咐卡，填好的安全嘱咐卡，可以根据卡号参加全矿定期进行的抽奖活动。管理人员人手发给一本安全知识读本，岗位工人发给一份安全复习题，要求人人平时自学安全知识，定期参加矿上统一组织的考试。考试合格取得安全上岗证方可上岗。一封违章通知书是指，当个人违章累积达5次，就要发放违章通知书，并停工学习，学习成绩将作为再次上岗的依据。一个安全栏目即“安全连着你我他”电视栏目，栏目中有安全辞典、事故大家谈、安全絮语等节目。一首歌，即一首《安全之歌》，主要启示、调动干部职工重视安全、搞好安全的积极性，要求各单位在每班班前会和每周五的安全会上首先要宣唱。一次帮教，即对“重点安全不放心人”进行帮教，主要是由有关部门要对“安全不放心人”进行摸底、统计并进行帮教，使其抛弃“不安全行为”，这项工作是违章职工重新上岗的必经程序。“八个一”活动形式新颖，内容丰富，既有感性的说服教育，又有强制的约束执行，既对职工产生了吸引力，又给职工传递了压力，对提高职工安全意识起到了极大的促进作用。

● 开展“三违”大追问活动。安全文化建设不是一蹴而就的，也不是仅靠表面的几项活动就能起到成效的，它是一项庞大而系统的工程，只有找到问题的本源和实质，才能找到安全文化建设的根基和方向。贴近员工思想实际，贴近安全生产实际，贴近存在问题实际，是搞好安全文化建设的前提和关键。为此，该矿对全矿各个层次的干部员工，以调查问卷、座谈等方式，就“身边有哪些‘三违’现象，这些现象有哪些危害，产生这些现象的原因有哪些（从人、物、系统、环境、管理等方面分析），如何消除‘三违’，我在‘三违’治理中做了些什么，我对‘三违’处罚的认识，以及各项管理措施和各级管理责任是否真正落实”等问题，开展了“三违”现象大追问活动，这项活动的开展，不仅摸清了员工安全思想状况和安全生产存在的问题，更重要的是激发员工进行理性思考，在思考的过程中反思和教育自己，从而提高自己的安全意识。同时，各区队还以“过去有哪些不安全行为，这些不安全行为有可能造成怎样的后果，以及今后如何抛弃这些不安全行为”为主要内容，自行开展了以“我错在哪里”为主题的安全大讨论。通过这项活动的开展，触动了职工的安全意识，使大家遵章守纪、按章作业的积极性和主动性进一步增强。（刘国强、李静）

26. 老虎台煤矿工会强化宣传教育增强员工安全意识的做法

老虎台矿隶属于抚顺矿业集团公司，位于抚顺煤田中部，井田东西长 4.95 km，南北宽 2 km，面积 10 km^2，是一个远近闻名的国有大型煤炭企业。矿井开采于 1901 年，至今已有百年的开采历史。现可采储量为 6 000 多万 t，矿井核定生产能力为 320 万 t/年。

近年来，老虎台煤矿以从严管理、科技兴矿为治矿方针，转换机制，深化改革，贯彻落实“安全第一，预防为主”的方针，坚持安全管理工作重心下移，关口前移，工会组织下大力气强化宣传教育，增强员工安全意识，同时，抓好班组群众安全教育、群众安全文化、群众安全生产和班组长队伍建设工作，走出了一条文化作引领、人与企业共同发展的成功之路。

老虎台煤矿工会强化宣传教育增强员工安全意识的做法主要是：

(1) 靠强化群安教育，增强员工的安全意识

辽宁抚顺矿业集团老虎台矿是一座有着百年开采历史的国有大型煤矿，现有生产班组 528 个。该矿工会认识到，安全生产是这座百年老矿生存与发展的关键所在，保证矿井的长治久安，基层班组是关键。

为教育和引导班组员工牢固树立安全第一的思想，增强积极主动做好安全工作的自觉性，矿工会充分发挥工会组织宣传教育的职能作用，大力开展了一系列的群众安全教育活动。

● 大力开展安全理念教育。矿工会先后开展了“平安幸福你我他，虎矿安全靠大家”“虎矿是我家，幸福生活全靠她”和“平安是福、安全是钱”的安全理念教育活动。特别是在全矿员工中开展了“平安是福、安全是钱”的大讨论，逐步把全矿员工的安全观念引领到安全是生命、安全是幸福、安全是效益、安全是钱的现实轨道上来，把安全生产与员工的利益紧紧地联系在一起，从而增强了员工我要安全自主保安的自觉性。

● 大力开展情感教育。为使员工认识到安全工作的重要性，认识个人做到安全生产对企业、对家庭的重要性，矿工会以不同形式开展了情感教育活动。在全矿员工中开展了“你是家中的梁、你是父母的心、你是妻子的天、你是儿女的山”的情感化安全教育活动，利用班前会开展讨论，使广大员工的心灵受到了震撼，深刻认识到做好安全工作是企业生存发展的需要，更是家庭幸福的需要。1977年4月14日，老虎台矿曾发生瓦斯爆炸事故，每年的这一天该矿都要举行纪念活动。2008年，举行了有两千名员工、退休工人和家属参加的“铭记‘四一四’事故教训，打造平安虎矿，构建和谐矿山”大型演讲报告会。2009年又上演了安全情景剧“我爱我家——老虎台矿”，生动揭示了“生死存亡、企亡家败”的深刻内涵，收到了极好的教育效果。形式多样的情感教育，使广大员工要安全、保安全的责任意识得到升华，班组安全工作得到加强。

● 大力开展安全文化教育。作为集团公司安全文化的示范单位，几年来，老虎台矿不断创新，形成了一套安全文化建设的做法，打造了具有特色的安全文化。一是唱安全歌、背安全誓词。从2004年开始，《班组哥们亲兄弟》《平安是福、安全是钱》《集团公司安全之歌》等歌曲在全矿的班前会上响起，成为安全教育的大亮点。二是学习“四本书”，矿工会为加强班组安全文化建设，编写下发了四本安全文化系列丛书，并开展了学习“四本书”，群安文化进班组活动。通过问答考试等学习形式，使广大员工对安全理念、安全文化深刻内涵有了明确的认识。三是开展了群安文化进区队、进班组、进社区、进家庭活动。区区队队建立安全文化宣传牌板、灯箱，班班组组设立安全全家福画廊，组织社区干部开展矿街安全联防活动。对安全重点人开展帮教活动，签订由区队领导、社区干部、家属积极分子、安全重点人家属参加的“安全四联保”协议书，定期到安全重点人家中走访，找安全重点人谈话，使安全重点人的思想得到了转化，安全行为得到了规范，活动开展以来，安全重点人转化率达到100%，没有违章违纪问题的发生。四是发挥“二道防线”作用，靠亲情感染员工。坚持发挥矿“二道防线”的作用，取得了极好的教育效果。矿工会女工委员会经常组织女工和家属深入井口和班前会开展安全嘱托和服务慰问活动，为入井的员工缝补工作服、钉纽扣、送糖茶水、送水果，成为群安教育的一大亮点。

● 大力开展班组长教育。班组长是兵头将尾，更是安全生产的组织者，安全工作的好与坏、成与败，班组长是关键。矿工会对班组长的教育管理工作非常重视，把班组长队伍建设纳入重要日程。举办脱产培训班，对全矿600余名班组长进行安全文化、安全技能培训，提高了班组长的综合素质。开展的“看待遇、讲良心、尽职责、做贡献”大讨论活动，增强了广大班组长爱岗敬业、尽职尽责的责任心、事业感；开展的班组长“戴标志、树形象、保安全、做贡献”戴牌上岗活动，约束了班组长的行为，增强了班组长的使命感；举行的班组长“响应党政号召，带头严细管理”教育大会和“不负党政重托，时刻把住安全，不负亲人期盼，分秒尽职尽责”的宣誓承诺仪式，对广大班组长起到了激励促进、鼓舞鞭策的作用。

(2) 靠深化安全竞赛活动，夯实班组安全基础

矿工会大力开展安全竞赛活动，建立竞赛奖励机制，约束员工的不安全行为，调动员工做好安全工作的积极性。

● 大力开展班组竞赛活动。近年来，矿工会先后开展了安全“三无”班组竞赛、创建“安全型、学习型、亲情型”班组竞赛等竞赛活动。每项竞赛活动都与安全和员工利益挂钩。如创建“安全型、学习型、亲情型”班组竞赛，班组必须是无轻伤以上的人身事故，学习气氛浓、亲情和谐，这样，班组才能评为“三型”班组。评为“三型”班组，员工每人每月可享受50元的嘉奖。出了事故、出了问题，取消“三型”班组称号，待遇也随之取消。2009年9月份，在全矿命名了18个“三型”班组，推动了班组建设深入发展，促进了班组各项工作的全面提升。

● 大力开展班组长竞赛活动。矿工会在全矿班组长中开展了“五心六个一”和“五好”组长竞赛活动。“五心”是指对安全工作要尽心、对安全管理要细心、对安全生产要关心、对领导批评和上级检查要虚心、对安全隐患整改要用心。“六个一”是指读一本安全生产知识和有关安全生产规章制度的书、提一条安全生产合理化建议、查一起安全隐患或违章行为、写一篇安全生产体会、做一件预防事故的实事、组织一次班组安全活动。“五好”就是安全好、生产好、管理好、素质好、形象好。生产一线班组长一个月没有“三违”、没有事故的嘉奖100元，一个季度没有发生事故的再加200元，总计得500元竞赛奖。活动开展以来，先后投入竞赛资金高达100多万元，极大地调动了班组长的工作积极性，增强了爱岗敬业、尽职尽责、兴矿报企的意识，夯实了班组安全基础，实现了班组安全生产。此外，还开展了争当“安全型、学习型、亲情型”班组长竞赛活动，进一步打造安全平安、学习钻研、亲情和谐的班组长队伍。每半年召开一次班组长竞赛总结表彰大会，模范班组长奖励冰箱或彩电或数码照相机，优秀班组长奖励微波炉或高档厨具。班组长竞赛提升了班组长素质，促进了班组安全生产。

(3) 靠强化群众安全生产活动保证安全生产

矿工会紧紧围绕矿党政每个时期的重点工作，适时开展贴近实际，贴近安全的群众安全生产活动，营造了浓烈的安全生产氛围。

● 造声势。矿工会为了配合全矿安全生产，每年都要不间断地开展各种安全生产活动。近2年来，先后开展了“安全生产宣誓承诺”“安全伴我行，大步朝前走”“全矿员工、家属向安全生产726天签名承诺”“安全月”“安全宣传一条街”等活动。还开展员工书法、摄影、绘画、“赞我身边安全人”征文比赛等文体活动，把安全教育融入活动之中，让员工感受生活，感受安全。

● 大检查。矿工会和车间工会充分发挥工会的职能作用，组织员工代表开展安全监督检查视察活动，组织安全群监员上岗检查。2年来，矿、车间两级工会组织开展安全监督检查活动80多次，排查各类隐患600余个。目前已经建立健全了各级群监组织、群监队伍和三级安全联防群监机制，为全面开展安全群众监督检查活动，保证矿井安全生产提供了组织保证。矿工会还建立了矿长联络员队伍，定期将联络员反馈上来的安全生产意见和建议呈报给矿长，并监督各系统落实整改。仅2009年上半年，就有32条联络员建议得到落实整改。

● 献计策。矿工会结合不同时期的安全重点，在员工和家属中广泛开展提合理化建议活动。2008年以来，在各类先进人物和全矿员工中，先后开展了以“为矿井安全献计策，为矿山发展做贡献”“爱虎矿、献良策”为主题的提安全合理化建议活动，员工踊跃参加，积极谏言，收到合理化建议一万余条。

(4) 靠人性化的亲情关爱凝聚员工

近年来，矿工会紧紧围绕“和谐”二字开展工作，先后建立了“重病急患基金”“自然灾害救急基金”“互助金”三金制度，为困难员工排忧解难；每年“五一”“十一”和春节都要开展大规模的扶贫救助活动，开办扶贫大集和爱心超市，把矿党政的关怀送到困难员工心坎上；2009年，矿工会出台了一个“五金”规定，即对结婚、生孩、升学、病故、灾害的员工送去新婚祝贺金、生孩恭喜金、育才奖学金、丧葬抚慰金、灾害救助金，每项300元。在“二道防线”建设中，关心下一代委员会的很多老同志不顾年事已高，写安教材料，编安全知识竞赛题，深入班组和班前会开展安全嘱托教育活动，为矿安全生产作出了不可替代的重要贡献。工会还开展了为全矿员工过“安全生日”活动，受到了全矿员工的一致好评。

煤矿企业开展宣传教育工作的做法与经验评述

煤矿生产具有很大的危险性，属于典型的危险性作业，易发生人员伤亡事故，尤其是重特大伤亡事故。而且我国煤矿绝大多数是井工矿井，地质条件复杂，灾害类型多，分布面广，在世界各主要产煤国家中开采条件最差、灾害最严重。在这种情况下，煤矿企业需要坚持安全第一、预防为主、综合治理方针，强化安全基础管理，建立长效机制，加强对员工的宣传教育和培训，加强安全文化建设，实现煤矿安全生产状况进一步好转。

(1) 对安全宣传教育的认识

企业的安全宣传教育，是企业安全管理的一个组成部分，企业现代化管理过程，其实就是硬管理与软管理相结合的过程，企业必须靠安全技术、安全投入、法规等方面的硬管理并结合文化方面的软管理，这样“软硬兼施”，管理的效果肯定事半功倍。因此，企业在加强安全技术、安全措施、安全投入的同时，需要重视宣传教育、人员培训、安全文化建设等软管理。从许多企业的管理经验来看，只有硬管理是不行的，还需要软管理的配合，这样才能使安全管理深入扎实，基础牢固。

● 领导要重视安全宣传教育工作。一个企业要想做到安全生产，就必须重视职工的安全宣传教育以及安全培训。只有有了安全的人，才会有安全的企业。领导的重视不仅体现在大力支持上，更重要的是体现在自身的率先垂范，以身作则，起模范带头作用。无论是参加安全生产法律法规、职业安全健康管理体系宣传教育，还是组织安全知识竞赛等活动，领导干部如果能够身体力行地积极参加，那么就是对安全宣传教育工作的支持。

● 建立行之有效的安全宣传教育管理制度。为了搞好安全宣传教育以及培训，企业需要制定相应的管理制度，通过制度的保障作用，促进安全宣传教育工作的开展。

● 不断优化宣传教育的内容，使其能更切合实际。宣传教育需要注意对象，针对不同的对象，实施不同的内容，这样才便于人们接受。俗话说：到什么山上唱什么歌。根据不同的人群，需要不同的内容变化，只有采取相应的变化，才能取得好的效果。

● 安全宣传教育需要过程。罗马非一日建成，宣传教育也不可能在短时间内就见到成效，需要经过长时间的沟通、宣贯、推进过程，同时还有不断反复、不断深入的过程。所以，对宣传教育不能要求毕其功于一役，宣传教育实际上是一个没有终极目标的过程。

（2）安全宣传教育需要适合的方式方法

安全宣传教育要讲究方式方法，在方法上不能生硬，需要的是“春风化雨细无声”，那种倾盆大雨式的宣传教育许多时候并不能取得好的效果。在安全宣传教育上，有这样一些方式方法值得参考借鉴。

● 安全学习法。在抓好集中培训的同时，通过给职工配发统一的安全学习笔记，充分利用职工安全学习日、班前会、职工大会等时间，坚持不懈地开展“每日一题、每周一课、每月一考、每季一评”为主要内容的“四个一”活动，突出以作业规程、专业操作技能、岗位责任制等为主要内容的应知应会安全基础教育。

● 亲情呼唤法。把全家福照片制成喷绘牌板，上面写上“你的安全是全家的幸福”等亲情寄语，悬挂在地面会议室、井下大巷、采掘工作面，使每位职工时刻都能感受到自觉搞好安全生产的亲情触动；制作以煤矿法律法规、安全知识、亲情寄语为内容的安全小卡片，摆放在职工食堂的餐座上、会议室的座位上，并每季度对卡片的内容适时更新，做到让安全提醒入眼、入耳、入脑；组织女工、家属至少每月开展一次“保安全、送温暖、寄嘱托”活动，通过丰富多彩的活动提高职工安全意识。

●安全宣誓法。每年要求职工书写一份安全决心书、安全承诺书和安全心得体会，悬挂在区队会议室的公开栏，在每周安全学习会上让职工重温自己的承诺和决心。统一制定“为了企业的发展，为了家庭的幸福，为了自身的安全，我保证：遵章守纪，远离‘三违’，决不辜负组织的嘱托、父母的忠告、妻子的心语、儿女的期盼”的安全宣誓词，在各个区队布置职工家庭照片“全家福”，让职工在班前会上全体起立，面对全家福进行安全宣誓。

●案例教育法。矿安全管理部门将发生在职工身边的不同类型的事故，编制成事故案例教材，适时召开事故案例分析会，采用绘图法、互动法等方式，让职工学习、讨论、分析事故发生的时间、地点、条件、过程、原因、结果、教训、对策等，逐年补充案例，并作为日常培训的一项内容，使职工易于接受，深刻吸取教训。

●现身说教法。每半年组织召开一次典型事故的当事人、伤亡者亲友、家属座谈会，通过回顾事故经过、分析事故原因和交流事故教训，以及事故给本人或家庭带来的不幸、困难，进行现身教育，起到警示作用。

●寓教活动法。把安全文化建设和开展寓教于乐的安全活动相结合，举办安全知识竞赛、安全演讲赛、井口安全知识问答、安全漫画展、“送温暖、献爱心、带嘱咐”等活动，组织安全文艺演出队到区队和井口巡回演出以安全为主题的文艺节目，把安全知识、企业理念等穿插其中，既增强了教育感染力，又增强了职工想安全、会安全、能安全的安全素质。

●文化营造法。对工业广场、区队会议室、井上下等候休息室、井下大巷和主要作业场所进行以“安全警句、亲情感化”为内容的安全文化修饰，及时反映矿井安全生产动态。形成了以班前会的安全宣贯到生产作业现场“传、帮、带”的安全教育“一条线”，以安全文化走廊到井下大巷悬挂安全标语为主的安全教育“一条龙”，以地面工业广场灯箱、橱窗、板报为主的安全教育“一条街”，以区队学习室、职工之家为主的安全教育“一园地”，以广播、内部刊物、安全简报、井口LED显示屏为主的安全教育“一阵地”，以“安全月”、无“三违”班组、无“三违”区队、技术比武为主的安全教育“一活动”的全方位宣传系统，进一步将安全文化延伸到井下、拓展到现场、渗透进班组。

（四）电力机械企业开展宣传教育工作的做法与经验

27. 江北供电局推进安全文化建设营造良好安全氛围的做法

重庆市电力公司江北供电局成立于1995年8月，担负着江北区、渝北区、北部新区及两江新区的电网建设、运营和优质供用电服务工作，供电服务面积1 563.3 km^2，有员工721人，管辖变电站37座，总容量580.4万kV·A，服务客户81万户，2010年售电量46.17亿kW·h，先后荣获“全国文明单位”“全国模范职工之家”“国家电网公司文明单位标兵”等荣誉。

近年来，江北供电局持续推进企业安全文化建设，以实际行动诠释国家电网公司“相互关爱、共保平安”的安全理念，提出安全文化建设的核心内容，结合自身实际，不断丰富安全文化的实质内涵，在安全理念文化、制度文化、行为文化方面进行探索和实践，营造良好的安全生产氛围。

江北供电局推进安全文化建设营造良好安全氛围的做法主要是：

（1）建设形式多样的安全理念文化

安全理念文化是安全文化建设的核心和灵魂，是形成和提高安全行为文化、制度文化和物态文化的基础和原因。主要从以下几个方面，建设形式多样的安全理念文化。

● 构筑企业“安全第一”的哲学观。每年年初组织召开全局性的安全生产工作会议，以文件形式发布年度安全生产工作意见、安全工作思路和具体工作措施，旗帜鲜明地提出“安全第一、预防为主、综合治理”的企业安全生产方针，树立科学的安全发展观。坚持由局安全第一责任人亲授安全课，全面分析年度安全工作目标、工作思路和工作措施。强化各级管理人员的安全责任落实，每年与下属车间以及车间与班组逐级签订安全目标责任书。每年各级管理人员向局安全生产委员会进行年度安全生产述职。连续九年在每年三月坚持开展以“反违章”为主线的“安全生产月”活动，使“违章就是事故之源，违章就是伤亡之源”“违章是安全生产最大隐患”逐步被广大干部员工所接受。“安全第一”理念已扎根于全体员工的心灵深处，并在实际工作中严格贯彻落实。

● 培育员工“重视生命”的情感观。通过开展形式多样的亲情化安全教育活动，形成员工与家属相互监督、相互理解、相互尊重，共同营造安全幸福家庭的氛围。将安全文化融入企业班组建设，在“职工之家”中有每一位员工的家庭合影，让员工在工作现场都能体验到家庭的温暖，感受到自己所承担的家庭责任；不定期组织职工家属到工作现场开展“送温情”活动，邀请员工家属参加座谈会、节日团拜会，致职工家属一封“家”书，开展安全箴言和安全平安短信活动，单位和员工互签“安全承诺声明”。

● 树立“安全效益”的经济观。实现安全生产，保护员工的生命安全与健康，不仅是企业的工作责任和任务，更是保障生产顺利进行、企业效益实现的基本条件。“安全就是效益”、安全不仅能“减损”而且能“增值”。每年安排“安全技术措施和劳动保护”专项资金200多万元用于购置安全防护用品。实行“安全长周期奖励”“月度安全累进奖”等安全奖励制度，以物质奖励不断使员工认识到“安全就是最大的效益”。

● 坚持“预防为主”的科学观。要高效、高质量地实现企业的安全生产，必须走预防为主之路，必须采取超前管理、预期型管理的方法，这是生产实践证实的科学真理。任何事故从理论和客观上讲，都是可预防的。江北供电局变纵向单因素管理为横向综合管理，变事后处理为预先分析，变事故管理为隐患管理，变管理的对象为管理的动力，变静态被动管理为动态主动管理，实现本质化安全。

● 坚持“安全，人为本，教为先”的教育观。一是建成重庆市电力公司系统首个安全教育培训基地数字影音教育室和国家电网公司首个作业安全风险4D体验室，开展安全体验式教学和互动式培训，已成为公司系统建设安全教育培训室的示范标准。二是借助“安全知识培训仿真系统”“事故案例系统”，实现数字化安全教育培训和考试；针对农村电网施工中存在的作业风险，组织拍摄“农电检修施工现场反事故措施”DV片；编制“典型生产事故案例”DV片，分工种编制了“供电企业作业现场安全风险辨识和控制手册”；制作“安全生产典型严重违章100条常见表现及预控措施”DV片；邀请国家安全管理监督管理总局安全管理专家为班组（站）长及以上管理人员讲授安全知识，吸收先进的安全管理思想、管理理念和管理方法；坚持开展“每周150分钟”安全学习活动和事故“回头看”“警醒教育”活动。运用安全事故案例警示教育法和强化现场危险源辨识的培训教育方法，帮助员工查找身边的违章作业行为，深入剖析原因，从而在实际工作中促使员工自觉采用风险管理手段，让员工深刻认识安全工作“预防为主”的重要意义，使其成为企业安全监督工作的重要参与者、安全管理的切实践行者。

（2）建设切实可行的安全制度文化

安全制度文化是企业安全文化的重要部分，安全制度文化对企业和组织人员的行为产生规范性、约束性的影响和作用，它集中体现理念文化和物态文化对领导和员工的要求。供电局主要从以下几个方面，建设切实可行的安全制度文化。

● 坚持安全生产责任制落实。坚持“谁主管、谁负责”“谁组织、谁负责”，强化安全生产“一岗双责”；始终坚持“四抓两落实”（抓违章查处、抓监督到位、抓教育培训、抓措施到位，落实制度、落实责任），加强安全生产执行力和作风建设，突出各级管理人员上岗、到位、履责，严格落实从各级“一把手”到每一位员工的安全生产责任制，切实做到安全与生产工作计划、布置、检查、总结、考核的“五同时”。建立健全安全风险管理体系、安全责任体系和安全监督体系，坚持标准化安全作业、安全管理和安全监督，推行“突出预防为主、实施关口前移、强化过程管控”的科学安全管理手段，以“尊重人的生命、关注人的安全”为出发点，构建安全风险管理体系；将安全生产责任制落实和经济责任制的激励作用相结合，将安全目标和日常安全管理工作纳入单位经营责任制考核和月度安全绩效挂钩，并将此制度落实到班组，实行“月度安全累进奖”，将安全生产的奖励与班组的安全风险和安全责任密切挂钩，实行安全生产奖励与安全责任、安全风险成正比，作业层高于管理层、领导层的奖励原则。

● 严格贯彻国家、行业有关安全、职业健康等法律法规。定期组织职工学习国家、电力行业有关安全、职业健康法律法规，每年组织全员进行安全知识考试，经考试合格方才具备相应上岗资格。不定期组织干部、员工进行安全知识调考；以反违章查处为抓手，强化相关规章制度的执行力，重点查处行为违章背后的管理违章，深挖违章根源，力促相关法律法规不折不扣执行。

● 健全企业自身安全管理制度和标准化体系。不断结合企业实际，修订完善相关管理制度、文件，每年初印发有效制度文件的清单。坚持标准化安全作业、标准化安全管理、标准化安全监督，制定江北供电局生产现场标准化作业管理制度，细化 146 个不同工种现场工作作业标准化指导书，建立起以标准化作业卡为基础的作业现场全过程风险管控体系；加强基层安全生产执行力建设，努力提高基层一线安全管理水平和效果；积极运用“电子标准化作业系统”，加强对现场开展标准化作业督查和指导；加强安全工器具规范化管理和标准化建设工作，不断健全标准化体系。

(3) 建设规范有序的安全行为文化

安全行为文化是安全文化的重要方面，也是建设安全文化的主要目标，它是企业员工在生活和生产过程中的安全行为准则、思维方式、行为模式的表现。该局在实践过程中，形成了行之有效的安全行为文化建设的方式方法。

● 以“黄马甲”文化为引导，培养员工良好的安全习惯。江北供电局严格贯彻落实重庆市电力公司“责任奉献，守住一线”的安全监督工作思路。通过让工作负责人、工作许可人、专责监护人穿戴“黄马甲”，凸显其在生产现场的特殊性，强化监督意识，时时刻刻提醒当事人所承担的安全责任，促使其一丝不苟地履行安全职责。成立安全监察队伍到工作现场进行安全专项督察，并以工作日报的形式通报，促使违规行为得以及时纠正。

● 强化“风险控制”。推行“年度、月度、周、日”安全风险防控手段，降低作业安全风险。确保安全生产有效投入，改善生产现场作业环境、劳动条件等，消除生产过程中存在的各种不安全因素，保证员工安全和健康。定期召开安全分析例会，研究分析问题并加以解决。每月平衡工作任务，开展安全风险承载力分析，对作业风险进行事前监测，事中监控，事后监察。坚持每日生产工作准备会、班前会、班后会，执行“每日风险提示”，使员工能提前辨识安全风险和熟知控制措施，降低生产风险；严格履行保证工作的组织措施和技术措施，执行“两票三制”（工作票、操作票、交接班制、巡回检查制、设备定期试验轮换制），通过实施现场全过程录音、摄像等手段，促使各级各类人员切实履行安全职责。

● 加强特种作业安全管理，密切关注员工职业健康动态，定期组织特种作业人员参加起重吊装作业、焊接作业、登高作业、试验作业和带电作业等特种作业的专业培训；每年对接触职业病危害因素的特种作业员工组织职业健康疗养。

● 提升员工专业技能，巩固安全生产基础。建成反窃电、状态检修、配电线路等多专业的实训基地，适时开展相关培训，有效地提高员工的实际操作能力。同时，供电局积极参加市电力公司技能竞赛，并取得了良好成绩。

● 丰富员工业余文化生活。建成职工书屋，定期举办“读书心得交流会”“优秀读者”评比等活动，在局办公区保留职工健身房，添置健身器材，让员工在工作之余便利地锻炼身体。在办公楼、生产楼的廊道为员工开辟安全寄语、摄影展示等区域，通过制作成展板，展示员工的安全心声，让员工时刻感受到安全寄语的温馨提醒。

28. 四平供电公司将安全文化融汇于企业安全管理的做法

吉林省电力有限公司四平供电公司担负着四平市所辖的三市两县（四平市、公主岭市、双辽市、梨树县、伊通县）以及辽宁省昌图县北部和哲里木盟以东部分地区的供电任务。由于四平市特殊的地理位置，使得四平电网成为吉林省“井”字形 220 kV 骨干网架的西南交汇点，是东北电网北电南送的传输枢纽。公司共有供电员工1 515 人，农电员工 1 278 人。截至 2010 年末，公司共有用电客户114.27 万，220 kV 变电站 7 座，66 kV 变电站（塔）80 座，总容量312.273 万 kV·A，66 kV 及以上送电线路 100 条，2 725.369 km。

近年来，四平供电公司突破思维模式的桎梏，赋予安全管理以“灵魂”支撑，致力于发展、创新安全文化建设，在刚性制度之外辅以柔性的文化渗透，将安全文化融汇于企业安全管理、员工行为和社会生产生活。通过抓制度、抓管理、抓载体、抓活动，构建起了“内化于心、强化于行、固化于制、融化于情”的安全工作格局。

四平供电公司将安全文化融汇于企业安全管理的做法主要是：

(1) 夯实安全管理基础，建立安全生产责任体系

四平供电公司把夯实安全管理基础作为企业的头等大事，他们树立“实实在在地干工作，干实实在在的工作”主导思想，不断转变和创新安全生产管理方式，建立起完善的安全生产责任体系。2011 年，公司制定下发了《安全管理制度汇编》《安全生产奖惩规定》等七项制度办法，进一步规范了安全管理流程，促进生产精益化水平，实现了全过程的安全管控。同时，层层签订《安全生产目标责任书》，建立从企业主要负责人到基层员工的安全生产责任体系，并在省内首创，将营销、农电、基建、多经安全工作正式纳入安全监督管理信息系统之中。

为确保各项制度的落实，公司成立反违章纠察大队，制定专项活动方案和考核细则，全年在基础资料管理、现场管理、工程管理等生产领域开展纠察活动，发现问题立即下发安全生产整改意见通知单，并以影像记录方式在生产例会上予以曝光，制定整改措施，指定专人跟踪负责，坚决做到“安全工作零容忍、电网设备零隐患、干部员工零违章”。同时，实行零违章作业现场奖励制度，制定《零违章作业现场奖励办法》，明确零违章作业现场标准，通过奖励机制激励现场作业人员严守规程，杜绝违章。

绵延不绝的电网越陌度阡，如何有效保证纵横交错几千公里输电线路的安全运行，这是一个最根本、也是最难以解决的课题。公司针对近年来电力设施不断遭受外力破坏的现实，拓展管理的外延，探索和制定实施电力设施保护“五联防”措施，即依法开展“政企、警企、民企、农供电联防和供电企业专业联防”。公司有组织地借助地方政府、公安机关、沿线群众的力量，强化内部农电、供电企业和专业部门之间的相互合作，建立起一套立体式安全防护体系。“五联防”管理体系在保护电网安全的同时，也获得国家电网公司 2010 年度企业管理创新成果奖。截至 2011 年，已连续实现安全生产 2 384 天。

（2）标准化作业，引领安全管理新高度

没有规矩，不成方圆。四平供电公司用发展的眼光破解电网升级、设备增加、科技含量不断提高进程中的安全课题，把创建推行标准化作业作为保证安全生产的着力点，从根本上提升自身软实力，进而实现安全行为和管理上的升华。

早在 2005 年，四平供电公司就以现场标准化作业为核心，全面开展了标准化管理工作。牵头编制了《吉林省电力有限公司现场标准化作业管理规定》（草稿），梳理典型流程 31 种，工序质量控制卡范本 186 种。此后，公司被国家电网公司确立为全国 9 家深入开展现场标准化作业试点单位之一。与此同时，培养树立“现场不执行标准化作业就是违章”的理念，有效地保障了作业文本执行的规范性和准确性。

公司进一步从规范员工行为、规范管理流程入手，全面编制出台各专业《标准化建设方案》《标准化管理流程汇编》《员工行为规范手册》，明确岗位职责、基本行为、工作内容、工作流程、绩效考核等方面准则，实现了工作目标管理的规范化、流程化、标准化。

通过长期的不懈努力，各专业标准化作业执行率达到 100%，习惯性违章行为得到有效遏制，规范有序的工作氛围已基本形成，现场作业质量稳步提升，为企业安全生产的可控、能控、在控奠定了坚实的基础。公司也连续获得国家电网公司、吉林省人民政府安全生产先进单位称号。

(3) 人文关怀，赋予安全管理以情感温度

安全如水，至刚至柔，善利万物。四平供电公司在安全管理中，既建立刚性的制度，又传递柔性的关怀；在外化于“严”的同时又内敛于“情”。公司充分发挥企业的温情、家人的亲情对于安全工作的渗透和引导作用，把安全生产有机地融入到家庭幸福的保障与和谐社会的构建之中，在工作之外筑牢安全生产的第二道防线。

公司创新安全培训及警示教育方式，将公司近 20 年来的典型安全生产事故案例制作成警示教育动漫短片；将 2010 年全年现场反违章视频编辑制作成“违章行为回顾”电视短片，购置“防止安全生产典型违章 100 条”等视频资料，通过真实、形象的情景再现，教育广大员工深刻吸取事故教训，远离违章。

公司还建立“安全警示 365”短信平台，每天向员工发送一条安全寄语进行温情提示；设立生产员工家属服务热线，明确专人 24 小时帮助解决生产员工工作期间家庭的紧急事件，解除员工后顾之忧。

公司树立“安全幸福观”，通过邀请家属参观安全作业现场，组织开展由家属参加的安全知识竞赛、安全警示家庭座谈会，以及以“安全发展·平安电力”为主要内容的各种文体活动，让家属理解、重视、乃至主动参与安全管理，从而发挥安全协管员的作用，让员工在工作之外时时刻刻伴随亲情的叮嘱，让安全理念在爱心的呵护下潜移默化，进而让员工逐步实现从“要我安全”到“我要安全”，再到“我能安全”的转变。

公司还大力开展“平安电力”建设进校园、社区、乡镇、企事业单位活动，营造有利于电力安全生产的社会氛围。小到送给社区、农户的安全用电知识手册，小学生手中的圆珠笔上的安全漫画，大到24小时电力抢修服务，节假日和重大社会活动的专项电力安保，电力安全的人文关怀无处不在。

29. 华电漳平电厂强化现场警示标志提升安全意识的做法

福建华电漳平电厂位于福建省西南部漳平市九龙江畔，始建于1985年，1986年12月和1987年10月一期工程2×100 MW机组分别投产，1994年5月和9月二期工程2×100 MW机组分别投产，现有装机容量400 MW，总资产为11.19亿元，占地面积约75 km^2，现有职工1 061人，其中主业职工658人，多经职工403人。漳平电厂先后获得省“文明单位”“五一奖状”单位、全国“电力系统双文明单位”等多项荣誉称号。

近年来，华电漳平电厂为了强化职工的安全意识，提出了“关爱生命，远离违章”的安全理念，时刻警示职工“三违不除，事故难无”，积极开展反“三违”活动，采取强化现场警示标志，提升职工安全意识的做法，取得了较好的成效。

华电漳平电厂强化现场警示标志提升安全意识的做法主要是：

(1) 优化安全设施，从设备硬件上实现本质安全

违章是事故的苗子，是事故的隐患，违章未发生事故是侥幸，违章导致事故则是必然的，从这个关系上讲，违章就是事故发生全过程中的前因部分。

漳平电厂在开展反“三违”活动中，出台严厉的管理制度，对违章者进行了严厉的惩处，虽然在短期内起到了明显的效果，但是随着时间的延续，人们往往忘记了“阵痛”。那么，是什么因素驱动违章者“你来我停，你走我干”的怪现象，造成“三违”现象屡禁不止，甚至势头增长？难道违章者在严厉的制度面前冒险尝到了“甜头”？

漳平电厂在分析“三违”现象发生的原因时，提出要遏止违章行为的发生，生产现场的管理人员首先应该在管理工作中认真审视自己，在考虑安全工作的时候，是否能让职工在执行过程中做到最简洁、最严谨，是否让职工更方便于遵章，让违章者和冒险者无“可乘之机”。

违章者的直接动机是贪省事，图方便，走捷径，客观的原因是现场的安全设施不完善，布局不合理，给操作人员执行安全措施造成不方便。比如，高空作业时，无安全带的固定点，使用安全带不方便。管道无通行桥造成职工图省事走捷径产生违章。应该牢固隔离的区域不可靠，使得图方便者有可乘之机。在能够足够保证安全的情况下，附加了比较多的重复的或无意义的安全措施，使落实安全措施的时间成倍于处理设备缺陷的时间等。因此，要着眼于探索完善简单、可靠、实用的现场安全措施。设备本质安全还应着眼于设备的技术改造，对操作流程升级，以先进的、单一的安全操作程序代替复杂的操作方法，例如，一些设计方面的小改变，像是除去一扇门或楼梯，便能使安全工作更加容易执行，也能省下一笔可观的花费，从而，减少操作上的违章和失误。

(2) 针对性强的安全行为管理方法

漳平电厂在制定现场操作规范、布置安全大检查以及安全行为规范的时候，摒弃多余字眼以及交叉重复的安全规范，尽量考虑制定简单易记的操作安全行为规范，安全检查程序，有一定的主次，同时，制定最快捷的执行反馈程序。一些安全整改其实只要“电话—指令—执行—复查”就可以操作完成，不必进行烦琐的文字反馈，重要的是管理人员对于发出的指令是否重心下沉，检验其整改的实效性，尽量避免长篇下文，长篇反馈。工作项目的开工安全措施，可由一两个人负责审批的，尽量由专业人员认真核实审批，这样可实现培养更加负责的工作态度，同时缩短安全措施落实的时间，提高工作效率，避免职工因怕办理烦琐手续，在没有安全措施的情况下冒险作业，造成违章。

(3) 警示标志牢靠，不让职工疲于安全标志的整改

漳平电厂对一些不牢靠的现场警示标志进行改造，由于现场职工疲于整改而产生倦怠，造成现场无安全警示标志。设立永久牢固的安全标志，完善现场的安全警示图、安全标志、安全警示线，设置醒目的安全栏杆；在有酸、碱及化学药品的工作场所，有关于皮肤或面部意外溅了酸、碱后及时冲洗的提示图标；提醒戴安全帽、跑向安全地带的指示；突出生产现场的安全氛围。

现场警示标志通过视觉效果的传播，告诉职工怎样做安全，怎样做危险，什么行为被禁止，什么行为被鼓励，什么地方、什么设备是危险的，怎样做可规避风险，什么情况下应如何使用哪些安全设施、设备，遇到突发事件时应如何应对等。通过简捷、清晰、易懂的形式，一目了然地指引，使职工个人行为变成一种群体的规范的安全行为。(张亚光)

30. 华电福建发电公司建设刚柔相济安全文化体系的做法

华电福建发电有限公司成立于2004年，注册资本18亿元，经营范围主要是：电力生产、销售；电力建设、电力设备安装、检修、调试及监理等。目前，公司共有全资单位10家、参控股单位22家，可控装机容量476万kW，其中，火电装机容量265万kW、水电装机容量211万kW，具备了较好的水火互补结构和较强的后续发展能力，是福建省内最大的国有发电企业。

近年来，华电福建发电公司以提高职工业务素质为前提，以“关爱生命，远离违章”为安全理念，认真落实各项安全生产措施，连续多年未发生重特大设备事故、人身重伤及死亡事故、火灾事故，保障了生产安全，促进了企业的发展。

华电福建发电公司建设刚柔相济安全文化体系的做法主要是：

(1) 刚柔相济建体系，有效减少直至杜绝习惯性违章

违章是安全生产的大敌。如何有效减少直至杜绝习惯性违章呢？华电福建发电公司出台了违章待岗管理办法，开展反违章督察，发生轻伤事故后对有关领导及责任人进行严肃处理，充分表明了公司领导狠抓违章的决心，给各级人员以极大的震动。目前，公司各下属企业“从严治企”的决心都很坚决，安全生产措施也比较到位，违章现象正在逐渐减少。

公司下属的安砂水电厂实行了严格的违章连带考核积分制；永安电厂、漳平电厂都有职工因触犯安全生产“天条”而待岗；因为在高处作业不系安全带，古田溪水电厂有两名职工受到待岗处罚，而厂安监科全体科员都被扣除当月奖金。

华电福建发电公司提出了“关爱生命，远离违章”的企业安全理念，力求通过形式多样的安全文化活动，在企业内形成良好的安全氛围，以减少事故发生。公司的领导们认为，出现习惯性违章，还是因为在思想上不重视，只有在日常工作、生活中都树立正确的安全理念，才能真正做到与事故无缘。

围绕华电福建公司的安全理念，公司下属各企业开展了多种多样的安全文化活动。不少企业在全国安全生产月中开展安全签名、事故追忆等活动；金湖电力公司创新职工安全生产教育方式，投入人力、物力，研制出安全生产网络游戏软件，达到了“在玩中学”的目的；安砂水电厂编印了《学规程反违章》图册，将职工工作中的“历险记”作为教材；古田溪水电厂提出了“以‘零’为纲，用心规范，以人为本，用情管理”的安全文化理念，设立了事故漫画长廊，建立了安全生产监督防线；池潭水电厂编制了《职工手册》《不安全事例手册》《安全培训手册》等小册子，让职工随身携带。

(2) 以人为本强根基，开展丰富多彩的安全文化活动

“用安全文化感染人是增强职工安全意识的有效措施!”华电福建公司大力开展安全文化建设，各下属企业都十分重视这项工作，开展了丰富多彩的安全文化活动。通过安全文化活动，使全体职工充分认识到安全素质和业务素质同样重要。如果麻痹大意、心存侥幸，即使技术再精也可能出事故。通过开展安全文化建设，可以提高职工的安全修养，规范职工的操作行为，使其树立正确的安全观、健康观和生命价值观，使职工从被动执行规章转变为自觉按章操作。

安全文化可以从深层次影响职工的观念、态度等，安全文化素质的提高要靠不断熏陶、影响、渗透，需要一个循序渐进、日积月累的过程。企业的安全文化体系重在建设、贵在坚持、难在创新、成在特色。正是基于这种考虑，华电福建公司在全系统地开展企业安全文化建设。公司将制定包括安全生产理念识别系统、安全生产视觉识别系统、安全生产行为识别系统在内的安全文化建设体系文件。

(3) 营造“我要安全”的氛围，爱惜自己的生命

目前，华电福建公司已初步营造起“我要安全”的氛围，职工的自我保护意识正在逐步增强。正如池潭水电厂的一名职工所说：“如今，我已由原先的害怕接受安全监督，转变为乐于接受安全监督了!”

“人的生命只有一次，有谁不爱惜自己的生命？有谁不热爱生活？当我们骄傲地为电力事业奉献青春与智慧时，请牢牢记住：别让自己成为生命的看客!”“安全，对于我们企业的每名职工都有着极其重要的意义。不讲安全，哪怕是轻轻一碰，就会使生产装置‘怒火冲天’；不懂安全，哪怕是小小的一颗螺丝钉，也能使供电设备停止运行!”。

演讲台上，参赛选手激情澎湃、声情并茂；演讲台下，其他职工神情严肃、专心聆听。这是公司举办的“关爱生命，远离违章”安全巡回演讲会上见到的一幕。而安全巡回演讲活动只是华电福建公司安全文化建设的内容之一。

31. 兰州电机公司采取多种形式积极开展安全教育的做法

兰州兰电电机有限公司是在原“兰州电机厂”的基础上改制设立的，是西北地区最大的制造电机和发电设备的企业，主要生产大中型交流电机、交流变频调速电机、风力发电机、大中型直流电机、特殊专用电机、小型交流电动机、移动电站、柴油发电机组等十余大类，共计 88 个系列，331 个品种，2 600 多个规格。现有 6 000 多名职工，有 19 个生产车间和 30 多个处（室）。

兰州电机公司作为一家大型生产企业，点多面广，安全生产管理难度大。在这种不利的情况下，公司领导认识到，安全教育是一项重要的基础工作，在安全工作中占有相当重要的位置，通过安全教育，使安全方面的规章制度得到认真的贯彻执行，从而达到安全生产的目的。于是，根据企业实际，加强安全教育工作，提高全体员工的安全意识和安全素质，提高全体员工执行和落实企业规章制度的自觉性，以此促进安全生产，收到了明显的成效。

兰州电机公司采取多种形式积极开展安全教育的做法主要是：

(1) 安全教育工作要有制度，有形式，重在落实

兰州电机公司作为一家大型生产企业，每年新入厂人员和变换工种、复工人员数量较多，抓好安全教育，做到一人不漏，就必须首先要通过人事劳资部门，因此，只有安全生产管理部门、教育培训部门与人事劳资部门积极合作，才能共同搞好安全教育工作。

公司在所制定的安全教育制度中明确规定，凡是新进厂人员、变换人员、复工人员，必须先在安技部门进行安全教育后方可上岗工作。安全教育实行卡片跟踪，厂级教育完毕并考试签字后，人劳处方可开调令，车间、班组两级安全教育未完成，教育卡不返到安技部门者，对车间实行处罚，对个人的劳保用品不予发放。这样几个环节的把关，就保证了安全教育工作不漏人。

为了加深教育效果，公司自编了教材，教材中除了普遍应掌握的安全知识外，还针对每个岗位的工作特点，有的放矢地进行教育，效果明显。根据全公司人多面广的特点，全员安全教育采取以车间为单位，每周进行一次教育，全公司每年进行一次考试的方法。各基层单位把安全教育责任落实到车间主任和安技员头上，基本保证了教育时间、内容的落实。对不按规定进行的，在经济责任制中予以扣分兑现。对中层干部和班组长的安全教育，大多是利用公司举办各种培训班的机会，穿插安全教育的内容。有时也针对全公司干部变动大，一些中层干部和生产技术人员安全意识不强的问题，专门举办了由车间领导、调度人员参加的培训班，主管公司领导亲自讲课，并系统地学习了安全规章制度和安全专业知识，培训班结束时进行考试，检查学习效果，全公司普遍反映很好，通过学习使全公司的安全管理出现了新的起色。

特种作业人员的培训和复训工作一直是安全教育的重点，每年公司都根据上级部门的要求制定出培训计划，认真组织培训和复训，在培训中严格要求，严格考核，使培训达到实效。由于公司有足够的教育和培训人员及教学场地，在公司设立特种作业培训站，我们利用这一有利条件，根据生产任务情况，抽出空余时间组织培训。因此，培训效果很好，现有的特种作业人员做到了百分之百持证上岗，各种档案资料齐全完整。安全教育注重效果，注重落实，各部门职责分明，互相配合，使安全教育得以持续不断地深入进行。

(2) 对安全教育工作有布置、有检查，重在效果

企业的安全教育工作，需要各有关部门的紧密配合协助。这几年，公司在进行安全教育中，突出地灌输“以人为本，珍惜生命”，关心人，爱护人，实现人的价值观为主要内容的安全文化意识。

企业的安全文化是近几年全国各行业普遍宣传推行的新的观念

和意识，灌输安全文化意识也就是加深安全教育，不断提高职工安全思想意识，规范安全行为的过程。在深入进行安全教育的同时，也不断检查安全教育的效果，使所教育的内容真正被接受并落实在职工的日常行动上。

对安全教育效果的检查，公司主要抓了这样几个环节：一是检查各基层单位对各种教育对象教育的普遍性，从教育记录、卡片、报表上经常检查分析，有些已经受过教育，但未登记台账、卡片，未记载教育内容的，督促及时登记。二是进行全厂性的安全测试，通过考试来衡量职工对安全知识掌握的程度，发现薄弱环节，进行补课。三是从日常工作中对安全制度、规程的贯彻执行情况和违章情况检验教育效果，违章者少，制度规程能较好地执行，就说明安全教育达到了预期效果。四是在日常的安全检查过程中向职工提问，及时了解职工对安全知识掌握的情况。五是每年进行一次安全知识竞赛活动，一方面检查对安全知识掌握的程度，另一方面是为了进一步促使职工主动学习安全生产知识，以便在平时的工作中更好地运用。对安全教育情况的检查手段采取多样化，除了公司、车间不定期检查之外，公司安全值班人员、车间领导和安全员，公司文明生产检查组成员，以及先进班组的评选验收等，都对安全教育的情况做专门或辅助的检查。公司安全巡检人员还在深入基层进行安全巡检的过程中，通过对某个车间总体安全状况的观察和对该车间提问等方式，检查领导的安全思想意识高低和对本单位安全工作的控制能力，通过各种行政考核手段，促使安全教育工作落到实处。

(3) 搞好安全教育需要形式多样、上下结合

搞好安全教育，推行安全文化，要采取灵活多样的方式，公司在抓此项工作中，首先是抓面上的教育：安全教育按“分级管理，分线负责”的原则，其责任落实在公司职教部门，由他们制定全公司安全教育计划，并由安技处协助实施。对全员的安全教育由车间负责，有关资料、教员由安全管理部门提供，计划由职教部门检查落实。面上的教育主要抓全员教育、新入厂人员的三级教育、复工教育、变换工种教育、特种作业人员的培训、复训教育。

除此之外，公司多年来坚持针对不同岗位进行针对性的安全教育工作，平时根据生产情况由车间提出申请，安技处利用录像机给有关工种专门播放有专业内容的录像片，使教育进一步深化。各车间利用生产的空余时间，尤其是在任务不足的时候，抽出大部分人员进行安全知识学习，安技处组织专业人员巡回讲课，并进行考试。有时在出现事故后，为了教育某一部分人员也举办事故教训学习班。公司还突出抓特种作业人员的培训、复训工作，每年从计划、培训、考核、建档、办证等环节上紧抓不放，有时为了不误生产，就利用业余时间搞培训，方便了生产一线，方便了职工，做到培训、生产两不误。还充分利用厂报、闭路电视、有线广播、板报进行安全宣传活动，做到了报上有稿，广播有声，银屏有影，使宣传的内容家喻户晓，并不断深入开展。（梁仲云）

32. 上海锅炉厂公司着重强化人员安全教育培训的做法

上海锅炉厂有限公司（简称上海锅炉厂公司）是专业制造发电锅炉的国有大型企业，隶属上海电气集团，主要经营自产机电产品、成套设备及相关技术的出口业务。在册员工数 2 700 人，年销售收入超百亿元，电站锅炉年制造能力达 2 500 万 kW。

近年来，上海锅炉厂公司把安全管理工作作为企业生产经营的基本点，始终坚持“安全第一，预防为主”的方针，将安全管理工作切实落实在“预防”上，着重从强化人员安全教育培训、加强现场安全检查监控和扎实安全基础管理方面，抓好日常管理工作，全面提升公司的安全本质度。

上海锅炉厂公司着重强化人员安全教育培训的做法主要是：

（1）强化员工安全教育培训，做到“不遗漏任何一个人”

从安全角度来说，人是各种安全管理措施的最终落脚点，一切安全管理的核心是人，要实现有效的安全管理，就必须坚持“以人为本”，通过加强安全教育培训，提高人员素质；反之，由于缺少对职工的安全教育培训，安全管理不到位，违章作业屡禁不止，作业现场安全管理不力，将会给企业的安全带来极大的隐患。上海锅炉厂公司近年来狠抓员工的安全教育培训工作，重点从生产作业人员的安全操作意识和安全技能抓起，从消灭习惯性违章抓起，从提升管理人员素质抓起，力求在公司内形成人人关注安全、人人渴望安全的良好氛围。

做好各类人员的排摸分类，确保教育培训全覆盖。上海锅炉厂公司坚定一个思路，只有先将各类人员梳理清楚，才能确保安全教育全面到位、无遗漏。公司每年有众多新进人员，包括以各种用工形式录用的正式职工、劳务工、商务工、实习人员、驻厂质量监理和监造人员、经常出入公司联系业务的外来人员（含外籍人员）及外来施工人员。公司高度重视对各类新进人员的入厂安全教育，除了做好新进人员入厂“三级安全教育”以外，对于一些“相关方”人员，例如，外来施工人员明确由装备公司作为归口管理部门，加强对其日常安全教育和管理。外来实习人员及驻厂质量监理人员则明确分别由人力资源处及质保处加强日常归口安全管理等。

（2）加强各类安全教育培训的针对性，做到“有的放矢”

上海锅炉厂公司在组织各类人员安全培训教育中，经过仔细、反复推敲，重点把握好培训对象、内容、形式、效果 4 个环节，切实提高培训内容的针对性、培训对象的层次性和培训形式的多样性。

● 分三个层面组织开展安全教育培训，即组织开展生产负责人、安全管理人员、生产作业人员安全培训。一是企业各级领导要确立安全管理意识，在抓生产的同时抓好部门安全工作，积极组织各部门生产负责人进行安全培训，并定期组织复训；二是企业安全管理人员、安全员、工段长、班组长作为日常安全管理工作的执行人，必须具有必要的安全管理知识，组织安全管理人员、工段长、班组长参加安全管理人员培训。

● 分不同专业开展针对性安全培训。一是认真组织开展特种作业人员安全培训和复训。上海锅炉厂公司特种作业主要有金属焊接反切割、电工、起重作业驾驶、起重指挥、厂内车辆驾驶、锅炉操作（含锅炉水质处理）、电梯操作、制冷作业八个大类，对于这些人员的安全培训，公司根据年内生产节奏，以集中和零星分散培训相结合，定期组织好特种作业人员培训和复训，确保持证上岗。二是组织开展安全专项培训。上海锅炉厂公司始终以安全质量标准化、安全环境体系运行和5S管理相结合的模式开展日常安全管理工作，为使公司管理人员、作业人员牢固掌握安全质量标准化、5S具体标准，并能熟练运用体系运行管理手段开展日常安全管理，公司及时组织开展了安全质量标准化、5S标准的培训和安全环境体系内审员培训。三是组织开展农民工安全培训。近年来农民工不断加入，并逐步成为上海锅炉厂公司生产上不可缺少的一支队伍，在为公司提供生产力的同时，也给企业的安全生产带来隐患，主要是因为大部分农民工文化素质较差，安全法制、安全操作意识淡薄，自我保护意识差，极易发生各类安全事故。为此，公司近年来加强了对农民工的安全培训，并以身边发生的各类事故案例、常见的习惯性违章现象以及危险性较大工种的安全操作规程等为内容对农民工组织安全专题培训，全面提升农民工的安全操作技能和自我保护意识。

● 开展多形式安全培训，并注重安全培训的有效性。公司充分利用资源优势，借助公司内部局域网络建立安全环保信息平台，组织电化教育培训和网上考试，通过全员的参与切实提高每个人的安全知识和安全意识，自觉地抵制“三违”、远离“三违”，帮助职工自觉地由“要我安全”向“我要安全”，再转变到“我会安全”。

(3) 加大安全宣传，做到“不放过任何一次宣传机会”

安全宣传力度的加大有利于企业安全文化氛围的形成。近年来，上海锅炉厂公司借助“安全生产月”的契机，广泛营造浓厚的安全生产氛围。例如，公司在内部刊物《今日上锅》上经常刊载一些安全常识及公司安全生产动态，对一些较好的安全宣传稿件投稿至《闵行区安全生产月报》。同时，公司还别出心裁组织开展了安全技术小革新活动，发动公司员工齐动脑、齐动手，花少量的钱，但却实实在在地解决了一些安全问题，消除了潜藏在身边的隐患。其中，在2008年公司共收到各车间部门上报的安全小革新项目23项，通过由相关部门组建的评审小组对这些项目的实用性、有效性进行检查和评审，对一些好的项目通过在《今日上锅》连续刊载或制作专题录像资料在职工中播放等形式，将小革新成果全面深入推广至日常生产使用中。

(4) 加强安全检查力度，做到“不忽略任何一个角落”

安全工作重在现场，加强现场的安全检查力度，有利于及时发现隐患和落实整改，将事故隐患消灭在萌芽状态。上海锅炉厂公司现场安全检查重点放在督促各部门加强自查、自纠和整改，并通过五种形式强化现场安全检查。

● 加强部门自查自纠，尤其是加强工段、班组一级自查。上海锅炉厂公司狠抓工段、班组下级安全责任制落实，要求各工段、班组组织好班组职工加强本工段、本班组范围内每天的安全自查，将自查情况认真记入班组安全建设台账，在留下痕迹的同时自觉落实相关整改措施；部门安全员则必须每天对各工段、班组的安全检查、管理情况进行抽查，指导和督促工段、班组不断完善日常安全管理工作。

● 进一步发挥安全员队伍的作用。通过不断提高安全员的安全工作质量、检查质量，加强各部门自身安全管理、措施到位。同时，安全职能部门积极指导部门安全员提高安全检查、管理水平，并督促落实相关整改措施。

● 加强对外来施工现场、辖制企业的安全监管。上海锅炉厂公司要求外来施工队伍进厂施工必须签订安全协议，要针对施工项目开展危险源、环境因素辨识并采取相应控制措施后方可施工；要求施工队伍必须落实专人加强施工现场的安全巡查，归口管理部门必须严格施工期间的安全监管，并督促其规范作业。公司对于转制企业则要求在实施风险抵押金制度的同时，严格考核，并帮助、指导和督促转制企业按照职业健康安全和环境管理体系运行要求加强自身安全管理。（邵建明）

电力机械企业开展宣传教育工作的做法与经验评述

一个企业安全活动开展得好坏，直接关系到这个企业的职工能否善于吸取他人事故教训，为我所用，自觉地增强安全生产意识，从而保持一个长期稳定的安全局面；一个企业技术培训工作搞得是否扎实、有效，关系到这个企业职工素质的高低，关系到企业生产作业人员是否能高质量地完成各项工作，也必将影响到安全生产。因此，企业必须正确对待安全活动和技术培训工作，并将其长期有效地开展下去。

（1）安全教育需要灵活多样的方式和方法

枯燥、单调的教育会导致受教育者的麻木或者厌烦，而灵活多样、丰富多彩的形式本身就会增强教育效果，为此，在进行安全思想教育时可以采取以下多样化的形式进行：

● 理性灌输法。不失时机地在各类大大小小的会议上强调安全，并对一些具体工作的安全细节做具体的指导和布置。各班组每周一上午都要召开安全会，学习安全生产方针、安全法纪、安全规章、安全简报和企业的安全生产目标等。领导和安全员、技术员分别参与到各班组每周一的安全活动中，真正深入职工群众中，站在职工角度，以理性传播真理，做到目标常新，严守规程，做到警钟长鸣，强化意识。

● 情感启迪法。为解决安全教育入心入脑的问题，一定要注重情感的投入。可以利用亲情的感染作用，在各班设立“全家福”相框，把每个家庭对自己亲人的安全期盼写在“全家福”照片的下面，时时提醒职工牢记亲人的嘱托；发送亲情安全短信，不失时机、潜移默化地向职工宣传安全思想，随时提醒职工注意安全；感谢职工家属对他们家人工作的关心和支持，更是希望得到职工家属对工作更多的理解和关心，发挥好家人这道安全防线的作用。

● 电化教学法。把视觉形象和声音两种信息同时作用于受教育者的感性器官，形声俱在，情理鲜明，有利于提高受教育者对安全知识的吸收率和记忆力。经常组织职工观看安全生产知识录像、事故分析会录像，开展消防知识讲座、紧急救护法培训、消防演习，并放映劳动保护科教录像等。

● 干部身教法。一个好的领导干部的行为应当给职工带来信心和力量，用自己的良好素质和规范行为去激励职工的安全积极性，带领职工形成持久的安全生产局面。企业可以采取现场违章从“查领导”开始，现场各领导、专职人员严格按要求规范自己的安全行为，成为“安全第一，预防为主”方针的模范执行者，名副其实的“安全生产第一责任者”。

● 案例解剖法。班组在安全会上可以针对本企业所发生的事故展开热烈探讨，分析其事故产生的根源、危害及应吸取的教训，使员工不仅知其然，而且知其所以然。进行事故反思，把其他单位的事故当成自己的事故来抓，具有强烈的震撼力，是治疗松懈、麻痹心理的一剂良药。如其他单位发生人身触电事故后，为了使职工能认真吸取事故教训，可以结合本企业历史上曾经发生过的事故教训，举办一次形式特别的“吸取教训，防患未然”安全日活动，再次对这些事故进行剖析，更有效地遏制施工现场屡禁不止的习惯性违章现象。

● 活动熏陶法。这是寓教育于活动之中，受教育于熏陶之时的教学方法，集知识性、趣味性、教育性为一体，特别为青年职工所喜爱。其形式丰富多彩，可分为两种类型：一是活动类，包括：在党员中开展“党员身边无事故”活动，为每个党员设计并制作了党员警示卡，时时警示党员不仅要做到自己不发生违章现象，同时还要提醒身边的同事不违章。这项活动的开展可以增强党员的责任意识和安全意识。在团员青年中开展“安全文明生产示范岗”活动，开展“安全月”“特殊安全日”活动等。二是表演类，包括：举办安全主题演讲会，举办安全生产漫画比赛、摄影展比赛等，可取得不错的成绩。

● 环境感染法。在生产作业现场醒目处张贴安全宣传画、安全警示牌，在外墙上适时悬挂“实施安全生产法，人人事事保安全”等内容的横幅，大型工作现场挂上写有安全警句的横幅，为每个班组制作“关注安全，幸福全家”的全家福相框，在班组及车辆上设置“安全温馨提示”，用安全箴言作为计算机屏保等。这些都亲切而生动地贴近了职工的心灵，使职工每天耳濡目染感受到“安全第一”的氛围，从而也时时提醒职工遵章守纪、珍惜生命、勿忘安全。

● 自我教育法。积极引导广大职工由安全教育的客体转为安全教育的主体，如组织职工自己编写亲情安全短信，然后开展“亲情安全短信”的评比和发送活动，这一过程实际上就起到自我提醒的作用。在安全活动上，组织违章的职工讲述自己的违章原因、经过以及今后的对策和措施，使得职工在回顾自己的违章经过时再次加深印象，同时，为了今后不再作为反面教材，职工在工作中也会更加注意安全。这些都是职工进行安全自我教育的好形式。

(2) 安全教育需要选择适当的时机

进行安全教育，需要提高职工的主动性和积极性，这就将教育内容与生产实际结合起来，拟定的教育内容要结合日常工作，这样会增添职工的学习兴趣。将教育成绩和考核、奖励挂钩。让职工真正明白业务技术同安全生产、安全生产同个人经济利益的关系，进而激发大家搞好安全生产、提高自身素质的热情。还需要注意的是，进行安全教育也需要选择适当的时机。

● 努力营造学习氛围。有了这种氛围，学习业务知识就会成为一种自觉行动。班组长要带头学习，班组长带头学习必然会带动一批人跟着学习，这样在班组范围内势必形成一种学习气氛。

● 因人而异，有的放矢。教育最好是分层次的，分层次可以起到较明显的效果。对那些理论知识比较强而实践经验相对较少的职工，应加强其实际操作能力、动手能力的培训，而对那些实际动手能力强、理论知识相对较差的职工，应加强其理论基础的培训。

● 善于利用一切有利时机，随机教育。要善于利用事故、异常处理的机会，给职工讲解整个事故或异常的处理要点、来龙去脉，这时往往也是职工学习热情最高的时候，所以要趁热打铁，利用检修设备的机会，尽可能地给职工讲设备的原理、维护注意事项，必要时可以聘请有经验的检修人员给职工讲解有关内容；利用每月的反事故演习的机会，向每位职工讲明演习内容，处理方法，要尽量避免个别人的演习、走过场的演习。如果能抓住这些有利的时机来进行随机培训，则要比只按照计划任务书上的内容进行培训更有效果，更易于为职工所接受。

● 利用新设备投运的机会加强教育。每当新设备投运时，也是职工学习热情最为高涨的时候，一定要抓住这一有利时机，深入、系统地进行教育。要尽可能吃透新设备的原理、维护方法、操作要领等，必要时可以聘请专家予以讲解。

● 教育要注意以情感人。在平时的教育中，不能遗漏任何一个职工，尤其是对那些平时基础差、学习热情不高的人员，更要常常去督促他们，检查他们，必要时要做一些思想工作，利用引导、启发等方式激发他们的学习热情，让他们感受到自己是集体中不可或缺的一员，增强他们的自信心。相信在温暖的关怀下他们一定会迅速进步，在平凡的岗位上一样能做出不平凡的业绩。

（五）建筑施工企业开展宣传教育工作的做法与经验

33. 福建第五建筑工程公司做好施工人员安全教育的做法

福建第五建筑工程公司（简称福建五建公司）创建于 1951 年，

是具有国家一级资质的国有大型施工企业。下设 17 个基层生产单位，并有 8 个子公司，分别具有建筑、装饰、钢结构等一级、二级施工资质和建筑设计、房地产开发及架子工程资质。现有职工 8 000 多人，各类专业技术人员 850 人。

近年来，福建五建公司抓生产不忘抓安全，抓现场重视抓文明施工，做到组织机构健全，管理制度完善，贯彻措施得力，有针对性地做好施工人员的安全教育工作，开展多种形式的安全宣传教育活动，促进了施工安全，实现安全生产无事故，连续七年荣获“全国‘安康杯’竞赛优胜企业”，并荣获全国“五一”劳动奖殊荣。

福建第五建筑工程公司做好施工人员安全教育的做法主要是：

(1) 针对新工人的特点，积极做好安全教育工作

福建五建公司坚持广泛、深入地开展“创建文明工地”“百日安全无事故”活动，通过活动，有针对性地做好新工人的安全教育工作，提高建筑工地各项管理水平和广大职工遵章守纪的自觉性，做到无违章指挥，无违章作业，安全隐患得到及时整改和控制。

当前的建筑用工主体为农民工，他们从农村走进城市后，首选工种就是建筑工。一来有老乡群体，二来建筑工待遇较高，而且大部分的工种还是重体力活，作业程序相对简单易懂。但是他们往往忽视了建筑业是高危作业。初进施工现场，很多情况不熟悉，看到什么都觉得新鲜，什么都想动一动，又缺乏相应的安全防护知识。在没有熟练工人的指导、帮助和看护下，匆忙上岗，就极容易发生事故。因此，对进入建筑施工企业的新工人，首先应给予安全生产规章制度和安全知识的教育。

福建五建公司在新工人的安全教育上，改变以往单纯靠交底人员枯燥的说教式交底形式，把施工现场存在的各项安全隐患、违章行为以及如何采取防护措施等拍成照片，制作成安全教育图片展。利用图片这种直观的形式，让新工人对施工现场的注意事项有一个感观上的了解。然后向他们讲解施工现场的安全基础常识，说明乱动机电设备的危害性。以建筑施工典型案例为教材，使他们懂得了什么是“三宝”“四口”，什么是安全用电，什么是大型机械，什么是高处作业，以及作业中如何采取防范措施等。活生生的事故案例对新工人最有吸引力，使初次涉及建筑施工作业的农民工就如何做好安全生产有一个较为深刻的印象。加上交底者把企业以前发生的事故案例予以剖析，对企业制定的防止事故发生的规章制度进行讲解，可以让新工人对建筑施工现场的规章制度和安全生产知识有个全面的了解。然后在生产实践中熟悉、锻炼和掌握。

(2) 针对建筑施工的特点，对安全生产教育实行动态管理

由于建筑施工存在着工序多、配合工种多、时间长等特点，安全教育不能以为做好了入场教育和交底工作后，就可以一劳永逸地直到工程竣工。

福建五建公司根据各项工程的特点，进行随机性的安全教育。一方面，施工现场的作业环境每天都在变化着，有的防护设施在今天的工作面上是安全的，在明天的工作当中就有可能会被拆除、移动或者产生松动，不能起到防护作用。另一方面，一些参加建筑施工时间长一点的农民工在工作中积累了一定的安全生产经验，确实能够在某些方面很好地指导工作，但经验是一把双刃剑，总结得好，可以保证施工安全；反过来，它同样能使人产生麻痹、骄傲思想，犯经验主义错误。这主要表现在对新事物不敏感，对新环境不注意，工作起来有很大的盲目性，或者在经常违规操作的情况下还未发生过事故，抱着侥幸心理，这些都是极易发生工伤事故的隐患。因此，公司结合日常的安全检查，及时纠正现场存在的不安全行为，对作业人员及时进行安全教育，指出其违章行为造成的严重后果，并利用班前班后的安全活动给予批评，达到教育全体人员的目的。

福建五建公司在加强工地班组、全员的质量、安全、文明施工和卫生健康自救防护教育的同时，以公司职工教育培训中心为主体，定期对各级干部和广大职工进行安全教育培训，还派出不少人员参加公司所在地政府举办的各种培训班，不断提高干部、职工的自身素质，强化职工的质量安全和法律意识，使其熟悉企业安全生产责任制度和规章制度，熟练本岗位安全操作技能，提高自我保护能力，有效遏制事故的发生。

（3）针对建筑施工人员的特点，开展多种形式的安全宣传教育

近年来，随着国民经济的持续稳定发展，建筑业发展迅速，同时也给农民工提供了新求职机会，这必然加大建筑工人的流动性。人员的频繁进出给建筑施工安全带来了更大的困难。

福建五建公司针对建筑施工人员的特点，开展多种形式的安全宣传教育，并把安全生产教育工作贯穿施工全过程。除了及时进行新工人的入场安全教育外，还加强对在场农民工的思想教育工作，建立职工的安全教育档案，把入场教育、技能培训记录、安全知识考核情况、转换工种教育等登记在职工安全教育档案内；同时，还时刻关心农民工的生活，帮助解决他们的切身困难。从而稳定农民工队伍，稳定企业的技术力量，确保了企业的安全生产。公司充分利用办宣传栏、办安全警示图片展、办安全生产知识竞赛、播放安全生产录像等多种多样的安全宣传教育活动，让农民工学习新规范、新标准，克服经验主义，做遵守安全纪律的好员工。

在开展安全生产知识竞赛活动中，公司还利用历年拍摄到的施工现场存在的洞口、临边防护不到位、施工用电不规范、操作人员违章作业等实际情况，举办安全教育图片展，让职工指出图片上存在的安全隐患和不安全行为，提出整改的方法。答对的当场给予小礼品奖励，大大提高农民工参与安全生产的积极性，提高农民工的安全意识和防护能力。设立征集“四口”防护、材料堆放和环境卫生等文明施工的最佳合理化建议，对最佳的建议给予公开表扬和物质奖励，并在现场予以实施，极大地激发职工的主人翁意识和参与的积极性。

(4) 针对宣传教育的特点，开展灵活多样的安全活动

福建五建公司在开展安全生产宣传教育活动中，针对宣传教育的特点，开展灵活多样的安全活动。例如，在每年的全国“安全周(月)”以及“安康杯”竞赛活动中，大张旗鼓地开展安全生产宣传，在各单位驻地和所有在建工程内（尤其是临街的建筑物）悬挂张贴大幅安全标语、安全宣传挂图，插挂安全彩旗，张贴宣传标语；还在企业专刊上刊出“全国安全生产周”和“安康杯”活动专刊；不少分公司（厂）还刊印“安全简讯”专刊分发到各工地班组，张贴在职工宿舍门口和公共场所，供工地人员阅读学习，做到宣传到位，深入人心。

针对宣传教育的特点，福建五建公司、分公司以及项目部开展了灵活多样的安全活动，主要有以下几种：

● 针对人员情况，每年组织开展以安全生产责任制、安全技术操作规程、典型事故案例等为主要内容的安全生产知识竞赛，在此基础上组队参加“安康杯”安全知识竞赛，均获得好成绩，使全员全方位的安全意识普遍提高。

● 寓教于乐。经常在施工现场组织播放“预防触电事故”“登高作业事故案例剖析”“安全小品剧”等安全教育录像，不少所属单位还认真编写演讲稿，精心挑选优秀演讲员，深入所属施工现场进行巡回演讲，给全体职工上了一堂又一堂生动的安全教育课。

● 组织参观取经、知识讲座、百人签名等形式多样的主题活动。坚持邀请检察院和各类专业技术人员给干部职工上安全与法制、安全生产、文明施工、工程创优、质量、职业健康安全和环境管理体系以及“工程建设标准强制性条文”等专题讲座；组织职工在写有竞赛主题的大幅标语上开展百人签名活动，充分发动职工参与，做到有声有色，深入人心；还由工会牵头组织有关人员到先进单位参观取经，吸取先进管理经验和做法，推动安全文明施工的深入开展。

● 认真开展“十个一”活动。定期、不定期召开由项目部成员、班组长及特种作业人员等参加的安全生产专题会议，阅读安全生产书籍，提出并采纳安全生产建议，做预防事故的实事，学习安全生产规章制度，撰写安全生产体会，观看安全生产录像，接受安全培训，回忆事故教训，当一天班组安全检查员，参加安全生产签名活动等“十个一”活动，提高了全员全方位安全意识，促进了企业安全生产工作健康、稳定地展开。（林子雄）

34. 中煤第一建设公司开展“五型”文化建设促安全的做法

中煤第一建设公司（简称中煤一建公司）成立于 1973 年 4 月，隶属中煤能源集团有限公司，拥有矿山工程总承包特级、机电安装工程总承包一级等资质，主要承建大、中型矿山建设、机电安装、冻结注浆、房屋建筑、装饰装修、隧道、爆破与拆除、桥涵桩基、钢结构及大型土石方工程。公司总资产 16.9 亿元，下属 6 个工程处和机械总厂、建材厂、职工医院等单位，现有职工 10 000 余人，其中各类专业技术人员 2 000 多人。

近年来，中煤第一建设公司紧紧围绕企业改革发展实际，以开展“班组型、学习型、竞赛型、本安型、和谐型”文化建设为主题，大力加强企业文化建设，有力地推动了企业核心竞争力的提高。公司曾相继荣获中国优秀企业、全国“五一”劳动奖状、全国精神文明建设工作先进单位、全国模范职工之家等称号。

中煤第一建设公司开展“五型”文化建设促安全的做法主要是：

(1) 推动班组管理，建设“班组型”文化

班组是企业各项工作的基础，基础不牢，地动山摇。中煤一建公司针对以前企业班组管理“年初发文件，平时不过问，年底读决定”的松散式，“班组只干活，不核算”的粗放式，“行政抓安全生产，党群抓班组建设”的分离式等诸多现象，提出了“企业管理从班组做起，精细管理从班组抓起”的班组建设理念。

中煤一建公司采取的主要措施：一是在全公司推广 49 处和特凿处口孜东项目部创建“管理好、技术好、效益好、创新好、和谐好”

的五好班组建设经验；二是大力推行班组建设“准军事化”管理，实行职工岗位报告制度，职工在工作点遇见领导时主动汇报工作情况，使职工对自己的工作了如指掌，领导及时了解现场情况；三是规范班前会（内容）流程，例如，背诵公司企业精神和安全理念，对当班员工讲评，奖优罚差，下达生产指令，强调安全注意事项，进行集体安全宣誓等；四是强化班组“经营岗位，岗位经营”以及“有旧不领新、能修不领新、能改不领新、能代不领新”的意识，制定班组考核标准；五是职工上岗推行“四个延伸”，即由应知应会向规范操作延伸，由普通性操作向程序化延伸，安全岗位由“会议要求”向“手指口述”延伸，班组理念由专业技术向班组文化延伸。“四个延伸”培养了严明的劳动纪律，提高了职工的执行力、服从力和战斗力，达到了指导思想明确、目标明确、团队素质整体提升的目的。

(2) 推动职工学习，建设“学习型”文化

多年来，中煤一建公司始终把“学习型”文化视为企业文化建设不可或缺的环节，组织开展了以“争创王牌施工队、争当王牌职工”为主题的“学习型”文化创建活动，取得了显著成效。公司还通过多种渠道落实培训教材，收集了几十个工种的书籍、影像资料，刻制了《立井掘进机械化》《电工基本技能》《井下电气设备防爆》等专业培训光盘1 000多张，发放到一线项目部，解决了一线师资缺少、队伍流动性大、培训困难等问题。通过组织职工观看学习并与实际操作相结合，提高了广大职工的安全意识和技能水平，营造了学技术、学业务的浓厚氛围。以激发并调动广大职工参与活动学技能、勤学苦练长本领的积极性和主动性。

中煤一建公司为了激励职工学习的和极性和主动性，建立了相应的激励机制，对获得王牌职工荣誉的职工，给予享受班队长待遇；对“导师带徒”活动中徒弟经考试取得优异成绩的，给予师傅一定的奖励；对选拔出参加集团公司和煤炭系统职工职业技能大赛并取得优异成绩的职工，破格晋升技师，获得前三名的职工分别奖励1 000元、800元、600元。2009年，公司还出台了以职工名义命名工法、建立技术工人人才库等措施，通过技术比武评选出一批“锚喷王”“绞车工”等“王牌职工”，通过考核评选出一批“王牌队伍”。

为进一步提升“学习型”文化的建设水平，中煤一建公司三年录用了900多名技校生充实到生产第一线，为639名为生产骨干和优秀员工办理了转工手续。公司还组织广大职工开展技术革新活动，围绕提高工作效率、改进施工工艺、改善施工环境、提高机电设备的安全性能等展开了技术革新和技术攻关，总结出一批技术创新成果，促进了生产力水平和经济效益的提高。为了更好地总结“学习型”成果，公司工会组织编写了《我的发明创造》一书，收集了上百项职工自己的发明创造，以正式出版物的形式出版，为公司创建学习型企业奠定了重要基础。

(3) 开展多种文化活动，建设“竞赛型”文化

中煤一建公司把开展竞赛活动作为建设“竞赛型”文化的重要载体，做到三个明确，一是明确指导思想。重点是要解决影响生产中的安全、质量和效益的关键问题，在练兵中促使职工技能素质和思想素质得到整体提高。二是明确劳动竞赛与安全生产的关系。通过开展劳动竞赛，把科学管理体现在每一个工序与环节之中，以劳动竞赛促安全、创水平、上台阶。三是明确重点工种。从影响施工生产的打眼工、放炮工、瓦斯工、喷浆工、机电工、钳工等关键工种入手，详细制定竞赛活动的标准，提高了广大职工的安全意识和技能水平，营造了学技术、学业务的浓厚氛围。

近年来，中煤一建公司先后举办了四届职工技能大赛，职工累计参加劳动竞赛32 782人次，参加技术比赛20 808人次，参加技能培训2 901人，提合理化建议642条，其中采用332条。竞赛分区片，克服教材版本不统一的问题，先后在10个省、市的施工点共组织了 75 场次的分片比赛，建立了具有 40 余套 3 000 多道试题的技能题库，项目部初赛有 2 000 多名选手参加，选拔出 700 多名选手参加各单位竞赛，119 名选手进入公司决赛。竞赛活动坚持“职工自学，基层辅导，注重实际，普及提高”的原则，理论考试突出应知应会，不出偏题、怪题，确保考出真实水平。实际操作针对设备更新换代，部分职工对设备不熟悉等问题，精心策划竞赛方案，精心设计竞赛试题，以生产一线最急需的技术、最薄弱的工种为突破口，作为竞赛的主攻方向，紧扣企业发展的主题，达到了预期的效果。

（4）争做本质安全型职工，建设“本安型”文化

中煤一建公司以“确保职工安全是最大的维权”为理念，把安全提到“不安全企业就没了稳定，职工就没了和谐，干部就没了政治生命”的高度去认识。

中煤一建公司为了推动建设“本安型”文化，在职工中开展了争做“本质安全型职工”的活动，以培育本质安全型职工、打造本质安全型企业为目标，以落实安全生产责任制为核心，层层落实安全责任，实施群众性的安全“四位一体”的工作机制，围绕安全重点，不断加大安全监督、检查力度，开展安全专项检查，形成了抓安全的联动机制，形成了天天讲安全、月月抓安全、人人管安全的工作格局。公司还加强培训教育，推进安全文化建设，先后开展了“安全第一责任者访谈行”“安全文化进基层”“安全演讲到项目”等系列活动。举办了“平安是福”安全知识竞赛，组织编写并印制了《历史上的今天》安全案例和《河北省职工安全知识电视培训教材》，送往各项目部，发放到班组长手中，利用班前会、班后会对各项目部班组长以上干部进行培训，在井口设立安全亲情台，促进广大职工学习《安全生产法》，增强了职工关心企业、关爱生命的意识。

（5）丰富职工业余生活，建设“和谐型”文化

创建和谐企业是各级党和政府的要求，是企业发展的内在需要。中煤一建公司建设以企业机关和基地为龙头、以工地项目部为主体、以改善物质文化生活为基础、以培育“四有职工”队伍为目标的具有企业特色的“和谐型”文化，极大丰富了职工的业余生活，提升了企业品牌形象。

几年来，中煤一建公司发动职工反复提炼、修订了企业理念，包括企业精神、企业理念、经营战略、经营方针、施工宗旨、质量方针、安全理念和职业道德等，印制成册，制作板牌，书写标语，张贴悬挂在机关、基地和工地，做到“进工地、进宿舍、到床头、进心间”。为了丰富职工业余生活，公司还举办了职工乒乓球比赛、桥牌比赛、象棋比赛，参加了邯郸市举办的企业文化展演，组织参加中煤集团安全文艺巡回演出，举办了“和谐一建”大型文艺专场演出以及“歌颂党、歌颂祖国”合唱比赛，组建“开拓者”业余演出队等。文化生活丰富多彩，做到了“月月有活动、季季有比赛”，弘扬了企业精神，提高了职工的凝聚力，为创建和谐企业作出了积极贡献。（栗辉）

35. 中国广厦集团加强职工宣传教育警钟长鸣保安全的做法

中国广厦集团是拥有一级总承包资质，以工业民用建筑、交通、水利建设工程总承包为主体，集房地产、金融、文化影视和科研为一体的国家级企业集团，集团下属企业 50 余家，现有总资产 34 亿元，员工 16 000 余名。

近年来，广厦集团坚持安全生产，加强对职工进行宣传教育工作，明确安全与工程质量之间的关系：工程质量必须合格，如发现有不合格工程可以敲掉返工重做；但是，如果发生职工伤亡事故，就没有办法使职工起死回生。因此，在作业和施工中必须做到安全第一，不安全不作业，不安全不施工。通过加强对职工的宣传教育，做到警钟长鸣，有力地保障了广大职工在劳动过程中的安全与健康，促进了企业的全面发展。

中国广厦集团加强职工宣传教育警钟长鸣保安全的做法主要是：

(1) 抓宣传教育，做到警钟长鸣

广厦集团对安全宣传教育工作历来十分重视，针对不同时期的内容，利用各种机会，采取多种形式开展教育。每年集团都要开展“百日安全生产”和“安全生产周”活动，并结合全国开展的“安康杯”安全生产竞赛活动，努力搞好安全生产和劳动保护宣传教育工作。特别是集团自办的内部报纸《广厦报》更成了宣传安全和劳动保护知识的重要阵地。从1993年10月开始创办《广厦报》，目前每期印刷量近万份，发至每个下属企业和施工工地。在《广厦报》上，经常刊登抓好安全生产和劳动保护工作的经验体会、创建文明工地的新闻报道、介绍安全生产的知识问答。自办报以来，已刊登有关劳动保护的专稿100多篇，使安全生产警钟长鸣。针对本集团实际，有的放矢地开展安全宣传教育活动，及时刊出了相关知识问答，内容涉及安全管理、文明施工、“三宝四口”防护、脚手架等，使工地上的职工及时掌握了新的技术，对做好工地劳动保护起到了很好的促进作用。

(2) 抓人员培训，提高作业人员素质

广厦集团根据施工人员流动频繁、临时工较多的实际情况，集团下属各建筑公司都积极抓好公司、项目部、班组的三级安全教育培训工作。安全教育培训的主要内容包括：安全生产操作规程，预防工伤事故的主要措施，典型事故案例分析，发生事故时的应急措施等。为了防止对换岗工、复岗工、新招合同工的安全教育流于形式，集团还规定：三级安全教育必须健全档案记录，履行签名手续，未经培训者，一律不得上岗；特种作业人员更需经有关部门培训考试合格后才能持证上岗。

近几年来，集团已举办多层次、多项目的安全生产、劳动保护知识培训班100余期，并多次邀请金华市总工会有关领导和全国安全监督员到集团讲课，有力地提高了培训质量。集团还把有的培训班办到工地上，例如，东阳三建公司率先在江西的国贸广场、洪都

705 工程、教育出版社工程三个项目部，成立职工夜校。现在职工夜校的做法已经在各个工地铺开。职工夜校的学习内容主要有安全操作、业务技能、劳动保护及法制知识等。培训方法主要是根据不同的工种，有计划地邀请公司职能部门以及项目部管理人员、技术人员，采取授课、看录像、谈体会等多种教学形式。既可以加强对职工应知应会知识的培训，提高职工的专业技能和综合素质，培养一支熟练的专业技术队伍，更好地做好劳动保护工作，又可以丰富工地职工的业余文化生活。

(3) 抓关爱职工，调动广大职工的积极性

职工是企业的主人，是企业队伍的主体。企业的安全工作必须以人为本，关爱至上。这样才能凝聚职工，调动广大职工的积极性，保证企业安全健康运作。

广厦集团根据行业特点，抓好防暑降温及慰问工作。每年的夏天高温季节，集团都要召开专门会议，下发文件，抽调人员，准备防暑降温慰问品，然后分组奔赴全国各个施工点，组织具有一定规模的防暑降温慰问工作，这已成为广厦集团的传统。每年集团领导都要亲自带队，对高温季节奋战在第一线的建筑工人进行慰问，并把 5 000 余件衬衣和价值 4 万余元的藿香正气水、保济丸、风油精、人丹、毛巾等慰问品送到工地。仅去年一次高温保健和慰问活动，集团就耗资 100 万元。为了把防暑降温慰问工作抓到实处，集团采取边慰问边检查工作的办法，给各个慰问组印发了“防暑降温慰问工作检查表”。检查表栏目中除检查食堂饮食、宿舍卫生、防暑药品、开水供应、安全生产、文明施工、规范管理、企业形象等项外，还有整改措施，慰问中逐项检查，逐项填写，防止走过场。检查表必须由检查组长签字，项目经理签字等。到了每年冬季，集团也及时做好防寒保暖工作，把温暖送到职工心坎上。(许德法)

36. 天津第五市政公路工程公司开展竞赛活动保安康的做法

天津第五市政公路工程有限公司（简称天津第五市政公路工程

公司）是多元投资、国有控股的有限责任公司，具有国家公路工程施工总承包一级、市政公用工程施工总承包一级等项工程资质，主要从事等级公路、桥梁、隧道、地铁和各类型市政公用工程及高速公路养护的施工业务，拥有在册职工 1 840 人，具备应用先进施工工艺进行大型桥梁施工的实力，年施工能力超过 15 亿元。

近年来，天津第五市政公路工程公司在贯彻落实“安全第一，预防为主”的方针过程中，始终把深入开展“安康杯”竞赛活动作为一条主线，按照“三个代表”的要求，从讲政治、保稳定、促发展的高度，切实把重于泰山的安全责任落实到位，实现了各施工项目的安全达标。

天津第五市政公路工程公司开展竞赛活动保安康的做法主要是：

(1) 落实一个保证，强化“安康杯”竞赛领导工作机制

施工生产，安全先行。多年来，天津第五市政公路工程公司坚持把保证安全生产、关心职工身心健康、营造良好的安全生产环境氛围、建立以人为本的企业文化作为安全生产的宗旨，在公司开展的“安康杯”竞赛活动中，公司及所属各单位党政领导给予了高度重视，分别建立了由行政一把手挂帅的竞赛活动领导小组，结合公司进行的职业安全健康管理体系认证工作，健全完善了以工会、安技、工程、劳动人事等部门为主的竞赛活动工作小组。党政联合下发了“安康杯”竞赛活动的实施意见，从指导思想、时间安排、活动内容、达标标准等方面提出了明确的要求。确立了安全工作机制是前提，工作责任落实是关键，过程监督是保证的重点工作思路。为配合竞赛活动的深入开展，公司两级工会还强化了工会劳动保护监督体系，健全完善了工会劳动保护三级网络，公司和所属的九个基层单位都建立健全了劳动保护监督检查委员会，26 个项目经理部都成立了劳动保护监督检查小组和班组劳动保护检查员，使“安康杯”竞赛活动形成了齐抓共管的局面，保证了竞赛活动健康有序地进行。

(2) 抓好三个环节，促进“安康杯”竞赛活动的深入开展

在现代化的工程管理中，人员的安全教育、施工现场的文明施工是抓好安全工作的基础，天津第五市政公路工程公司抓好全员教育、整改达标、规范化管理三个环节，促进“安康杯”竞赛活动的深入开展。

● 抓全员教育，促素质提高。竞赛中，公司工会与安技部门相互配合，以强化广大职工的安全意识、增强自我保护能力、保障职工人身安全健康为目标，广泛开展多种形式的宣传教育活动，先后邀请了市总工会管理干部学院和市劳动局的讲师、领导为公司管理人员和直接作业的职工进行了培训。在此基础上，组织各分公司领导进行了“安康杯”百题知识竞赛，并以试卷问答的形式进行安全规程和安全法律、法规知识的考核、测评工作。为了进一步把安全生产落实到施工一线，公司还定期在各施工现场举行升挂安全旗仪式，向一线作业的职工和外来工进行班前安全教育，使企业安全工作形成了警钟长鸣、群防群治、预防为主、确保安康的良好竞赛氛围。

● 抓安全警示，促整改达标。为把“安康杯”竞赛活动进一步引向深入，公司总结了近几年来开展“安康杯”竞赛活动一些好的做法和经验，分析了施工生产中存在的安全隐患和问题，分两个部分制作了“警钟长鸣、群防群治、深化竞赛、确保安康”的安全警示宣传牌，分别在公司参建的 30 多个项目工地进行巡回展示，引起了各级领导和广大职工的共鸣，收到良好的效果。竞赛中，公司在抓好安全警示的同时，把促进整改达标作为一个重要环节，紧密联系生产实际，先后三次由公司主管领导牵头，以公司工会和安技部门为主，各相关部门参加，对重点工程项目进行拉网式的安全大检查，共整改安全隐患 21 项，其中内业基础资料不合格 8 项，纠正违规作业两项；同时，规范了与外来工队伍的安全合同管理，严格了进场先验证、上岗先培训、干活先讲安全以及内业指导外业、规范指导施工的安全工作程序。有效地落实了安全生产的专业管理，强化了职工群众的安全监督体系。

● 抓规范管理，促责任到位。随着“安康杯”竞赛活动的深入开展，公司从规范安全管理、强化领导责任入手，要求各级领导班子成员要在统一思想、强化意识的基础上，进一步抓好规范管理，确保责任到位，在施工过程中努力做到三个同时，即布置生产任务时同时布置安全生产措施；检查工程时同时检查安全工作落实情况；进行生产技术交底时同时进行安全技术交底。特别是在施工生产一线，进一步健全和完善了安全生产组织机构，调整并充实了专职安全管理人员。本着抓早、防险的原则，严格险情和事故苗子的管理，并以管理体系为中心，按岗位理清工作思路，建立自控、互控、他控的“三控体系”。以安全生产责任书100%的签订率来促进安全管理制约机制的完善，以职业安全健康管理体系的规范运作来保证施工生产安全事故为零的目标的实现。

（3）坚持三个结合，进一步提高“安康杯”竞赛活动的工作质量

在施工管理过程中，公司围绕生产过程，坚持三个结合，进一步提高“安康杯”竞赛活动的工作质量。

● 开展“安康杯”竞赛活动与保障广大职工群众的根本利益相结合。公司在确定以人为中心的行为走向的前提下，把保障职工群众生命、财产安全作为最迫切、最现实的工作任务，坚持“预防为主，群防群治”的工作方针，做到保护职工群众的安全和健康与发展生产力统一起来，在这一方面，无论是公司自有职工还是外来工，都本着管理上采用一样的标准，安全健康一样关心的原则，一并纳入“安康杯”竞赛活动中，保证竞赛深入开展。

● 开展“安康杯”竞赛活动与项目建设相结合，把竞赛的工作重点落到强化职工群众监督体系上。在施工生产过程中，充分发挥基层单位与项目上的劳动保护监督委员会和检查员的作用，坚持

“两书”制度和开展“两个一”活动，发现事故隐患及时填写事故隐患通知书，并通报项目经理和专职安全员，要求施工作业班组限期整改达标，并在此基础上加大危险源点的监控力度，确保安全工作不出纰漏，促进了职工群众防范监督的落实。

● 开展“安康杯”竞赛活动与落实公司安全生产责任制相结合，把竞赛工作的目标落到加强和规范安全管理上。进一步建立和完善了工程项目的各项安全监督检查制度，规范了安全监督检查的工作内容和工作程序，明确了从项目经理到安全员，从工会主席到生产班组直接作业的职工具有的权利、责任和义务，并进一步充实了安全生产工作的制约机制。坚决执行安全生产第一责任人的负责制度，做到谁主管谁负责。定期召开安检会和“安康杯”竞赛总结表彰会，促进了安全管理工作的规范和加强。特别是在施工一线的安全用电、高空及深槽作业，设备管理等关键环节，做到了安全防护设施落实，规范管理措施落实，专职人员责任落实，群众防范监督落实。

37. 河北电力建设第一工程公司开展安全竞赛活动的做法

河北电力建设第一工程公司（简称河北电建一公司）是大型火电建筑安装施工队伍，具有国家电力工程施工总承包一级资质和房屋建筑工程施工总承包一级资质，并具有对外承包电力工程和劳务输出资质。公司下设建筑公司、热机公司、电仪公司、保温公司、机械租赁公司等，现有员工 2 000 多人。

多年来，河北电建一公司始终把安全工作放在各项工作的首位，针对施工点多、面广、线长的特点，坚持安全第一、预防为主、科学管理、着眼长远的方针，并且在“安康杯”竞赛活动中狠抓安全在各项工作中的落实，使公司的安全形势持续稳定，经济效益逐年提高。

河北电力建设第一工程公司开展安全竞赛活动的做法主要是：

(1) 加强组织领导，周密部署竞赛活动

多年来，公司领导班子成员始终把“安全第一，预防为主”的方针放在各项工作中的首位，并把竞赛活动贯穿于全年始末，加强组织领导，周密部署。

● 加强领导，体系保证。为了更有效地组织开展“安康杯”竞赛活动，公司成立了以公司经理为组长，分管安全生产的副经理和工会主席为副组长的“安康杯”竞赛领导小组，各项目部成立“安康杯”活动分支机构，建立了以总经理为首的安全监察管理体系，健全了以工会为核心的监督保证体系，签订各级安全责任状，实行“安全”一票否决制，建立起群防群治的安全责任网，全员参与，全员监督，使安全工作在现场不留死角。

● 建章立制，规范管理。针对“安康杯”竞赛活动内容要求，公司于每年初召开年度安全工作会议，公司总经理做安全专题报告，在认真总结上一年工作经验和教训、研讨新一年安全工作思路、制定全年工作奋斗目标的基础上，把建章立制、开展科学管理作为安全生产的首要环节，建立健全了以公司、项目部、专业化公司、班组四级安全生产责任制为核心的行之有效的安全规章制度，细化了“河北电建一公司安全生产经济责任制”，出台了“安全生产重大贡献激励办法”“违章作业处理办法”等八项制度，用机制来约束职工的行为。同时，项目部对公司、专业化公司对项目部、职工对专业化公司层层签订安全责任状，使全公司干部职工清楚自己担负的安全责任，形成了一级抓一级、一级保一级、层层工作有人负责、项项工作有人落实的安全管理系统。

● 周密部署，严防死守。安全责任重于泰山，麻痹和松懈是安全施工的大敌。公司在加强组织领导的同时，周密部署，精心安排，做到全年有目标，月月有活动，每月有考核。公司根据施工点多、线长、面广且繁忙的特点，以“我要安全、我懂安全、人人尽责、确保安全”为主题，开展以“保人身、保设备、保工程”为重点的安全施工大检查活动，把防人身事故作为安全生产工作的重心，把杜绝重特大事故、恶性事故、误操作事故作为安全工作的主线，把预测、预知、预控作为安全施工的着眼点，制定了违章“说清楚”和严重违章下岗制度，并贯穿于“安康杯”竞赛活动始末。各级领导下基层、到现场，狠抓职工在思想、意识方面的麻痹和松懈，狠抓管理制度方面的疏漏和隐患，狠抓工作行为方面的非标准、非规范行为，从而牢牢扼住了事故的咽喉，锁住了事故进入的大门。

(2) 加大宣传力度，深入持久地开展安全教育系列活动

公司在安全生产工作中注意加大宣传力度，深入持久地开展安全教育系列活动，从而促进各项安全工作的开展。

● 加强宣传，营造安全氛围。一是发挥舆论作用，加大宣传教育力度。“安康杯”活动期间由公司工会和安全监察部门牵头，政工部、团委密切配合，紧紧围绕活动主题，利用报纸、“安全征文”等活动集中进行安全生产宣传报道，报道的内容包括各专业化公司贯彻安全生产法情况、我为安全献计策、现场安全警示录、安全工作大家谈、警钟长鸣等。同时，结合行业实际，编制安全规程教材、典型案例汇编和安全宣传画册，为班组发放各类安全宣传材料。二是在公司各项目部和各专业化公司悬挂、张贴各类标语，形成良好的宣传气氛，使员工一走进现场就感到自己肩负着安全的重任，有义务履行好自己的职责。各基层分会利用黑板报阵地，对本工地的安全工作进行报道，设立自己的警示台、曝光台，起到了良好的宣传教育作用。三是充分发挥有线广播的作用，在每天早晨7：30—8：00期间宣传安全知识，表扬安全工作先进单位和个人，播报施工现场安全检查结果，对违章事件和人员进行曝光。

● 以人为本，力求扎实。为把安全生产工作做得更加扎实，更加有效，工会组织职工开展了参与性强、寓教于乐、生动活泼、职工喜闻乐见的系列活动。围绕百日安全无事故活动的开展，在各项目部开展了“十个一”活动，即举行一次“安全来自你我心中”演讲会、组织一次“安全知识竞赛”、提一条“安全合理化建议”、做一次“安全知识答卷”、献一条“安全警句”、组织一次“忆事故教训”活动、剖析一件“典型事故案例”、举行一次“反事故演习”、每月出一期“安全主题黑板报”、为安全生产“办一件实事”。与此同时，在施工现场举行了“关爱生命，关爱健康，携手共筑安全长城”的签名活动，公司和项目部领导及全体职工踊跃签名，职工的安全防范意识和自保、互保意识大大增强。公司还举行了以安全为主题的文艺演出，职工们自编、自导、自演，用身边的人和事宣传安全施工、文明施工，广大职工从中受到了教育，增强了安全责任感。在对各项目点全体职工（含包工队）进行的安全教育培训和考试过程中，除必要的答卷考试外，还模拟现场作业中的违章案例，让职工登台讲评，职工们反映既形象生动，又记忆深刻，收到了事半功倍的效果。同时，还以各分会为单位，结合各自实际组织开展了安全知识演讲会、安全知识答卷、周五安全日等活动，组织职工学习事故案例，吸取教训，并对照案例查问题、堵漏洞，举一反三，警钟长鸣。

(3) 加大监督力度，确保各项安全目标的实现

公司在施工中加大监督、检查力度，发现问题及时整改，确保各项安全目标的实现。

● 职业安全健康与环境管理体系有效运行。工会和各项目部每月组织各专业化公司及相关科室，对不同阶段的施工项目存在的危险源进行分析、辨识，制定各项预防方案，检查落实预防管理方案和危险源控制措施，督促改善现场安全卫生条件，加强职工尤其是女工的劳动保护检查，并同施工计划同时下达和落实。工会通过监督、检查、协商、交流、上报和反馈各类信息，确保对危险因素的全过程跟踪管理，使各项施工中的安全不稳定因素始终处于受控状态，从而保证了施工安全。

● 强化安全监督检查，对现场安全实行 24 小时跟踪监控。为保证现场安全施工，公司指导项目部与全体职工签订了安全生产责任状，将安全责任分解到每一名员工身上，形成了有效的安全责任网络机制，工会对其安全责任落实执行情况进行全过程监督检查，并开展职工之间的自查、互查。同时，赋予现场每一位职工安全执法的权力，在施工现场，凡是有人员施工的地方，就会有一双双安全监督的明亮眼睛，真正做到了人人想安全、人人要安全、人人懂安全、人人为安全。与此同时，在各施工现场还配备有3%的专职安全检查员，实行了安全检查员跟班旁站制度，随时发现和随时解决施工中存在的安全问题，形成了有效的监督检查机制，保障了作业场所人员的人身安全。

● 及时检查、总结、评比。“安康杯”竞赛活动期间，分阶段组织由主管安全生产的副经理带队，工会、安监部、政工部及各部门行政一把手参加的安全检查小组，对各施工现场安全文明施工情况进行全面彻底检查，对查出的问题及时下发问题通知单，按“三定”（定人、定时间、定项目）原则及时进行处理。围绕安全工作和“安康杯”竞赛活动，公司设立了专项奖励资金，对发现和消除安全隐患及在“安康杯”竞赛活动中作出突出贡献的部门和个人给予重奖，对违章、违制职工进行处罚，真正做到了“奖的心动，罚的心痛”。自开展“安康杯”竞赛活动以来，用于安全文明施工的奖励达550万元。

建筑施工企业开展宣传教育工作的做法与经验评述

建筑施工属于危险性比较大的行业，据统计，按事故类别排序主要集中在高处坠落、提升及车辆伤害、触电、物体打击、坍塌、机械伤害和起重伤害七类，容易形成群伤群亡的事故主要集中在坍塌、放炮、提升及车辆伤害、冒顶片帮四类。从统计资料来看，大多数事故都涉及人和物两个方面的原因，从人的方面来看，主要是人的不安全行为，如安全意识差、忽视安全操作规程、技术水平低、临危应变能力差等。所以，加强安全宣传，营造良好的安全氛围，约束人员违章行为，加强安全教育培训，提高作业人员的安全意识和安全技能，对于规范作业人员的安全行为、确保施工安全十分必要。

(1) 认识安全教育培训的作用

对于安全教育培训，一般容易重视教育培训的过程，而忽视教育培训的效果。如同其他工作一样，安全教育培训的过程是为要达到的目的和取得的效果服务的。目的和效果决定过程，过程影响目的和效果。对于这些辩证关系，组织安全教育培训的人员一定要明确。

例如，对新入厂的职工进行“三级安全教育培训”，目的是使他们了解有关安全生产知识和安全工作规程，提高安全意识，掌握上岗所需要的安全防护本领；而对于有一年以上工龄的职工来说，安全教育培训的目的在于对所学过的安全生产知识和安全工作规程做到进一步的熟练，研究和解决在实际工作中遇到的问题，进一步明确安全生产责任；对于特种作业人员的安全教育培训，则重在学习从事本职工作应知应会的安全技术，经考试合格取得操作证。

毫无疑问，对于安全教育培训，由于参加的对象不同，解决的重点问题和应达到的预期目的不尽一样，所以，在安排教育内容上必须重点突出，各有侧重，切忌千篇一律；在方法上也必须选择适合教育培训对象的有效方法。更为重要的是：一次安全教育培训的效果究竟如何，不能只限于用教育培训中的学习态度和考试分数来评估，而应到安全生产实践中去考察，看参加教育培训后安全意识是否有所提高，解决安全生产实际问题的能力是否有所增强，从事安全生产工作是否有所建树。如果这些达到标准了，证明安全教育培训取得了相应的效果；反之，若这些没有达到标准，仍旧表现出违章指挥或违章作业，即使在考试时得了满分，也只能是“纸上谈兵”，教育培训的效果欠佳。

(2) 安全教育培训之间的相互联系

无论是提高安全意识，或是增强安全防护技能和安全生产管理能力，都需要一个由认识到实践、由实践到认识这样一个循序渐进的过程。安全意识、安全防护技能和安全生产管理能力不可能一蹴而就。正因为如此，企业年年都需要进行安全教育培训，但每年所进行的安全教育培训彼此之间是互相联系、互为因果的，绝不是彼此毫不相干的。可以这么看，如果说前一年安全教育培训是为后一年安全教育培训打了基础的话，则后一年安全教育培训则应是前一年安全教育培训的继续和深化。对新入厂准备上岗的职工来说，“三级安全教育”培训的内容可能大体上相似，但对其他人员来说，多次参加安全教育培训，所学的内容和应解决的问题绝不能雷同，而应从一年之中已经发生变化的安全生产实际出发，选学新的安全规定或安全技术，重新学习安全操作规程时，也应有更加深入的理解和新的收获。安全教育培训年年搞，职工的安全意识和防护能力每年都有提高，企业领导抓好安全生产的责任感每年都有增强，这才表明安全教育培训没走形式，而是取得了扎实有效的成果。

(3) 针对不同的对象采用不同的方式

现在在建筑施工中，农民工占有很大的比例。大部分农民工文化素质较低，工作上有较明显的盲从性。虽然他们所从事的都是技术含量要求较低的工作，但大部分人都缺乏自我保护意识。来到作业环境复杂的施工现场，面对又重又累的体力活，往往表现为班组长叫干啥就干啥，只知干活不顾其他。农民工的事故发生率比较高，其中主要的原因就是缺乏良好的安全教育培训，对新环境不熟悉、对操作规程不熟悉、对安全防范事项不熟悉所致。所以，要根据各工程存在的不安全状况，结合操作规范、工种特点和工艺要求，逐层向农民工讲解清楚，自觉地认识到发生事故对伤者会造成永久的痛苦，给家庭和亲人带来灾难。能清楚认识到这个危害，就可以促进作业人员自觉遵章守纪，杜绝违章作业。

在对农民工的教育培训上也需要讲究方式方法，注意改变枯燥的讲课说教形式，采取一些丰富多彩、灵活多样、易于接受的形式，教育培训效果就会比较好。有的建筑施工企业，在对农民工以及其他作业人员进行教育培训时，通过把施工现场存在的各项安全隐患、违章行为以及如何采取防护措施等拍成照片，制作成安全教育图片展。利用图片这种直观的形式，让农民工对施工现场的注意事项有一个感观的了解，效果明显。

有的企业把安全教育培训总结归纳为看、讲、论、赛、宣“五字经”，即：

看，即观看安全图片和生产安全事故展览。通过播放安全知识电教片，集中开展安全教育活动；同时，定期开展事故案例图片展览，对干部职工常提醒、常敲钟。

讲，即组织安全讲座。通过举办各种安全知识培训班，使人人都接受安全技能教育，提高安全操作水平。

论，即开展安全评议。结合部门、班组安全生产实际，开展班组自评、互议，部门安全状况综合评议等，总结、推广安全生产经验，查找事故隐患并及时落实整改，从而将隐患消灭在萌芽状态。

赛，即开展安全知识竞赛。通过各种专题安全知识竞赛，促进员工了解安全知识，国家安全生产法律、法规，公司安全规章制度等，以提高职工的安全生产意识。

宣，即开展安全宣讲活动。通过组织部分严重“三违”人员，因“三违”受伤人员，工亡、工残职工家属，将他们的亲身经历和切身感受定期演讲给大家听，还把安全知识编成脍炙人口的快板、故事等，到各建筑工地进行巡回宣讲，使员工在真实的事例面前受到深刻教育。

开展安全生产教育培训，是防止违章事故发生的一个重要手段。不管所采用的是何种形式的教育方法，只要能够让农民工对安全纪律有深刻了解，对事故造成的危害有清醒认识，对工程的安全防护设施能够熟悉地认知，那么，农民工的安全意识就能够提高，施工安全就能得到保障。

（六）其他企业开展宣传教育工作的做法与经验

38. 天津港公司工会建立教育培训体系提高员工技能的做法

天津港是我国最大的人工港和北方重要的对外贸易口岸，是天津滨海新区建设北方国际航运中心和物流中心的核心载体。天津港（集团）有限公司下属二级企业和单位 67 家，现有员工 38 000 人，其中劳务员工 18 000 人。

近年来，天津港公司工会从维护职工合法权益、服务港口生产建设、推进和谐港口建设的大局出发，坚持以人为本，努力构筑“突出一个重点、抓住两个关键点、搞好三个结合”的工作格局，深入扎实地开展群众性劳动保护工作，为保持天津港良好的安全生产形势、促进港口又好又快发展发挥了重要作用。集团公司近年来未发生重大安全责任事故，连续十年被评为全国“安康杯”竞赛优胜企业和优秀组织单位。

天津港公司工会建立教育培训体系提高员工技能的做法主要是：

（1）突出安全教育培训，全面提高员工的安全意识和安全技能

多年来，天津港公司工会始终坚持教育培训先行，不断完善工作机制，创新教育培训方式，对员工进行全方位、多角度、多层次的安全培训，使员工安全教育不留死角、没有盲区，为搞好安全生产工作奠定了坚实的基础。

天津港公司工会紧密结合实际，为了使培训工作更具有针对性，取得实实在在的效果，天津港公司工会针对不同层次、不同岗位、不同工种的人员，科学设置培训内容，坚持共性内容与个性内容相结合，做到明确内容，有的放矢。在抓好全员培训的基础上，重点抓好安全工作骨干、安全生产重点单位、重点货类、重大项目和重点人员的培训，取得了明显成效。

● 分层次搞好各级劳动保护监督组织成员的培训。集团公司工会对基层公司的劳动保护监督检查委员会的成员着重进行各种法律、法规、企业安全文化、如何开展工会劳动保护工作等内容的培训。各基层公司对基层车间、班组的劳动保护检查员根据实际工作内容进行岗位安全操作规程、安全知识、重点危险源的培训。通过培训，由集团公司工会统一颁发上岗证，做到持证上岗。目前，集团公司39个基层公司和342个车间的980名劳动保护监督检查员和劳动保护检查员全部取得了上岗证，业务水平得到了进一步提升。

● 搞好从事新货类作业人员的培训。围绕港口货类结构的调整，针对员工在货类结构调整后对新货类安全操作要领不了解的实际情况，及时组织员工进行新货类的特点、安全操作要点、安全操作规程、重点防范部位、人机配合等方面的培训，提高员工的适应能力。近年来，针对货源结构调整，集团公司各级工会组织共举办安全培训班20期次，共1 200人次参加了培训。

● 搞好对劳务员工的培训。针对天津港劳务员工不断增多、缺乏港口安全工作知识和经验的实际情况，集团公司各级工会组织及时对他们进行安全知识、安全技能的培训教育，使他们尽快熟悉和适应港口作业情况，确保安全生产。截至目前，工会已配合集团公司行政部门，对天津港18 000名劳务员工普遍轮训了一遍。

(2) 创新培训方式，采取多种形式确保取得良好效果

为使培训工作不走过场，真正被广大员工所接受，天津港公司工会针对不同的对象、不同的内容，采取多种多样的形式，确保培训取得良好效果。

● 采取正面灌输的方式。在法律、法规的学习上，坚持以正面灌输的方式为主，采取一级抓一级的培训方法。通过培训，使广大员工掌握《工会法》《劳动法》《安全生产法》《职业病防治法》等重点章节，市总工会《三个条例实施细则》及危险品作业有关规定，港口安全操作规程等法律、法规。对基层公司级劳动保护监督检查员每年法律、法规知识培训时间不少于8课时，对基层车间和班组级劳动保护检查员每年培训时间不少于4课时。培训后，都要对参加培训的人员进行考核。

● 采取自我教育的方式。为进一步增强员工的安全意识，达到员工在工作中自我保护、保护他人的目的，工会开展了形式多样的“自我教育”式的培训。主要包括：在装卸班组开展员工上岗前安全宣誓活动，即在每个装卸班组完成交接班后，采取员工宣誓的方法将交接班中提到的本班次生产作业的安全要点进行重复，从而降低员工的麻痹意识，提高安全意识；在全体员工中开展征集格言警句、评选优秀安全名言活动；广泛开展“岗前安全培训自己讲”活动，让每位员工轮流做安全生产的“主讲人”，使员工变“听”为“讲”。这种自我教育的方式充分调动了员工参与安全管理的积极性、主动性，进一步增强了安全培训与安全管理的针对性和有效性。

● 采取换位体验的方式。为使广大员工充分认识忽视安全的危害性，培养员工的安全生产责任感，工会创造性地开展了“换位体验式”培训，在班组员工中开展“安全值日”活动。班组员工轮流担任本班组一周的安全负责人，对班组安全工作进行监督检查。这项活动的开展使每个员工在生产实践中得到了锻炼，提高了安全意识，增强了责任感。

● 采取电化教学的方式。为使新进公司的员工和新调整岗位的员工尽快掌握新岗位的安全技能，胜任本职工作，工会特别编排了港口主要岗位操作安全教学片。通过组织员工观看，使员工在上岗前对本岗位的安全操作规程有更加直观和深刻的理解，对操作要领、安全危害点有更加充分的认识，从而降低操作的盲目性，取得了良好效果。

● 采取现场教学的方式。为使员工熟悉和掌握本岗位的安全要点和关键点，工会邀请安监部门的检查员和具有丰富实践经验的老师傅为员工现场讲解安全知识，并进行相互交流，使员工对安全操作一目了然、印象深刻，促进了安全技能的提升。

● 采取直观教学的方式。为使从事化学危险品作业等特殊岗位的员工掌握装卸要领和急救常识，这些单位将化学危险品名制成信息卡，悬挂在每个候工室和更衣室，让每名员工在上岗前对要作业船舶化学品的情况一目了然，便于安全作业和应对突发事件。此外，还将作业的安全防范常识贴在劳务员工的更衣柜门上，让员工每次上岗工作前都再复习一遍岗位操作规程，提高了员工的安全防范意识。

(3) 抓住两个关键点，从源头推动工会工作

天津港公司工会在工作中紧紧抓住“班组”和“员工”这两个关键点不放松，充分调动、发挥班组和员工参与安全工作的积极性，坚持做到“四个到位”，从源头掌控住安全隐患和安全事故的发生，推动工会劳动保护工作深入、扎实地开展。

● 制度到位。近年来，工会实行了劳动保护工作责任制，从规范各级劳动保护监督检查组织人员的安全行为入手，按照工作性质和职责范围严格划分“安全责任田”，形成由公司到车间到班组的“群众安全责任链”，做到定人、定事、定责，层层落实安全责任。在班组和员工中开展了“查找安全隐患，杜绝习惯性违章”等活动，实行了劳动保护监督检查员和检查员持证配标上岗制度、“安全值日”制度、定期检查制度等。设立了“天津港工会劳动保护工作簿”，对工会劳动保护监督检查组织情况、工伤事故情况、涉及职业病情况、劳动保护组织培训和业务学习情况、运用“两书”情况、班组开展安全活动情况实行动态管理，促进了天津港工会劳动保护工作规范化建设。

● 感情到位。天津港的外来劳务员工目前已接近员工总数的一半，他们大多数分布在港口装卸、机械、理货等重要岗位，在天津港生产建设中发挥着越来越重要的作用。做好劳务员工的安全工作已经成为工会开展劳动保护工作的重要组成部分，如何提高他们的安全意识、保护好他们的身心健康显得尤为重要。为此，天津港公司工会针对劳务员工的特点，开展了形式多样、体现人文关怀的安全教育活动，包括上岗前安全宣誓、写一封家书、在更衣柜内贴“全家福”照片、邮寄平安信和每人当一天安全员等活动，用真情实感打动和教育他们，极大地增强了劳务员工的安全意识，收到了良好效果，充分体现了天津港以人为本的企业文化，促进港口安全生产及和谐企业建设。

● 服务到位。近年来，工会尝试把为员工服务理念纳入工会劳动保护工作中来，用服务促安全，用服务保安全，收到了良好效果。工会利用“劳模大讲堂”这个平台，组织具有丰富安全管理和实际经验的安监干部为基层操作员工授课，来自基层单位的400余名工作在装卸、机械、理货等重要生产岗位的员工参加了这次活动。员工们纷纷表示，以前一看到安全管理人员就心生畏惧，生怕自己哪里出现问题被处罚，现在工会组织把他们请来，与员工进行面对面的交流，立即拉近了双方的距离，那种管理与被管理的感觉减轻了不少，内心觉得亲近了许多。

● 激励到位。为激发广大员工参与工会劳动保护工作的内在动力，在实际工作中，工会始终坚持以说服教育和正面激励为主，加大奖励力度，完善激励机制。每年年底，集团公司工会都要对各基层单位全年开展群众性劳动保护工作进行总结奖励，评选60名先进个人和10个优秀班组，近年来，工会用于奖励表彰的费用达到了10万元。各基层单位随时对认真履行工作职责、避免重大事故的各级劳动保护检查员进行重奖。通过上述方式，极大地激发了广大员工参与安全管理的热情，在集团公司范围内营造了“人人为安全，人人想安全，人人保安全”的良好工作氛围。

39. 奉新同和药业公司形成安全培训“六大教育”的做法

江西奉新同和药业公司位于江西省奉新县内，1996年创立于浙江台州，2003年重组于江西，2005年与香港康达医药化工有限公司合作成为中外合资企业。公司占地面积8万 m^2，建筑面积4.5万 m^2，主要从事原料药、液晶化合物及中间体的生产，生产能力及产品质量在国内处于领先水平，产品出口率在95%以上，出口到全球30多个国家和地区。

奉新同和药业公司自2005年重组以来，不断致力于创建优秀的企业文化、严格的企业管理、负责任的EHS理念、全面的质量管理体系，保证了产品的市场竞争力和企业的可持续发展。公司还始终把安全教育放在首位，大力实施“四五六”工程，多渠道、多层次、多形式开展安全教育活动，努力营造安全生产的浓厚氛围，有效地促进了企业安全生产。

(1) 安全工作责任的“四个到位”

奉新同和药业公司作为一家中外合资企业，在企业安全管理工作中牢牢把握安全生产这个永恒的主题，规范管理，落实安全工作责任的“四个到位”。

● 安全工作机构到位。公司成立了安全生产领导小组，由总经理任组长，担任公司安全生产的第一负责人；设立了安全生产办公室，由主任和专职安全员各1人、兼职安全员15人组成，负责公司安全生产的日常事务工作。

● 安全工作责任到位。公司安全领导小组与各组（区）长、员工签订了安全责任书，各组长是本区安全生产的第一责任人，负责做好“五协助”教育，即协助区队搞好班前班后的安全教育；协助区队搞好薄弱人物的排查和跟踪教育；协助区队做好各种安全教育记录；协助区队发动职工完成急、难、新任务；协助区队分析事故发生原因，制定对策。

● 安全工作考核到位。公司对所有片区安全工作情况进行“双文明一体化”“十星级文明户”和“六星文明室”的考核，每项考核都有专门部门、专门人员统计，一日一统计，一月一考核，考核不合格的立即摘牌，并对负责人进行处罚。

● 安全教育工作措施到位。首先，公司各级部门严把班前班后安全教育关。公司统一印制了班前班后会议记录本，内容包括卫生、搬运、机电、消防等项目，要求值班干部在会前必须将要讲的安全教育内容认真填写好，漏记一次由检查人员进行严肃处理。其次，实行了班前安全承诺签字制度。凡生产线上的职工在班前先在承诺卡上签字，否则不准开工。第三，有计划地安排安全教育活动。安全教育领导小组在月初把每月的安全教育计划制定成表，做好每日安排，保证安全教育活动天天有，安全教育形式日日新。

(2) 安全管理制度的“五个一”

公司制定了各种安全生产规章制度 20 种，并投入十几万元经费，抽调十几名员工，集中时间，从厂内到厂外，从单身宿舍到家属宿舍，从广播到电视形成了“五个一”的安全教育阵地。

● 生产车间安全教育“一条巷”。公司统一设计及制作了铝合金牌板，标上醒目的安全生产口号，整齐划一地挂在车间内，让职工一走进工作场所，迎头就看到“生产质量是命根子，药品质量是金饭碗”“药品生产关系民生”“珍惜生命，确保安全”等标语。

● 以画廊为“龙头”形成安全教育“一条龙”。在走廊上悬挂了诸如“亲人盼您安全归”“历史上的今天”“安全奋斗目标”等安全标语。

● 公司广场和宿舍区每条街道形成安全教育“一条街”。在公司广场和宿舍区的路灯杆上悬挂了 88 块牌板，每块牌板都写上了让职工动心入脑的口号，使职工在上下班和回家的路上自觉不自觉地受到安全教育。

● 车间学习室形成安全教育“一块阵地”。公司为每个车间的学习室精心设计及制作了铝合金“全家福”牌板，每个职工家庭的合影照片都贴在牌板上，每天职工在班前班会上都能看到自己的亲人，做到了“开工前看全家福，自主保安记心中”。另外，车间学习室还挂上本车间保持安全天数牌板，时时提醒职工珍惜这来之不易的安全成果。

● 广播、电视形成安全教育“一条线”。公司广播每天 3 次播放宣传安全知识、车间的安全经验、事故通报等内容，并且组织员工观看安全教育专题节目，内容包括“车间主任谈安全生产经验”“历史上的今天”“严重三违”等，使职工在茶余饭后、上下班路上都能听到安全教育的声音，看到安全教育的画面。

(3) 安全生产培训的“六大教育”

在企业的安全生产教育培训上，奉新同和药业公司采取了“六大教育”的方式，取得了较好的效果。

● 安全骨干的集中教育。公司坚持每年对安全骨干集中培训1次，每次5～7天。每月5号、20号还定期对车间主任、班组长进行业余培训，并对他们进行重点管理，每周一次到车间了解他们的工作情况。公司对现有员工保证一年至少一次的综合素质培训，其中安全培训时间不少于24学时，对安全知识考试成绩实行一票否决制，只要安全考试不合格（少于80分），就令其离岗学习，直至补考及格后才能重返岗位，公司对在综合培训中的优秀学员给予500元/人次的奖励，优秀学员名额为全部学员的20%。同时，对于各片区的值班人员，要求做到每晚20点在调度室召开值班人员大班例会，通报一天的安全情况，然后有针对性地布置第二天的安全教育任务。

● 新来人员的培训教育。公司规定，对新来人员进行公司、车间、班组三级安全培训的时间不少于56学时，坚决做到安全培训不合格不能上岗单独操作。培训从具体操作到注意事项做到看一遍、学一遍、单独操作一遍，实现学懂、学牢、学精。

● 突发事故的应急处理教育。公司每日都有专人进行安全检查，每天检查项目近40个，对检查中发现的问题由检查人员当场下发整改通知书，限定期限整改，到期未完成的对相关责任人处以200～400元的罚款。对处理后再次整改不到位的，对单位负责人进行撤职处理。公司还定期组织由安全办公室牵头，邀请有关专业部门对公司进行安全生产大检查（一般一季度一次）。在事故处理方面，公司制定了事故管理规程，成立了事故调查小组，对事故原因进行调查，做出处理报告，并上报总经理室批准。在事故处理上，对当事人处理绝不手软，严格按管理规定处罚。对事故的原因不分析清楚，对隐患整改不到位都不能恢复正常生产。在应急演练方面，公司对各类突发事故均制定了事故应急预案（共制定事故应急预案 10 余种），并定期组织从业人员进行演练，使公司从业人员都了解应急预案，都会用救援器材，都知道怎么进行应急处理，在这方面，公司每次演练都要花近万元。在安全生产的投入上，公司严格按照设计院的设计施工，保证安全生产的投入，绝不欠安全账，在这方面已投入资金 130 多万元。

● 典型人物的现身教育。对正面典型，公司采取了定期评选与重点评选相结合以及精神鼓励与物质鼓励相结合的办法，不断树立新典型。公司坚持每月评选一次安全先进片区，进行加倍重奖，并在每月的中层干部例会上介绍经验。对每季评选出的“安全标兵”，除给予一定物质奖励外，还进行广播宣传表扬。对月度实现安全生产的先进单位，组织各级管理干部进行现场参观学习。对反面典型，采取让其“三丢”的办法进行教育，即“丢人、丢钱、丢位子”。“丢人”，就是对严重违章或事故责任人，让其在车间喊话、会上亮相；“丢钱”，就是对事故责任者进行经济处罚，让其花钱买教训；“丢位子”就是针对严重事故的责任者，责任轻者调离岗位，重者就地辞退。

● 薄弱人物的超前教育。有的职工因为各方面原因，可能会有身体疲劳、精神不振的表现，这些人在工作中最容易发生事故。公司专门成立了薄弱人物管理办公室，严格按照一定程序，对薄弱人物进行重点教育和管理。具体做法是严把“三关”：一是严把排查关。各区队的值班干部和当班工长在班前会认真排查，发现有思想不集中、身体状况不佳、疲劳等情况的职工，作为薄弱人物进行重点管理，填写薄弱人员登记表，上报安监处和调度室，进行统一管理登记。二是严把处理关。对严重的薄弱人员进行“三不”，即不签到、不考勤、不开工。三是严把教育关。对这些薄弱人员，公司还把他们集中起来进行培训，真正对安全重要性有了深刻认识才能上班。

● 安全活动的形象化教育。几年来，公司动员各方面的力量，广泛开展了丰富多彩的活动，使广大职工在活动中受到了潜移默化的教育。公司成立了职工安全教育协会，定期组织一些行家里手到车间开展宣讲施教活动，以自己的切身体会讲安全，深受职工的欢迎。工会利用节日举办“安全三句半”“安全教育文艺晚会”“安全知识书画笔会”“安全漫画展”等职工喜闻乐见的活动，以及举办“安全知识有奖竞赛”，征集“安全诗歌”“安全对联”，举办“安全教育黑板报展”等活动，既丰富了职工、家属的业余文化生活，又使职工在活动中受到了教育。（蔡宇）

40. 邯郸市煤气公司形成文化氛围筑牢安全防线的做法

邯郸市煤气公司担负着城市焦炉煤气、液化气、天然气三气供应任务。经过二十多年的努力，燃气事业得到了快速发展，燃气管线覆盖全市大街小巷，并不断向周边县区延伸扩展，形成了管道燃气与压缩气、瓶组气并举，长输管线与城市燃气网络相连的“三气多气源多渠道”供气格局，燃气用户已达到 24 万户，公福用户 30 多家。

在实际工作中，邯郸市煤气公司突出“以人为本”的安全价值观，认真落实“以安全理念铸魂，以安全技能硬功，以安全责任筑防，以安全环境强基，以安全机制严控”的工作宗旨，通过安全文化建设的途径去推动安全制度落实和主体责任制的执行，全力打造出以“安全文化”为核心的文化体系，积极构筑起燃气安全防线，实现了连续 24 年安全保障供应无责任事故。

邯郸市煤气公司形成文化氛围筑牢安全防线的做法主要是：

(1) 培育观念，营造“超前、尽职、高效”的企业安全精神文化

安全精神文化是安全文化的灵魂，是公司的安全意识形态，只有营造安全文化浓厚氛围，让职工在耳濡目染中体会感受，真正领悟安全文化的意义，才能使职工个体价值观趋向于企业安全观。

邯郸市煤气公司把提高职工的爱岗敬业意识、树立高度的安全工作责任感和无私的奉献精神作为重点，为使干部职工对安全文化的感性认识上升到理性认识，公司开展了征集安全理念和员工心语活动，干部职工纷纷参与，回顾历史，总结经验，斟酌语言，共收到应征理念 1800 多条，经归纳、整理，提炼出具有行业特点的思想观、管理观、行为观等安全理念，并编辑出版了《职工心语》《安全警示语》小册子。他们还结合安全工作中一些好的做法、涌现出的先进事迹，自编、自导、自演了曲艺节目，在全市公用系统进行了展演，将安全常识融入文化娱乐之中，受到大家的普遍好评。

邯郸市煤气公司在推行“安全培训全员化、技术工种专业化、关键工种基础化”规范安全教育的基础上，充分利用安全生产周、安全生产月、“119”消防日和“安康杯”等活动，采取集中培训、劳动竞赛、岗位练兵、技术比武等方式，促进职工学习掌握安全生产法，提高各项岗位技能，严格做到“日有安全会、周有安全日、月有安全主题、季有安全系列活动”，形成了以个人保班组、班组保部门、部门保公司的周期闭路安全活动模式。为安全生产构筑了道道防线、层层屏障，使广大干部职工切身感悟到“要我安全”是爱护，“我要安全”是觉悟，使“关注安全、关爱生命”等人性化理念越来越多地被职工所接受，成为推动燃气事业健康发展的强大动力。

(2) 夯实基础，创建企业安全管理文化

安全文化建设对企业管理起着核心作用。为了实现三气安全供应，邯郸市煤气公司有针对性地采取了“统筹兼顾，管理为先”的安全运行机制，对安全工作诸要素进行合理分配，使其规范、稳健运行，成功打造出“四纵横、三对接、十到位”安全管理文化格局。

四纵就是建立了从公司管理层、职能部门到基层单位、班组安全工作领导机构；完善了上至公司管理层、下至各岗位和各工种的安全责任制；修订了安全、技术、储配等各职能管理规章制度；健全了安全信息反馈系统。四横就是科室与基层单位之间建立多形式的安全宣传体系；成立群众性的安全协保组织；组织多样化的安全教育活动；开展经常性的安全检查评价活动。三对接就是安全工作制度与国家法律、法规对接；安全工作责任与岗位职能对接；培育安全文化与日常安全管理对接。十到位就是领导责任、工作安排、教育培训、安管人员、规章执行、技术技能、防范措施、考核检查、整改处罚、全员意识十到位。

把安全作为一种企业文化和经营策略，不仅表明了安全在燃气行业中的重要性，更时刻提醒全体员工和用户牢固树立“关注安全，关爱生命，保障安全，身体力行”的安全意识，全力营造出人人关注安全的大环境。

(3) 群防群治，形成民主管理文化

邯郸市煤气公司将劳动保护与企业安全生产工作有机协调接轨，建立职工隐患排查激励机制，充分调动了职工在安全生产预防工作中查隐患、堵漏洞的积极性和自觉性，将“群防群治”的重点放在“防”上，把“群众监督”的重点放在“先”上，实现了安全生产和劳动保护事前控制的动态化管理，变事故后的责任追究为事故前隐患排查治理责任追究，增强了工作的主动性和前瞻性，取得了较好的效果。

首先公司建立健全了保障安全的长效机制，完善了劳动保护监督检查体系，公司工会每月不定期两次组织职工参与检查劳动保护工作的落实，凡是在召开职代会前都广泛征集有关安全生产和劳动保护工作方面的提案、并对提交职代会的提案逐案逐项分类登记梳理，职代会上严格程序标准，充分认真进行讨论、表决，形成决议以后，针对不同部门应当落实的问题，要求限期进行整改，妥善处理，并组织职工代表定期进行检查、督办。

其次，公司在劳动保护预防工作上注重发动群众、依靠群众，激发职工参与企业安全管理的热情。在大力推广“一法三卡”劳动保护工作方法的同时，加大事故隐患和职业危害的监控力度，形成了超前预防、重点监控、全员参与、群防群治的工作态势，围绕安全生产的总目标，组织广大职工进行多层次、多类型的劳动竞赛。例如，在基层生产班组之间组织开展了“班组安全生产劳动竞赛”；在厂、站、队、所进行了“百日安全无事故竞赛”“安全生产流动红旗竞赛”等；在职工个人之间开展了“争做安全标兵”等活动。使劳动保护预防工作重心下移，依靠基层，发动职工，形成了浓厚的安全文化氛围，并涵盖于企业生产活动的多个环节，贯穿于企业生产活动始终，促进了企业科学、健康、快速发展。

41. 宝山巴士公交公司“四个加强”注入安康新概念的做法

宝山巴士公交公司是上海城市公共交通行业的骨干企业，现有员工 4 500 多名、运营车 1 100 多辆、运营路线 51 条，行驶里程日均超过 18 万 km，运营范围跨越黄浦、宝山、嘉定、崇明等 8 个区，是上海公交行业中跨度较大、呈典型的点多面广流动分散的客运企业。

近年来，宝山巴士公交公司始终把安全工作放在各项工作的首位，把安全工作视为最大的效益，把安全工作作为企业的生命线，把开展好“安康杯”竞赛活动作为实现企业可持续发展的重要举措，从“四个加强”注入安康新概念、“四个提高”构筑安全新平台着手，确实保障了企业的生产安全和职工的身心健康，使企业的安全管理取得了新的成绩。

宝山巴士公交公司“四个加强”注入安康新概念的做法主要是：

（1）加强制度建设，提高安全管理水平

宝山巴士公交公司在安全管理方面开展了富有成效的探索和实

践，在运用各种平台大力宣传安全生产法律法规、普及安全生产知识、推进安全文化建设的同时，从查隐患、找问题、抓整改着手，把进一步健全各项安全生产规章制度、完善考核激励机制、突出长效管理机制作为重点，具体开展以下工作：

● 实行公司二级安全生产责任签约制度，严格执行安全生产一票否决制。即在每年年初由公司总经理与基层经营管理者签订安全生产目标责任书，由基层管理者与每个职工签订安全生产承诺书，并实行安全生产与经营目标责任制挂钩，做到责任到人、考核到位、奖罚分明。

● 健全完善规章制度。近两年来公司先后制定颁布了10多项涉及安全生产的专项文件，如《关于开展安全生产专项整治工作的通知》《关于对行车事故肇事驾驶员的事故费用追赔的规定》《关于道路交通违章考核办法的通知》《关于公司安全生产奖惩办法的通知》《关于公司安全生产警示性谈话与黄牌警告制度》《关于道路交通违法操作执行顺序和季度讲评检查细则的通知》《关于做好夏季车辆安全防火工作的通知》等，强化了以法治企的力度。

● 每年开展一次以“四查”为切入点的安全生产专项整治活动，即查预防教育培训工作落实措施，查安全管理到岗尽职，查违法、违纪、违操作规程情况，查安全生产各项措施落实情况，加强了安全生产动态管理。

● 建立了车辆安全防火预警机制，并根据线束老化和发动机油污多容易造成车辆火灾的情况，明确了车辆保养中调换线束一般在两年左右，最多不超过3年的规定。为把车辆火灾隐患消除在萌芽状态提供了保证。

● 结合市公交行业处开展的“PICC杯”“中华保险杯”等安全行车竞赛活动，健全完善了“七个抓，七个做到”的工作要求，即抓基础，做到各负其责；抓教育，做到人人重视；抓预防，做到预先控制；抓现场，做到受控管理；抓检查，做到及时反馈；抓整改，做到及时有效；抓考评，做到及时表彰。

● 为强化对安全生产的全过程管理，公司还制定了多项安全生产监控措施，即对安全预控体系进行监控；对安全活动进行监控；对行车安全进行监控；对消防安全进行监控；对生产安全进行监控；对“危险源”进行监控；对“三合一”隐患进行监控；对隐患整改措施进行监控；对安全生产长效管理进行监控。

● 发挥“群防群治”作用，构筑群众安全监督网络。健全了公司三级劳动保护监督检查网络体系，充分发挥一线班组、工会小组劳动保护监督员和基层劳动保护监督检查委员会的作用，构筑了群众安全监督的第一道屏障。公司劳动保护监督检查委员会每年都要组织职工代表以及专业部门开展3～4次以安全生产、安全防火、安全行车、防暑降温措施落实情况为主要内容的大检查活动，并把安全使用电器、食堂卫生、职工休息场所安全卫生、工间和高温作业点、油库和危险品仓库管理作为重点检查内容。对查出的问题予以及时通报，限时整改，定时回访复查，取得了明显效果。

通过加强制度建设，公司安全工作实现了“四个转变”，即由事后查处向事前预防的转变，由事后负责向全过程负责的转变，由经验管理模式向依法管理转变，由传统管理向现代管理模式转变。形成了从公司总经理室到一线生产班组、从专业部门到横向部室一整套的安全管理工作网络和安全工作保障体系以及长效管理机制。安全管理工作呈现规范化、制度化、法制化。公司已经连续七年未发生员工高温中暑、工伤事故；未发生火灾、设备事故，驾驶员行车事故发生率、交通违章率逐年下降，始终处于市公交行业内先进水平。

（2）加强安全投入，保障职工的安全和健康

为了确保公司的安全行车和职工的生命安全，近几年来公司始终把有限的资金向安全方面倾斜，加大了安全工作软、硬件上的投入。

● 公司近三年投入了 1.7 亿元资金，购置了 468 辆新车，淘汰了一批使用年限较长有安全隐患的旧车，提高了车辆安全系数，改善了职工的生产条件和工作环境。

● 投入 216 万元对公司的检测站和检测设备进行了更新，确保车辆的检修保养质量完好，不让带病车和有安全隐患的车出厂，把好安全行车的第一道关口。

● 投入 288 万元对公司所属的站点设施进行了改造、装修，并对所有线路的职工休息室和就餐处配置了空调、冰箱、冰柜、微波炉、茶水桶、小药品箱。每年都投入 160 多万元用于发放职工的防暑降温物品，为职工创造了良好的生产和休息环境。

● 投入 300 多万元作为安全奖励基金，用于对“无违章、无违操、无事故”的“三无”驾驶员的安全奖励，“三无”驾驶员年底可获得人均 1 500 元的奖励；对连续三年获得“三无”称号的驾驶员还给予旅游休养的奖励。

● 投入 77 万元专项资金用于驾驶员、车辆修理人员和公司安全管理干部的岗位技能培训，以提高岗位专业技能。

(3) 加强全员教育，提高职工安全生产意识

为不断增强职工安全生产责任意识，确保竞赛活动深入每条路线、每个车间、班组、岗位，扩大竞赛覆盖面，公司注重以“安全生产宣传月”和“群防群治月”为载体，运用多种形式对职工进行安全生产教育培训，每年都要结合企业实际确定不同的主题开展保安康“十个一”活动，分别是：

● 安全签约活动。即在每年年初由公司总经理与基层经营管理者签订安全生产目标责任书，由基层管理者与每个职工签订安全生产承诺书，做到责任到人、考核到位、奖罚分明。

● 系列教育活动。在职工中开展“学法记心中，守法在行动”宣传教育系列活动，一是以班组为主体，组织职工认真学习《道路交通安全法》《上海市安全生产条例》以及其他相关法律、法规，帮助职工了解其基本内容，依法规范自己的行为，保护自身的权利，使职工真正知法、懂法、守法。二是运用多种形式做好环境宣传工作，形成全方位、多渠道、多角度的宣传氛围，在公司所属五个客流集散点和10个重点站点，通过拉横幅、出黑板报、发放交通安全宣传卡等形式大力宣传法律、法规知识，营造了良好环境宣传氛围。同时还开展“黑板报展评”活动，以此反映职工在学法守法过程中的新人新事及学习体会。

● 全员培训活动。对2 000多名驾驶员每年分批开展两次岗位安全培训活动，由公司安全辅导站通过运用播放录像、图片展、上课辅导等形式，对驾驶员进行法规以及安生产知识和职业道德教育。对近30名特殊岗位职工坚持每年开展专项岗位培训，做到未经培训不上岗、考试不合格不上岗、不承诺不上岗。

● 专题辅导活动。每年都要组织基层安全生产分管干部和工会干部参加市公交处和公交协会联合举办的安全生产法律法规知识专题辅导讲座培训，并做到100%考试合格。

● 警示教育活动。以各基层为单位，根据公司确定的主题内容，结合本单位近年来安全生产中的典型事故，对职工进行案例警示教育活动。

● 知识竞赛活动。每年都要组织职工开展以安全生产知识为主要内容的智力竞赛或书面试题竞赛活动，通过竞赛活动，增长知识，提高技能，规范自身行为。

● 警句征集活动。组织职工参与上海市“安康杯”竞赛办公室开展的职业安全卫生格言、警句征集评选活动，通过活动，职工开动脑筋，根据自身的体会，写出真实感人的安全卫生格言警句。

● 献计献策活动。每年推出一个主题，组织职工先后开展了以“提百条建议，创百万效益”“提建议、献良策、促管理、增效益”“保安全、增效益、创品牌”为主要内容的群众性合理化建议活动。

● 安全竞赛活动。组织开展“中华保险杯”“迎世博—文明伴我行”等安全行车竞赛活动，这些活动以规范管理、降低违章、降低事故为主要竞赛内容，强化了各基层自我控制、自我提高的能力。

● 寻找隐患活动。即在公司范围内开展“有奖征集寻找危害源”活动，发动职工结合岗位特点查找安全隐患，寻找出自己身边的危害源，对找出的安全隐患随即进行整改。凡所提出的建议被公司采用并列入整改项目的，公司均给予奖励。

通过开展“十个一”活动，使广大职工较好地掌握了安全生产知识，强化了安全生产意识，提高了安全操作技能，增强了安全生产责任，为实现竞赛目标奠定了良好的基础。

(4) 加强技术创新，提升安全生产科技管理含量

实施科技创新是贯彻落实科学发展观的重要实践，也是企业发展的重要战略性任务，必须贯穿于“安康杯”竞赛活动之中，为此，近几年来公司抓住行业发展、企业安全管理中的难点，以竞赛为纽带，积极发动广大职工开展以技术革新、技术创新、技术攻关为主题的竞赛活动，在实践中以建立信息化管理系统为着力点，不断加快信息化建设步伐，充分发挥信息技术在安全管理工作中的作用。

● 积极推行 GPS 卫星定位调度系统的应用，已先后对 4 条线路 109 辆运营车安装了 GPS 卫星定位调度系统，通过每辆车的信息数据，及时了解掌握车辆运营动态，提升了科技管理含量。

● 对 4 000 多名职工的安全生产行为实施了信息化网络平台管理，推广职工“安全生产信息卡”的应用。通过“安全生产信息卡”，实现了对全体员工安全生产行为的全过程动态管理，实现了公司与分公司的数据资源共享，提高了安全管理工作效率。

● 近几年来，公司每年都要确定不同的主题，在职工中开展合理化建议和技术革新活动，通过评选最佳合理化建议奖、金点奖，调动职工的参与热情，为确保企业安全生产起到了积极作用，且创造了数百万元经济效益。近年来共收到职工各类提议 300 多条，目前已完成 20 多项技术革新和创造发明。

公司通过开展合理化建议活动，积极引导职工钻业务、学知识，不断激发职工的聪明才智，使职工自愿发明创造的愿望不断增强，群众性技术创新不断升温，从而为职工增加了一份安全，为企业安全生产增添了一份保证，也为企业经济发展提供了坚实基础。

42. 北京汇源集团公司深入开展“百问百答”活动的做法

北京汇源饮料食品集团有限公司（简称北京汇源集团公司）成立于1992年，是主营果、蔬汁及果、蔬汁饮料的大型现代化企业集团。自成立以来，在全国22个省区市创建了40个现代化工厂，连接了500多万亩名特优、标准化水果生产基地，建立了基本遍布全国的销售服务网络，构建了一个全国性的果汁产业化经营体系。

近年来，汇源集团公司把员工作为企业的财富，积极维护员工生命安全和身体健康，为了保证生产安全和员工自身安全，公司持续不断地开展了“百问百答”合理化建议活动。五年来，企业员工积极参与此项活动，提出安全生产方面的合理化建议6 500多条，为企业创造价值2 730万元。

北京汇源集团公司深入开展“百问百答”活动的做法主要是：

(1) 引导员工树立主人翁意识，不断增强自我保护意识和能力

北京汇源集团公司作为一家大型现代化民营企业，拥有上万名员工。其工会要想维护员工利益，必须搞好企业民主管理。工会针对民营企业的特点，在依法开展劳动保护监督检查工作的同时，积极探索企业与员工平等对话，协商解决安全生产问题的有效机制。“百问百答”活动就是该企业工会探索出的民营企业群众性安全生产工作途径之一。

“百问百答”活动的主旨在于引导员工树立主人翁意识，关心企业发展，关注企业安全生产工作，不断增强自我保护意识和能力。通过员工对公司的安全生产规划、安全生产管理、劳动保护等方面提出问题，企业解答、解决这些问题，最终达到维护员工安全健康权益，促进企业安全生产的目的。

工会在征求企业领导和广大员工意见的基础上，研究制定了“百问百答”活动实施细则。公司成立了“百问百答”活动工作小组，工会主席、分管安全工作的副总裁担任组长，小组成员还包括有关职能部室主要负责人、各基层分会主席和员工代表。工作小组按照国家有关安全生产工作的方针政策和法律法规，制定每期“百问百答”活动的重点，设计活动具体实施方案，对员工提出的问题进行评议，对领导指定的工作进行方案论证，若决定采纳，就将工作方案纳入企业工作计划。

活动主要采取四种形式：一是每月组织一次员工与领导的现场对话会，员工在会上就安全生产、企业经营管理和职工利益等提出意见、建议，由领导当场答复；二是采用问卷调查方式，既有工会出题、员工答题，也有员工自定题目、自己答题；三是员工以向领导、党委、工会写信的方式，提出自己对安全生产的看法；四是在工会接待日让员工充分反映企业安全生产存在的问题。

(2) 为员工参与企业安全管理提供渠道，员工与企业同时获益

“百问百答”活动不仅为员工参与企业安全管理提供了一条畅通的渠道，而且使广大员工感受到企业对安全生产工作的重视，增强了员工对企业的责任感。2004 年 2 月，公司组织了一场包括总裁在内的企业全体领导和 800 多名员工的大型对话会，原本准备进行 2 h 的活动，因员工提问踊跃而延长到 3 h。会上，企业领导对员工提出的每一个问题都给予了明确的答复。这项活动有效地增强了企业的凝聚力。

工会将“百问百答”活动作为企业政治工作与业务工作相结合的主要载体，从而形成了党委协调、行政负责、工会监督、共同配合、齐抓共管安全生产工作的新格局。活动中，员工普遍提出的关于建立平等协商制度和签订集体合同的要求，公司领导认为这是协调企业劳动关系，加强内部管理和规范安全生产工作的有效机制。在党委的支持下，工会与企业签订了集体合同，把劳动保护内容通过集体合同纳入法制化轨道。工会还利用平等协商机制，将员工的工作条件、安全设施、劳动保护用品和职业健康等问题纳入平等协商的重要议题。

“百问百答”活动开展五年来，解决了许多涉及安全生产的实际问题，使企业的安全生产迈上了新台阶。有的员工提出，外单位来提货的汽车司机在等待装货的时候在厂区内乱跑，容易发生事故，企业立即决定为这些司机安排休息室。有的员工提出，包装分厂车间粉尘浓度超标，企业派人确认后，不出几天时间就给车间安装了30多个无动力换气扇，改善了工作环境。

看到自己提出的建议得到了实施，员工参与企业安全生产工作的积极性明显提高，并主动参加到工会劳动保护监督检查的队伍当中。目前，企业共有两级13个劳动保护监督检查委员会，劳动保护监督检查员近百名。几年来，尽管企业机构不断调整，人员不断变更，但是劳动保护监督检查委员会始终保持组织健全、人员到位，为开展群众性劳动保护工作打下了坚实的基础。

工会还将“百问百答”活动与创新竞赛活动相结合，组织全体员工开展安全技术创新、安全技能比武等活动，几年来，累计完成技术创新1 500余项，解决安全生产技术难题近300项，为企业节约资金逾1 900万元。北京汇源集团公司连续三年荣获“北京市技术创新先进企业”称号。在企业获利的同时，有近2 000名员工获得了“百问百答”活动奖励，奖励金额共计120余万元。

其他企业开展宣传教育工作的做法与经验评述

对于企业来说，要预防事故，就要减少人的不安全行为，减少设备、设施的不安全状态，减少不安全环境，提高员工和设备、设施的安全可靠性。提高人员安全可靠性的途径主要是通过安全教育、安全培训，提高人员素质，规范人员行为。在安全教育、安全培训工作中，其中的一个重要环节是班组的安全教育，班组安全教育是企业安全管理工作的重要基础，也是需要认真抓好的一项工作。特别是在目前人员流动性比较大、新员工多的情况下，更需要认真抓好班组的安全教育，预防事故的发生。

(1) 提高班组员工安全技术素质的方式

班组安全教育以提高全员安全素质为主要任务，具有保障安全生产的基础性意义。班组安全教育还是预防事故的一种“软”对策，通过对人的观念、意识、态度、行为等形式从无形到有形的影响，从而对人的不安全行为产生控制作用，达到减少人为事故的效果。

对班组员工进行安全技术素质教育时可以采用以下方式进行：

● 讲授法。这是教学最常用的方法。通过进行安全知识教育，使员工掌握基本安全常识和知识，进行专业安全知识的培训教育，对日常操作中的安全注意事项再进行学习，对于潜藏的、凭人的感官不能直接感知其危险性的不安全因素的操作进行分析。通过安全知识教育，使操作者了解生产过程中潜在的危险因素及应采取的防范措施等。

● 读书学习法。由单位技术人员或班组长根据本岗位实际，编写切合实际、针对性强的教材，对岗位作业的危险性程度和岗位存在的危险因素进行分析，组织岗位班组的员工进行系统学习，掌握该单位的基本常识和基础知识。

● 复习巩固法。安全知识一方面随生活和工作方式的发展而改变；另一方面，安全知识的应用在人们的生活和工作过程中是偶然的，这就使得已掌握的安全知识随时间的推移而退化。所以，安全知识也要不断更新。“警钟长鸣”是安全领域的基本策略，“温故知新”是复习和巩固的理论基础。因此，班组长要组织班组成员天天学、反复学，做到老生常谈。

● 研讨学习法。班组长要利用空闲时间组织班组成员一起进行研讨学习，互相启发，取长补短，达到深入消化、理解和增长知识的目的。

● 宣传娱乐法。利用电化教学、宣传媒体等现代化教学工具，寓教于乐，使安全知识通过潜移默化的方式深入员工心中。

(2) 增强员工实际安全工作水平和技能

安全教育承担着传递安全生产知识的任务，使人的安全文化素质不断提高，安全精神需求不断发展，使人的行为更加符合社会生活及生产中的安全规范和要求。班组安全教育也不例外。在班组安全教育中，安全技能教育是比较重要的内容，而安全技能教育只有通过受教育者亲身实践才能掌握相关技能，也就是说，只有通过反复的实际操作、不断地摸索才能熟能生巧，才能逐渐掌握安全技能。

增强员工实际安全工作水平和技能可采取以下几个方法：

● 搞好危害识别和危险预知活动。发动班组员工对岗位存在的危险和有害因素进行识别，对可能发生事故的状况进行分析和判定，进行危险作业分析，对可能发生事故的状况进行超前判定和预防，控制生产过程中的危险行为和危险状况。

●“仿真”事故应急预案演练。通过对预先编制好的各岗位可能发生的各种事故的应急实施方案的学习，定期组织班组员工进行仿真演练，达到快速反应、高效应对的水平，做到遇事不乱、胸有成竹、泰然处之。

●“三点”控制训练。即教育班组员工对岗位上的事故易发点、危险点、关键点这“三点”进行整体有效的重点控制，实行有目标、责任明确的分级负责制。对“三点”部位要重点组织进行实际操作演练，掌握控制方法，提高实际操作水平和处理问题的技能。

(3) 搞好安全意识（态度）教育的方法

强化安全意识也就是进行安全态度教育。这是班组安全教育中重要的内容之一。安全态度教育的目的就是使班组操作者尽可能自觉地运用安全技能，搞好安全生产。使班组每一个人不仅掌握和熟悉生产安全知识，还要增强自我保护意识，从被动的“要我安全”变为主动的“我要安全”，进一步达到“我懂安全”“我会安全”“我管安全”的自觉意识水平。

班组搞好安全意识（态度）教育可以采取以下方法：

● 利用活生生的事故案例进行教育。通过对本单位或外单位的事故案例进行分析，了解事故发生的原因、过程和后果，对认识事故发生规律、总结经验、吸取教训、举一反三大有益处。用活生生的案例、血淋淋的教训教育人。特别是对本岗位（班组）发生的事故要严格执行“四不放过”原则，这样对增强班组员工的安全意识有不可估量的作用。

● 经常性的口头教育。班组长可以在班前、班后会时讲，也可以班中随时随地讲。主要对安全注意事项进行提醒、对违章违纪行为进行批评指正，可以以“三不伤害”为重点内容进行讲解。提高安全意识是一项长期持久的工作和任务，要天天讲、时时讲，时刻绷紧安全这根弦，警钟长鸣。

● 季节变换的安全教育。班组长要结合不同季节的安全生产特点，开展有针对性的、灵活多样的超前思想教育。季节变换会给生产带来很多事故隐患，例如，夏季天气闷热、人易疲劳、情绪不稳、心神不定，主要是做好防暑降温、防超温超压等工作；冬季天寒地冻、气候干燥，主要是做好防火、防冻、防凝、防滑等工作。

● 节日前后的安全教育。在节日前，员工的思想可能较为紧张，情绪有所波动，想利用节日期间好好放松一下。节后，员工轻松愉快的心情尚未平静，上班后还沉浸在兴奋和喜悦之中。班组长要在节前进行预防性的思想教育，在节后进行收心思想教育，一心一意搞好安全生产工作。

● 检修前后的安全教育。各岗位进行大、小检修是不可避免的。检修时，任务重、人员多而杂、交叉作业多，这时进行安全教育必不可少。主要以安全用火、安全监护、进入受限空间、高处作业、安全防护用品的穿戴等为重点进行教育。检修后，由于可能涉及技术改造项目，因而要进行新工艺、新流程的学习教育。

● 开展一些娱乐性的活动进行安全教育。班组长可以根据各自的特点组织进行，例如，可以通过开展班组员工安全竞赛、编辑安全小品、组织安全演讲、事故祭日追忆、黑板报宣传等形式进行。

(4) 班组安全教育应注意的问题

做好班组安全教育工作要注意处理好以下四个问题：

● 注意单向施教与多向交流的结合。随着时代的发展，员工主体意识不断增强，单纯靠“你讲他听”式的安全教育已难以奏效，单一的讲课式、训导式的安全教育已达不到很好的效果。必须以安全文化建设为依托，精心策划并组织形式新颖、内容丰富的安全教育活动，潜移默化，教育熏陶广大员工。要针对员工群体求知求乐品位不断提高的实际，把安全教育有机融入安全文化娱乐活动之中，使单向的教育变为多向交流，使单一的说教变为丰富多彩和生动活泼的艺术感染，进而使员工的文化需求与安全教育融为一体。

● 注意营造良好的教育环境。教育灌输对受教育者的身心发展能够产生重要影响，而环境氛围、群体效应也不可忽视。因此，必须把营造安全文明环境作为安全教育的优先切入点，从提高员工的安全素质到形成安全有序的生产秩序，探索一条培养“我要安全，我会安全”员工的有效途径。

● 注意安全教育与安全管理的结合。要从根本上改变个别员工对安全工作错误的认识和不规范行为，不仅要教育疏导，各种规章制度的约束也要紧紧跟上。教育与管理互为补充、相互促进，安全教育是通过内在思想的提高管理人，管理是通过外在约束的加强教育人。持之以恒地开展各种安全教育，提高管理的人文内涵的同时，坚持把正确的安全思想理念渗透到安全管理制度中，把自律与他律、内在约束与外在约束有机结合，启发员工自我教育、自我提高，既通过制度约束来巩固安全教育工作的成果，又在管理中体现了教育的精神，赋予管理更强的硬性约束，教育与管理互相补充、相得益彰，使安全教育工作保持生命力。

● 注意安全教育经费的投入。安全教育要舍得投入，不断完善安全教育设施。要把安全教育计划纳入整个职工教育中去，统筹安排。在市场经济条件下，经济效益是企业的生命线，花钱在安全教育方面虽然看不到明显的效益，但是通过合理有效的安全教育可以养成人人关心安全、人人自觉遵章守纪的习惯，提高对事故隐患的发现和处理能力，将事故消灭在萌芽阶段，这也是很好的潜在效果。

三、企业开展宣传教育工作问题解答与探讨

在现代工业化生产中，大量机械设备的使用一方面减轻了人们的劳动强度，提高了劳动生产率；另一方面则使作业人员与机械设备不可避免地发生关系，带来意外的人身伤害事故。从事故发生的规律性来说，事故是由人的不安全行为（或失误）和物的不安全状态（或故障）两大因素作用的结果。在生产中，人、机、环境形成一个系统，如果三者在安全品质上进行优化匹配，达到系统本质安全化，可减少（或避免）事故的发生。当技术经济条件稳定在一定水平时，人的本质安全素质就是控制事故的决定性因素，而从事故致因统计发现，单纯由于物的不安全状态直接产生事故的情况很少，一般不超过5%，事故致因中95%以上都与人的不安全行为有关，有70%左右的事故完全是由于人的不安全行为引发的。因此，人作为企业行为的主体，是安全生产工作的第一要素，是安全生产工作的出发点和落脚点，所以，需要加强对人员的宣传教育，提高人的安全意识、安全能力，需要强化人员的技术培训，提高人员的技术水平，这是预防事故、做好安全生产工作的重要保证。

1. 对企业开展安全宣传教育工作的认识

近些年，企业在安全管理工作实践中深刻体会到安全宣传教育在管理中的重要作用，许多企业推出了自己的安全宣传教育工作方法，这些方法虽然对实际工作提供了有益的借鉴，但是众多的方法又使一些从事基层安全宣传教育的工作者无所适从，犹如进入了“方法丛林”，从而陷入众多方法的误区。开展安全宣传教育工作的常用方法如下：

（1）要明确安全宣传教育工作在企业中的定位

大多数企业虽已认识到安全宣传教育工作在安全管理工作中的重要性，但还都把安全宣传教育工作作为一种搞好安全管理工作的

必要手段，没有上升到一定高度来认识它。许多企业在传统的安全管理工作中更侧重于用加大安全管理力度和完善安全管理工作来保障安全生产。随着企业装备的日益现代化和技术的不断发展，职工文化水平及整体素质的相对提高，给传统的企业管理提出了新的挑战。因此，安全宣传教育工作实际上是“一种企业管理活动”，它具有企业管理活动所具有的一切特征，是一种具有现代化管理理念的“以人为本的管理活动”。

安全生产的实践主体是人，人的安全意识直接作用于安全生产具体工作，只有提高了人的安全文化素质，才能对各类事故起到釜底抽薪的作用。因此，安全宣传教育为各项工作的顺利开展提供着强有力的智力支持和精神动力，是企业安全管理中不可或缺的重要组成部分。所以，人们要将安全宣传教育工作作为企业管理活动之一，融入企业日常安全管理之中。

(2) 要正确认识安全宣传教育的工作内容

企业安全工作应由安全宣传、安全教育、安全信息和安全管理四部分组成。其中安全宣传、安全教育、安全信息隶属于安全宣传教育工作范畴，目的是提高职工的安全意识和确保安全信息的畅通，为安全管理服务。因此，安全宣传教育工作应围绕安全宣传、安全教育、安全信息三条主线来开展工作，做好职工安全意识强化和确保安全信息畅通两方面工作，突出“亲情安全宣传教育”。众多的安全宣传教育工作方法都是这三条主线的一种方式，任何安全宣传教育的工作方法都包含在这几个方面之中。所以，要大力宣传以人为本的安全发展观，进一步认识企业安全生产的重要性，高度重视安全教育工作，建立安全宣传教育工作的责任分工体系，狠抓责任制的落实。每一项工作谁主管、谁配合，要分工明确，责任到人；要建立起一套符合本单位实际的完整的全员抓安全思想宣传教育工作的工作机制与方式方法，构建环环相扣、时空闭合的安全宣传教育体系。只有理清这一工作思路，才能走出安全宣传教育工作的“方法丛林”，结合实际情况，从便于操作入手，抓住安全管理工作的重点，围绕安全工作主线有的放矢地开展工作。

(3) 安全宣传教育工作是一门系统科学

安全宣传教育工作作为一门系统科学，融入了管理学、社会学、心理学、行为科学等诸领域的内容。所以，安全宣传教育工作者要想搞好安全宣传教育工作，必须先研究其工作对象所处的社会家庭环境、传统习惯及非正式群体的活动方式，工作对象的文化程度、个性爱好、身心状况等因素，通过对一些典型事故的剖析反思，根据实际情况有针对性地提出适合本企业的安全宣传教育工作方法。如职工班前30 min进行的安全提醒、礼仪诵读、安全誓言、企业歌曲咏唱等活动，可使职工对企业产生认同感与归属感。同时，工会群安员在基层和生产现场要发挥积极作用，查隐患、堵漏洞、严查“三违”；女职工及职工家属与职工开展“亲情互动”工作；职工子女也可积极参与到“小手拉大手，安全在我家”“安全宣传漫画征集”等安全宣传教育活动中来，使安全宣传教育延伸到每个职工家庭，切实促进企业的安全管理工作。

总之，要正确确定安全宣传教育工作在企业中的地位，深刻理解其内涵，用科学求实的态度分析安全宣传教育工作，理清工作思路，把握工作重点，遵循“学习、实践、总结、提高、创新”的路子，形成宣传教育工作的良好氛围，使安全宣传教育工作走出“方法丛林”，有效提高企业的安全管理水平。(李春梅)

2. 企业安全教育培训的程序与评估

对员工进行安全教育培训是法律法规的规定，也是企业必须履行的职责。安全教育培训有别于其他培训的最大特点是：安全教育培训是一种参与式的培训。基于企业安全教育培训的特点，安全教育培训各个阶段的准备及实施与其他形式的培训有很大不同。从培训的人员选择、教材选择、培训方法、培训技巧、培训评估等方面看，企业安全教育培训都有其特殊性，安全教育培训的过程可以分为以下三个阶段：

(1) 安全教育培训前期——准备阶段

安全教育培训的准备阶段是十分重要的。因为安全教育培训的特点是参与式的培训，而且涉及的学科也很广泛，对培训者的专业知识及培训技能的要求很高，所以需要培训者花更多的时间，更细致地从多方面进行准备。

● 培训人员与受训人员的确定。培训人员的确定主要取决于培训的内容。培训内容主要分为两个方面，一方面对于专业知识较强的培训，可以选择在这方面的知识较为全面的人作为培训人员，而其培训技能水平并不十分重要。另一方面对于专注组织活动的培训，则需要培训人员具有很强的培训技能和领导能力，以使受训人员可以很好地融入培训者所组织的活动。需要注意的是，对受训人员经历、背景、能力、态度和文化程度的了解，是选择培训目标、内容、方法的基础。因此，培训人员要认真分析所有受训者的情况，以便因材施教。

● 培训目标的确定。安全教育培训目标的制定需要考虑企业自身的关注方向，受训者的背景，以及场所的情况等。制定合理的目标，才能顺利地达到培训效果。

● 培训教材的选择。培训教材的选择要考虑受训者的文化程度和接受程度。安全教育培训有时是专业性很强的培训，对于不同文化程度的受训者，选择的培训教材既要有专业性，又要通俗易懂，专业性超出受训者理解能力的培训教材会降低培训的效果。安全教育培训具有参与性的特点，因此，对培训过程中所需要的案例、所要展示的材料等，要有充分的准备。

● 培训方法的准备。根据课程的需要及受训人员的不同，需要选择不同的培训方法。一般来说，最好选择交流、实践、讲解相结合的方法，这样可以加深受训者与培训者之间、受训者之间的认识，提升培训的参与性，从而提高受训者的能力。

(2) 安全教育培训中期——实施阶段

● 培训方法。根据不同的培训内容选择不同的培训方法。根据安全教育培训的特点，一般综合的安全教育培训都会用到头脑风暴法，即众多人围绕一个特定的兴趣领域讨论，从而产生新的观点。这是一种在安全教育培训中很常用的方法，具有很强的参与性。

● 培训技巧。一次培训的成功与否在很大程度上取决于培训者的水平，而培训者的水平不仅是专业知识水平，培训技巧也是关键的一部分。例如：①采用轮流的方式，使每人都有发言的机会；②与那些特别活跃的受训者进行交流，以引导其他人畅所欲言地发表观点；③直接向那些不活跃的受训者提问；④表扬积极参加讨论的人，然后可以说："让我们来听听其他人的想法。"当受训者学习了某种技能，在运用之前需要有机会去实践。培训者可以通过以下方式创造学习气氛：强调从反馈中学习的重要；进行角色模仿，并及时进行反馈；建立学习交流，鼓励互相学习。

● 培训时的沟通。培训时的相互沟通是十分重要的。在培训的过程中，培训者首先要了解受训者说什么和为什么这样说，继而了解受训者想要的东西，比如内容的改进，方式的改变，节奏的改变，使培训不断适应参加者的要求，进而达到理想的培训效果。

● 学习的自主性。安全教育培训面向的是不同层次的职工，而他们回到工作岗位上后，可以作为"火种"传播安全生产的理念。因此，安全教育培训就面临一个新的问题——如何正确认识受训者学习的自主性。首先，要给参加培训者更多的独立性，给他们以自我发现的方式学习的机会。其次，在培训过程中给予受训者一定的挑战，使他们有可能影响或改变学习过程和某一段内容。最后，给予受训者较为专业的反馈。这样，可以最大限度地调动受训者的积极性。

(3) 安全教育培训后期——评估阶段

评估是培训的重要组成部分，是考察培训是否达到目的、培训方法是否合理的重要方法。培训评估可分为以下 4 个方面。

● 受训者反应。在培训结束时，向受训者发放满意度调查表，征求受训者对培训的反应和感受。

● 学习的效果。检查受训者在培训结束时，是否在知识、技能、态度等方面得到了提高。

● 能力的改变。这一阶段的评估要确定培训参加者在多大程度上通过培训而发生了能力上的改进。可以通过对参加者进行正式的测评或非正式的方式（如观察）来进行。

● 产生的效果。这一阶段的评估要考察的不是受训者的情况，而是从企业的范围内，了解因培训而带来的受训者所在部门的改变效果。

培训的结束并不意味着与受训者的联系就此中断，培训结束后需要与受训者及时进行沟通反馈，看对改进培训内容和方法有什么建议。

3. 安全教育和培训的心理学意义与心理效应

企业对员工进行安全教育和培训，不仅是法律法规的规定，企业必须履行，同时也是企业生产作业的实际需要。《安全生产法》第二十一条规定：生产经营单位应当对从业人员进行安全生产教育和培训，保证从业人员具备必要的安全生产知识，熟悉有关的安全生产规章制度和安全操作规程，掌握本岗位的安全操作技能。未经安全生产教育和培训合格的从业人员，不得上岗作业。

从实际需要来看，新员工要严格进行三级安全教育和考试合格后方能进入操作岗位，是因为生产操作岗位大多处在运转的机器设备、多变的工艺条件和复杂的操作环境之中，必须遵循企业的各项规章制度，必须懂得安全操作规程，才能确保自身的安全和周围环境的安全。

从心理学的角度来分析安全教育和培训，可以更好地促进教育与培训工作。

(1) 安全教育与培训的心理学意义

安全教育与培训是职工教育与培训的内容之一。企业为适应生产的发展和培养人才的需要，对职工运用学习心理进行训练、进修、参观等各种形式，有计划地提高职工的素质，以期达到强化职工的优良心理和促进职工能力的发展，增进所需知识和技能的目的，使职工能胜任现职工作，并为将来担任更重要的工作创造条件。安全与职工的素质有密切的联系，很难想象，素质不高的职工队伍对安全工作会予以重视。因此，安全教育与培训的目的就是提高职工的安全心理素质和安全技能。

安全教育与培训的心理学具体意义有以下几点。

● 运用学习心理学增进培训效果。学习心理是从心理学的观点，研究怎样使参加培训的人员提高学习的兴趣，增加他们的学习记忆能力和提高学习效果。因此在举办培训班时，应考虑采用何种教学方式，培训教材应如何安排，怎样制定学习进度，对学习成绩优良者如何给予奖励，如何将学习到的知识具体应用到工作中去等。在制订和执行培训计划时，都需要从学习心理的角度予以考虑，以期增进职工的学习效果。

● 有计划地增进职工的知识和技能，减少职工的个体差异。职工的能力和技能是有个体差异的，通过培训，增进职工所需知识和技能，担任同性质和程度工作的职工可以获得具有同等程度所需的知识和技能，因而在一定程度上可以减少职工知识技能及工作效率上的个体差异。

● 提高职工优良的心理素质和能力。职工优良的心理素质，如对安全的正确态度、心理上足够的承受能力、紧急情况下的应变能力，都是保证安全生产必不可少的，因此安全教育与培训就是要提高职工优良心理素质。能力也是一种心理因素，是完成某种活动（包括安全生产）的必要条件。心理学研究表明，在训练水平、知识水平、培训时间等相同的条件下，人的能力的大小与工作效率、防止事故的效果有一定的联系。因此，安全教育与培训必须重视提高职工的优良心理素质，特别是重视职工能力的培训。

● 应用心理学原理指导技能训练。从心理学角度来说，技能是通过反复练习而巩固下来的，已经自动化、完善化的动作方式，是一种通过复合条件反射逐渐形成的对该项作业的动力定型，使从事该作业时各器官系统相互配合得更为协调、反应更加迅速、作业更迅速准确。心理学的研究证明，人的每一个技能动作，都是根据对刺激物的感知所做出的反应，都是在大脑皮层中枢神经系统的控制和调节下完成的，技能动作的反应速度和准确性，对于任何工种的工作效率和安全来说，都是十分重要的。因此，用心理学原理指导技能训练，指导安全教育与培训，能够取得比较好的效果。

(2) 安全教育与培训应注意的心理效应

安全教育与培训要遵循心理科学的原则，并注意下列心理效应。

● 吸引参与。心理学研究表明，人对某项工作参与的程度越高，就越会承担更多的责任，并尽力去创造绩效。这种参与意识，还会改变人们的态度，因为参与可以使人对某项工作或事物增进认识，又能改变人们对某一事物的情感反应，从而导致积极行为。因此，在安全教育与培训中应注意如何吸引职工参与，如参与规章制度、工作方案、操作规程的制定，让职工畅所欲言，充分讨论，使安全教育成为职工自己的事情。

● 引发兴趣。兴趣是人力求认识某种事物或爱好某种活动的倾向，如果人对某种事物或某项活动发生兴趣，就会促使他去接触、关心、探索这件事物或热情地从事这种活动。因此，在安全教育与培训中必须运用各种生动活泼的形式引起职工的兴趣，使职工积极参与，如开展安全知识竞赛、安全操作比赛、电化教育等。

● 首因效应。也称为第一印象。根据美国心理学家的研究，首因效应作用很强，持续的时间也比较长，比以后得到的信息对于事物整体印象产生的作用更强。这是因为人对事物的整体印象，一般都是以第一印象为中心而形成的。因此，在安全教育中狠抓新进厂职工（包括外厂调入的职工，以及来本厂进行培训和实习的人员等）的入厂安全教育与培训，有非常重要的意义，因为他们刚到一个新的工作环境，第一印象对他们有着深刻的影响，甚至可以影响以后很长一段时间的安全行为和态度。

● 近因效应。是与首因效应相反的一种现象。指在印象形成或态度改变中，新近得到的信息比以前得到的信息对于事物的整体印象产生更强的作用。这就提示安全教育必须持之以恒，常抓不懈，不能过于依赖首因效应和一些突击的活动。尤其是一些新入职的职工，除受到首因效应影响外，车间、班组的气氛，老职工对安全生产的态度，对他们的安全生产态度和行为影响更大。

● 逆反心理。所谓逆反心理是指在一定条件下，对方产生与当事人的意志、愿望背道而驰的心理和行动。按通俗的说法，就是“你要我这样做，我非要那样做；你不准我做的事，我非要去做不可”。因此，在安全教育与培训中要求受训者做到的，最好以商讨、鼓励、引导、建议的方式提出，在教育中尊重受训者，不伤害受训者的自尊心，态度不宜粗暴，以免受训者产生逆反心理。

(3) 人的行为层次及安全教育与培训

有的专家把生产过程中人的行为划分为三个层次：即反射层次的行为，规则层次的行为、知识层次的行为。

● 反射层次的行为。发生在外界刺激与以前的经验一致时，这时的信息处理特征是，知觉的外界信息不经大脑处理而出现的下意识行为。熟练的操作就属于反射层次的行为。反射层次的行为，好的方面是可以节省信息处理时间，准确而高效地工作，以及迅速地采取措施对付紧急情况；不好的方面是，操作者由于不注意而错误地接受刺激，或者操作对象、程序发生变更，或者设备设施设计不合理而发生失误。

● 规则层次的行为。发生在操作比较复杂时，操作者首先要判断该按怎样的操作步骤操作，然后再按选定的步骤进行操作。进行规则层次的行为时，操作者可能由于思路错误或按常规办事，或由于忘记操作程序、省略某些操作、选错替代方案而失误。长期的规则层次行为容易形成习惯操作而不常用脑思考，在出现异常情况的场合容易发生失误。

● 知识层次的行为。这是最高层次的行为。它发生在从事新工作、处理没有经历过的事情时，人们要观察情况，判断事物发展进程，思考如何采取行动，经过深思熟虑后才行动。进行知识层次的行为时，操作者受已有知识、已有经验的影响，可能做出错误的假设、设想或推论，或对事故原因与对策的关系考虑不足而发生失误。设备的安装、调试、检修都属于知识层次的行为。

根据生产操作特征对人的行为层次的要求，安全教育与培训相应地有三个层次的教育与培训，即操作层次的教育与培训、规则层次的教育与培训、知识层次的教育与培训。需要注意，反射操作层次教育与培训是通过反复进行操作训练，使受训者熟练、正确、条件反射式地操作。规则层次的教育与培训是教育操作者按一定的操作规则、步骤进行较复杂的操作。经过教育培训，使操作者牢记操作程序，不漏任何步骤地完成规定的操作。知识层次的教育与培训使操作者不只学会生产操作，而且要学习掌握整个生产过程、生产系统的构造、工作原理、操作的依据及步骤等广泛的知识。生产过程自动化程度越高，知识层次的教育与培训越显得重要。在进行安全教育与培训时，要针对各层次行为存在的问题，采取恰当的教育与培训措施。

（4）安全教育的过程

安全教育可以划分为三个阶段：安全知识教育，安全技能教育和安全态度教育。

● 安全教育的第一阶段应该进行安全知识教育，使人员掌握有关事故预防的基本知识。对于潜藏的、人的感官不能直接感知其危险性的不安全因素的操作，对操作者进行安全知识教育尤其重要，通过安全知识教育，使操作者了解生产操作过程中潜在的危险因素及防范措施等。

● 安全教育的第二阶段即进行“会”的安全技能教育。传授安全知识只是安全教育的一部分，而不是安全教育的全部。经过安全知识教育，尽管操作者已经充分掌握了安全知识，但是，如果不把这些知识付诸实践，仅仅停留在“知”的阶段，则不会收到较好的实际效果。安全技能是只有通过受教育者亲身实践才能掌握的东西。也就是说，只有通过反复实际操作，不断摸索，熟能生巧，才能逐渐掌握安全技能。

● 安全态度教育。这是安全教育的最后阶段，也是安全教育中最重要的阶段。经过前两个阶段的安全教育，操作人员掌握了安全知识和安全技能，但是在生产操作中是否实施安全技能，则完全由个人的思想意识所支配。安全态度教育的目的，就是使操作者尽可能自觉地遵章守纪，实行安全操作，搞好安全生产。

安全知识教育、安全技能教育、安全态度教育三者之间是密不可分的，如果安全技能教育和安全态度教育进行得不好的话，安全知识教育也会落空。成功的安全教育不仅使职工懂得安全知识，而且能正确地实施安全行为。

(5) 安全技能训练

安全技能是人为了安全完成操作任务，经过训练而获得的自动化、完善化的行为方式。由于安全技能是经过训练获得的，所以通常把安全技能教育叫做安全技能训练。

技能是人的全部行为的一部分，是自动化的那一部分。它受意识的控制较少，并且随时都可以转化为有意识的行为。技能达到一定的熟练程度后，具有了高度的自动化和精确性，便称为技巧。达到熟练技巧时，人员可以进行条件反射式的行为。

在日常安全工作中经常会遇到所谓习惯动作的问题。技能与习惯动作是不相同的。

首先，技能根据需要可以发生或停止，随时都可以受意识的控制。而习惯动作是无目的地伴随一些行为发生的完全下意识的动作，需要很大的意志努力及克服情绪上的不安才能控制它或使其停止。

其次，技能是为达到一定目的，经过意志努力练习而成的。而习惯动作往往是无意中简单地重复同一动作而形成的。

再者，一般的技能都是有意义的、有目的的行为。习惯动作则可能有意义、有目的，也可能没有意义和目的。职工中的许多习惯动作是不利于安全的，必须努力克服。（晓明）

4. 企业在新形势下的安全教育工作

强化安全教育是实现人的本质安全的需要。安全生产的核心问题是人，即通过研究人、分析人、纠正人的不安全行为，提高人的安全素质，以达到安全生产的目的。因此，作为安全管理工作的重要内容，安全教育与安全技术、安全管理共同构成了安全生产工作的三大支柱，成为企业安全生产的重要保证。但是，许多企业并没有真正认识到安全教育的价值，特别是在生产繁忙的情况下，容易忽视或放弃安全教育。在目前的新形势下，新科技、新技术、新工艺层出不穷，企业生产对职工的安全素质也有了更新更高的要求，因此必须加强安全教育工作。

(1) 安全教育的对象发生了变化

目前，一些大、中型国有老企业，职工多是八十年代就业高峰后走上工作岗位的。近几年，由于用工制度的改革，这些职工已占企业员工的70%～80%，众多的独生子女也在近几年间进入了企业。同上一辈人相比，他们具有鲜明的时代特征：思想活跃、自学能力强、兴趣爱好广泛、改革意识浓厚、反对照搬照抄、敢于开拓进取。但也存在组织观念淡薄、态度不严肃、逆反心理强的缺点。在安全工作中主要表现为安全意识差、安全技能差，存在重生产、轻安全的行为，习惯性操作普遍存在，违章指挥、违章操作、冒险蛮干的行为时有发生。

(2) 安全教育有了更高的要求

科学技术的进步对职工的文化和技术要求更高，特别是现代企业的机械设备都具有速度快、温度高、压力大等特点，使用的原料具有易燃易爆或有毒有害，尤其是某些设有连锁装置、由计算机集中控制的企业，一旦误操作，就会造成厂毁人亡的恶果。因此，需要更高安全素质、更高安全技能的职工来操作。此外，在部分企业中，还有20世纪60～70年代投入使用的老设备，这些设备在设计及制造时缺乏配套的安全设施，虽然不断进行修改，但仍存在着大量的不安全因素。而且，同样的设备，现在的工效比过去高得多，节奏比过去快得多。因此，在这种情况下，注重职工的安全知识教育，强化职工的安全意识是十分必要的。但是，现在的安全教育仍沿袭传统的教育方法，注重说教，忽视效果，已无法适应新形势下安全教育的需要。

(3) 安全教育的内容应有所突破

在传统的安全教育中，其内容大致可以分为四个方面：安全思想和纪律教育、劳动保护方针政策教育、安全技术教育、安全生产经验教训的典型案例教育。在这四个方面的教育中，对职工的生理、心理、法制、自我保护等缺乏相应的教育，没有把安全教育的深度和广度与工作性质相结合。教育内容的欠缺导致职工安全认识模糊，如自我保护意识较弱，就会造成职工在明知有危险，但由于领导要求，也只好冒险作业的现象。同时，也会造成对于险情不是从自身出发，积极整改，而是得过且过，使隐患大量存在的现象。

(4) 安全教育的方法需要更加得当

安全教育方法是否得当对于提高职工安全素质具有重要的意义。过去，一般采用上大课、做报告，利用广播、报纸、杂志、黑板报的方法，只能起到一般号召的作用，在经济体制改革不断深入的今天，显得呆板、无力。因此，必须采取一些职工乐于参与和普遍接受的形式，把安全教育和职工个人及家庭幸福、娱乐活动、思想政治工作结合起来。

安全教育工作中出现的新情况、新问题，迫切需要我们去研究、去解决，需要通过系统的教育方法，对职工进行全员的、全面的、全过程的、有针对性的、灵活多样的安全教育，提高职工的安全意识和安全技能。

● 范围更广泛的全员安全教育。安全教育的性质属于实用性、专业性、现场操作性的成人教育，对象更广泛，内容更丰富，上至领导决策层、生产管理层，下至生产班组长、操作工人，每一个人都要参加相应的安全教育，按职责、按层次对他们进行教育。厂长、车间主任要进行安全生产方针政策法规以及科学安全思想教育，班组长、操作工人主要围绕“三不伤害”进行系列教育，特殊工种要参加特殊工种的培训等等。只有对每一个职工进行不同的安全教育，摆正安全与生产的位置，增强自我保护的能力，才能形成“人人讲安全、人人要安全”的浓厚氛围，使每一个人都能自觉、主动地做好安全生产。

● 内容更丰富的全面安全教育。实施全面的安全教育，要制定出详尽的教育规划。各类工人的教育内容除了本工种、本岗位应当掌握的安全技术知识、安全操作规程，还应增加相关工种、相关岗位的安全技术、安全法规、伤亡事故案例的内容。各类干部的教育内容除了应当掌握的安全生产方针政策、安全管理知识外，还应增加安全系统工程、方针目标管理等现代安全管理知识。同时，还要在安全教育中不断丰富、更新其内容，由此使广大职工的安全技术素质和安全管理水平得到全面的教育、锻炼和提高。

● 贯穿生产始终的全过程安全教育。安全教育工作需要连续不断、反复进行。为了常抓不懈，必须建立健全相关的规章制度，做到经常化、制度化，使每一个职工在企业中都能受到长期性的安全教育。新工人入厂要进行三级安全教育，上岗要接受本岗位、相关岗位的安全技术知识教育、安全法规教育，特殊工种要接受特种作业安全技术培训、考试及复审。每上一个新的项目、每引进一种新设备、每进行一次检修都要对职工进行安全教育。特别是任务繁忙、气候恶劣、作业艰苦时更要对职工进行安全教育。总之，要把安全教育贯穿于企业生产经营活动的始终，杜绝安全教育的盲区，达到更新知识、深化知识、提高才干和本领的目的。

(5) 采取效果更显著的有针对性的安全教育

为了使安全教育收到较好的效果，需要按照系统工程的方法，找出事故在类别、时间、年龄等方面的规律，依据这些对职工进行有针对性的安全教育，力求收到事半功倍的效果。概括地说，可以有以下几个重点：

● 把企业领导干部作为安全教育的重点。领导干部作为企业的决策者，需要认真做到“管生产必须管安全”，在安排各项工作中要自觉贯彻执行“安全第一，预防为主”的方针，改变忙抓生产，忽视安全的现象，切实解决在安全工作中的“肠梗阻”。因此，对领导干部进行安全教育时要把重点放在安全生产的方针政策、安全管理常识、安全目标管理等内容上，同时，还要结合本单位实际情况，把生产中出现的关键问题作为学习的重点。

● 把班组长作为安全教育的重点。班组长安排每天的具体工作，组织实施生产活动，不仅要懂安全，还要管安全、保安全。要认真做好班组长的安全教育培训，增强他们在安全生产中的业务能力，从而使每一个班组长所领导的班组实现岗位无隐患、个人无违章、班组无事故，最终实现个人保班组、班组保车间、车间保厂矿、厂矿保公司的安全目标。

● 把参加工作时间短的青工作为安全教育的重点。目前，各企业的青工比例较高，一般都在50%～70%，有的企业甚至达到90%左右。这些青工入厂时间短、环境生疏、安全意识差，是事故多发人群。从一些企业近年发生的事故，大多数都是青工。因此，要针对青工的特点，采取适合青工的教育形式，对他们进行安全教育。同时，还要充分发挥青年安全监督岗对青工进行安全教育、监督管理的职能，努力做好青工的安全工作。

● 把事故概率高的工种的作业人员作为安全教育的重点。从近期发生的事故来看，爆炸、触电、高空坠落、车辆伤害、机器工具伤害、物体打击等是企业多发的伤害事故，这应该是安全工作防范的重点。根据这个规律，要把特种作业和机器操作人员作为安全教育的重点对象，按照相关的规章制度对他们严格进行培训考核，取得上岗资格证或复审合格方能上岗。

● 把事故多发时间作为安全教育的重点时期。众所周知，炎热的夏季、寒冷的冬季、潮湿的雨季以及节假日是安全事故多发的时期，要在这段时间加强安全教育，进行重点、全面、集中的教育，做到防患于未然。

(6) 方法更灵活的多种安全教育

安全教育是一项作用于人、影响于人，以人为主要因素的工作。为了使安全教育收到事半功倍的效果，应采取多种灵活的形式对职工进行安全教育，要因人施教、因需施教，改变过去那种灌输式的教育方法。可以通过报纸杂志、广播电视、安全标语、安全板报、事故反思、经验交流、安全演讲、案例教育、知识竞赛、技术表演赛、结安全互保对子等形式对职工进行教育，充分调动职工参与安全管理的积极性，提高职工的安全素质，从而使广大职工在思想上由“要我安全”向“我要安全”转变，在行动上做到“我管安全”“我会安全”，在效果上达到“我保安全”的目的，最终实现安全生产的目标。

总之，安全教育工作具有全面性、周期性和多层次性，是企业安全管理工作水平的体现。只有不断深化安全教育工作，理顺安全教育、安全生产、安全管理与提高经济效益的关系，把安全教育、安全生产贯穿于企业生产经营的全过程，增强职工的安全意识，提

高职工的安全技能，才能创造出更高的经济效益，在激烈的市场竞争中保持旺盛的生命力。（张荣）

5. 增强安全教育和培训效果的有效方法

毫无疑问，增强安全教育培训效果，首要的因素便是教育培训内容具有针对性，也就是说，教育培训内容为了满足职工的实际需要，才能具有实效性，教育培训针对性越强，收到的效果往往越好。反之，教育培训内容脱离职工的实际需要，想当然地讲授灌输，参加教育培训的职工不能产生兴趣也是顺理成章的事了。所以，在选择教育培训内容上，一定要从职工安全生产的实际需要出发，他们需要什么，就安排什么。要使职工由衷地感受到，向他们灌输的东西不是强加于他们的，而是他们所需要的，并且是当务之急必须获得的东西。这样，他们必然全神贯注地投入教育培训内容的学习，也就是人们经常讲的“不是我要你安全，而是你需要安全。”

（1）参观变电所引发的学习热情

2003年，某供电公司接纳一批电力院校的学生到现场实习，为确保他们作业中的安全，主管生产的副总经理准备亲自给他们讲一次安全教育课。怎样使安全教育课更具有吸引力呢？这位副总经理为适应实习学员的新鲜感，带领他们参观变电所，每参观一处都告诉他们：“这些电气设备都在运行，非常危险。不保持安全距离或不穿戴合格的防护服装或不使用绝缘工器具，人体与它们接触就会触电。”把带电运行设备的危险性讲得清晰透彻，学员们听得专心致志，受到了强烈的震撼。有的学员现场提问：“电气作业怎样做才能不受伤害，确保安全呢？”副总经理因势利导回答说：“不受伤害、确保安全的方法只有一个，就是严格遵守《电业安全工作规程》。”有的学员马上追问：“什么时候组织我们学习《电业安全工作规程》？”副总经理说：“大家先要有一个充分的准备，明天上午，我就组织大家学习避免伤害、确保安全的法宝——《电业安全工作规程》。”参观完毕，副总经理发给每个学员一本《电业安全工作规程》。就在当天晚上，学员们满腔热情地学习起来，边读边讨论，很晚才就寝。第二天上课，大家也听得格外认真，收到明显效果。学员们见习一个月，人人都能牢记安全，自觉地遵章守规，未出现任何安全事故。实践证明，如饥似渴地学习安全生产本领的人，其精力才能主动向安全教育培训投入。

(2) 三个戴好安全帽的事例的启示

在安全教育培训中，讲述生动的、含义深刻的生产安全事故，比单纯地照本宣科地讲解条文更具有新鲜感和吸引力。一些职工不爱听干巴巴的条文，却爱听具有故事色彩的令人印象深刻的事故案例。有位安监处长讲过："事故与故事，文字相同只是摆放的位置不同。"每个安全生产事故，都可以编成鲜活感人的故事讲给职工们听，使他们从中悟出"安全第一，预防为主"的基本道理。有的企业在编写安全生产教材时，编写人员花费许多脑筋，列出讲授的纲目，再经过分析选择，把有价值的典型事故案例或故事作为佐证。

一次，某变电所邀请供电公司安监处长给职工讲课，内容是：戴好安全帽。这位处长在讲课时讲述了三例安全帽保护人命的真实事例。第一个故事是：一天，某单位桥式吊车像以往一样正在进行作业。突然，一根长 1.3 m 的撬棍从 12 m 高的桥吊上掉了下来，不偏不倚正打在一名女工的头上。她跌倒在地，休克过去。车间主任和在场的职工都惊呆了，赶紧通知救护车和医生前来抢救。只见她的左耳朵后部被撬棍划破，鲜血直流，安全帽仍旧戴在头上，只是被打破了 4 cm 长的裂口。但是救护车和医生还没赶到，这个女工就苏醒过来，还奇迹般地站立起来。经过医生检查，除左耳后被划破外，其他部位安然无恙。第二个故事是：1989 年 7 月 13 日，某供电公司在 66 kV 送电线路更换绝缘子。一名工人在攀爬时不慎从 8 m 高处坠落。在坠落过程中，他的头部多次撞击在塔材上。后果怎样呢？因为他戴着安全帽，头部未受伤，落地后只是腰部挫伤。第三个故事是：1992 年 6 月 2 日，某变电所在倒闸操作时违反安全工作规程带地线合闸。产生的弧光把操作人员的手、腰和胸部都灼伤了，但头部因为有安全帽的保护而幸免“灭顶之灾”（他讲述的故事很曲折、生动和感人，这里只是概略记述）。讲完这三个故事之后，他说：“这三个故事说明了安全帽的三个作用。大家想想看，第一个故事告诉我们，安全帽戴在头部，能起到减轻坠落的物体对头部的打击作用；第二个故事告诉我们，安全帽戴在头部，能起到减轻物体对头部的撞击作用；第三个故事告诉我们，安全帽戴在头部，能够起到头部与带电物体隔离，避免触电和防止被电弧灼伤的作用。因此，可以这么说，安全帽是我们生命与健康的‘保护伞’。安全帽对于我们的保护作用这么大，我们应该怎样对待安全帽呢?”课堂上鸦雀无声，职工们的注意力被吸引过去。这位处长接着说：“至少我们应做到两点，一是坚持按规定戴好安全帽，并系牢帽带；二是要爱护安全帽，不能把它当板凳去坐……”十多年过去了，至今有的职工还津津乐道地说：“每当我看见安全帽时就会想起那三个故事，每当我不想戴安全帽时也会想起那三个故事，便督促自己一定戴好保护自己生命与健康的安全帽，一定要爱护好保护自己生命与健康的安全帽。”

(3) 教育过程中的兴趣吸引

授课人在讲述过程中满脸严肃，语调单一，最容易使听课人的注意力分散，因为大家觉得你的讲述缺乏新鲜感，听起来缺少趣味性，原来倾听的人的注意力就会转移到其他感兴趣的事物上去。所以要使听课人的注意力保持长久的一个简单途径，便是不断变换讲课的语气，有时缓慢，有时激烈；有时音高，有时低沉，抑扬顿挫。为调节气氛，也可讲述一些与安全有关的笑话、幽默和脑筋急转弯，将注意力引回课堂讲述的内容上来。讲述中可较多使用职工熟知爱听的土语方言，也能起到烘托氛围的作用。

一次，笔者去某供电公司安监处了解情况，看到安监处长办公桌上有一份安全生产教育讲课材料，信手拿起来翻看，只见讲课材料从头到尾都画着横线、虚线、三角形、圆圈和对号这五种符号，觉得有些奇怪。这五种符号是做什么用的呢？安监处长告诉我："讲授一次安全教育课，需要以多种生动色彩的形式配合，才能唤起参加学习人员的注意力。我在教材上画横线的句子，是为了表明这些基本道理必须让职工牢牢记住，我要复述几遍，要求职工记在学习记录本上；画虚线的句子为引用的生产安全事故案例，我要做细致、形象的讲述；画三角形的文字部分，是为了表明提出问题，请参加学习的职工回答；画圆圈的文字部分，是标明我讲到此处要把问题写在黑板上；画对号的文字部分是讲课的收尾部分，准备留作考试的复习题。"笔者深有感触地说："想得真细呀！你讲课的效果一定不错。"但安监处长却说："这样准备完后，是否受到听课职工的欢迎，还要放在培训的实践中去检验。根据我的经验，讲授安全教育课必须适应听课职工的心情，选择引人入胜的教育方式，才能诱导他们把注意力始终放在听课上。"

这位安监处长说，在电力设备抢修和"春、秋检"大忙季节，用于安全教育的时间一般安排在雨天。这样的天气本来就令人沉闷，再加上职工很劳累，听课的精神头不可能旺盛。怎么办？就得想办法调节职工的学习热情，因势利导地纠正思想溜号现象。一次，讲课时看到不少职工打瞌睡，便没有往下讲，而是穿插讲了一则与安全生产有关的笑话，逗得大家前仰后合地笑了起来。注意力开始集中时再往下讲。看来，讲课的语调做些改变，穿插进一些与安全生产有关的鲜活内容，不失为增强听课人员注意力的有效方法。

(4) 面对面授课讲解的作用

现在，电化教学已成为电力企业普遍采用的一种安全生产教育培训的手段。如果画面清晰，背景不断地变换，讲课语调抑扬顿挫、趣味十足，既能吸引听课人员的注意力，又能扩大收看的效果。但是，如果画面场景呆板，讲课语调又缺乏生动性，吸引听课人员注意力的效果并不强，还不如授课人员与听课人员面对面地讲解、座谈和讨论。有位班长讲过："领导干部到班组职工中来，这本身会引起职工的极大注意，即便你不说他们也会考虑甚至询问：领导干部到我们班做什么来了？如果知道他们是来检查安全生产工作的，职工便互相提醒：'注意啊，别让人家看出毛病来'。"曾经给基层班组讲过安全教育课的干部也有类似的感觉，认为面对面地授课、座谈或讨论，大家坐在一起，距离接近了，感情贴近了，注意力比以往任何时候都集中。

2003年，一位生产局长来到某班组，正赶上这个班组在预想即将进行的作业存在的危险点和研究应采取的防范措施。生产局长说："我本来是想给大家讲一讲安全生产问题，介绍一下全局的安全生产形势和应注意的问题。现在，就让我一同参加大家的讨论吧！"大家的发言先是拘谨，后是异常活跃，提出了在即将进行的作业中有可能存在的五处危险点和六项防范措施。生产局长听了感到这些都符合实际，频频点头。最后，班长说："请局长给咱们讲话，大家欢迎。"生产局长先是谈了对该班安全生产状况的看法，而后转入正题，简要地介绍了供电公司的安全生产形势和应注意的问题。最后，问大家："还有哪些问题需要注意的，请大家谈一谈看法。"大家立刻你一言我一语，对供电公司下一步如何加强班组安全建设工作提出了四条建议。生产局长说："你们提出的四条建议，我全部记在本子上了，一定认真对待，并付诸实施。不过，我讲的应注意的问题，你们也要往心里去，落到实处呀！"事后，这位生产局长得知：这个班组利用安全日活动，专门讨论了他所讲的应注意的问题，拟定了进一步加强班组安全生产工作的规划，到年底，这个班组安全建设工作有了进一步加强，杜绝了安全生产事故，实现了安全年的目标。这位生产局长深有感触地说："进行这样的安全生产教育，我可以把全体人员集中起来上课。但总感到集中上课不如分班组上课效果好。我虽然辛苦一点，多讲几次，但每次讲的与每个班组的安全生产实际结合得紧密，职工对安全生产的注意力也集中了。看起来，与职工面对面地讲课、座谈、讨论，乃是吸引职工注意力的一个有效方法。”实际上，讲课人与职工面对面地讲授、座谈和讨论，讲课人与听课的职工这两方面的注意力都得以进一步的强化，因为讲课人在听课的职工面前不仅要讲课，而且要观察听课职工的情绪变化，还要回答听课的职工提出的问题，其注意力不能松懈；而听课的职工不仅要在讲课人的监督下听课，还要思考讲课人提出的问题，不努力思索，便不能实现，因此，其注意力要专注、集中，不能松懈。

(5) 培训之后考试的促进作用

职工参加“三级安全教育”或听完安全教育培训课，都要参加相应的考试，考试不及格者不允许上岗，而应该继续补习，直到考试合格为止。这条硬性规定，是促使职工以高度紧张的注意力参加安全教育培训的一个有力措施。有位安监处长在实践中得出结论：安排考试的安全教育培训总比不安排考试的安全教育培训的效果好。为什么呢？因为参加不进行考试的安全教育培训，有的职工在没有一定压力的情况下，总感到“学多学少无关大局”，多学一点，少学一点都不很重要，力争上游的动力明显不足。而进行安全考试的安全教育培训则不同，应该达到的学习指标明确，并且与职工的实际利益紧密挂钩，考试合格即能上岗，工资、奖金收入有保障；考试不合格参加补习，只发基本工资，奖金等没有了。这样，职工便会以充足的注意力投入学习。因此，一些重要的安全教育培训，都应该在教育培训之前提出具体的要求，在教育培训之后安排考试，以保证教育效果落到实处。

某供电公司安监处进行冬训时，因达到的要求不明确，教育培训覆盖面不广，课堂纪律松散，致使教育培训走了过场。后来，公司明确规定，安全教育培训结束后进行考试，考试名次和成绩张榜公布，不合格者继续参加补习，不得上岗。这一招十分有效，职工参加教育培训的积极性立即高涨起来，有要办事的人不再请假，在外地公出的人提前赶回公司参加安全教育培训，听课时大家都提前到场，认真作记录。有的职工为取得好成绩，一连几个晚上自学到深夜。考试时，应该参加考试的职工全部到场，并且都取得了优良的成绩。

(6) 教育之后的实际能力转化

一次安全教育培训在课堂上起到了吸引注意力的效果，并不意味着教育培训已经终结；参加教育培训的人员已经尽最大的努力吸纳了教育培训内容，也不意味着学习任务的最后完成，还必须将学到的安全生产知识转化为实际能力，即用以指导实际行动，解决安全生产工作中遇到的具体问题，避免生产安全事故。因此，一次安全生产教育培训过后，还应该继续做好教育培训效果的巩固工作，当对安全生产的注意力弱化时，采取有效的配合方式予以加强。

某供电公司进行反习惯性违章教育后，除利用墙报、壁报、广播、闭路电视大力宣扬遵章守规的好人好事外，还对习惯性违章现象实行公开曝光，即将习惯性违章的责任人、过程及其造成的不良影响公示于众。被公开曝光的习惯性违章责任人认识到了违章的危害性，主动在班组会上作深刻检查，表示今后一定要严守安全工作规程，决不再发生习惯性违章行为，其他职工也深受教育，都严格要求自己，习惯性违章现象大为减少。除此之外，还对发生习惯性违章造成一定危害的责任者，实行重罚。许多职工看到，如果发生习惯性违章行为，不仅安全生产奖没有了，而且罚款从工资里扣除，个人经济损失很大，这大大提高了反习惯性违章的注意力。对新工艺或大型作业，事先都反复诵读，研究和理解《电业安全工作规程》，用心进行模拟演练，以防止出现误操作；在作业中，还能做到互相监督，及时制止习惯性违章行为。

实践证明，有新鲜内容的安全教育培训，易于吸引职工的注意力。而与职工切身利益挂钩的做法，对吸引职工的注意力也具有强烈的引导作用。对习惯性违章的责任者实行重罚，看起来有些不近人情，但这样做的根本目的还是为了维护职工的切身利益，使他们增强注意力，从中吸取教训，从而避免因习惯性违章诱发生产安全事故而受到危害。有的职工受了处罚当时不理解，甚至会产生埋怨和消极情绪，即使这样，他们为了不再受经济处罚，也能注意管制自己不再发生习惯性违章行为。因为受到经济处罚，职工自己不情愿，还会受到家属的责备，一家人会把注意力都投入到如何劝阻亲人不发生习惯性违章上。并不是每次习惯性违章都能诱发现实的生产安全事故，但习惯性违章确是诱发生产安全事故的土壤和温床。因为没有诱发现实的生产安全事故，有的职工对习惯性违章行为的危害还没有完全认识清楚，他们有可能忽视安全生产而继续满不在乎，直到诱发生产安全事故才会感到切肤之痛，可是事故已成定局，后悔已晚。所以，当习惯性违章行为一出现，就应施以重罚，必然能引起强烈的震撼，促使职工加强对遵章守规的注意力。正因为如此，有的安监干部说："我宁可听受罚职工的骂声，也不愿听因习惯性违章而引发生产安全事故的哭声。"（晴朗）

6. 提高安全培训效果的六要素

安全生产培训教育是安全管理工作的重要环节，是提高员工的安全素质和安全意识最有效的途径。优质高效的安全培训模式是企业提高安全培训教育效果的关键。如何构建基层安全培训模式，是企业实行有效的安全培训的重点课题。

(1) 企业安全培训的主要问题

分析我国目前企业安全培训的现状，可以看到主要存在三方面的问题和不足。

● 人员的素质差异大。由于用工制度的多元化，造成我国目前企业中新进厂员工素质的差异较大。首先是文化水平参差不齐，尤其是外雇人员，一般来自农村，他们中有些仅为初中毕业，甚至是小学毕业。文化水平低，使得他们的素质存在着一定的差异。其次是工作经历和生活经验的差异。这些新工人中有的是在其他行业或企业工作过，有的则是刚参加工作，没有任何实践经验，并且组织纪律性差，多半没有经过企业的安全教育，安全知识和安全意识严重不足。

● 安全教育的投入不足。有些企业在安全培训上舍不得投入，对新进厂员工的安全教育没有安排专门的脱产培训，只是由生产岗位的负责人在大小会上顺带叮嘱安全注意事项，再安排各级安全管理人员做安全指导教育，但没有专门的安全培训教材资料，这使得安全培训教育流于形式，效果较差。

● 培训师资问题不少。有些企业尽管安排了专门的安全培训教育课，但讲课者多是企业各级安全管理人员，他们作为兼职“老师”，除了少部分人员接受过系统的安全管理和安全技术知识培训外，相当一部分安全管理人员未经历过系统的培训。他们讲解的内容常常限于实践中得到的安全常识，教学方法往往也很单调，如对工人实行满堂灌，讲课缺乏科学性和系统性。课堂上经常会出现“老师”在台上讲课，“学生”在台下睡觉的现象，达不到安全教育的效果。

(2) 有效安全培训教育六要素

企业基层员工安全培训教育效果不良，员工的安全素质与意识提高不快，已成为提高企业安全管理水平的绊脚石。笔者根据多年来在企业做安全管理工作的经验，总结出一种适合基层单位的安全培训模式，它包括了 6 方面的要素，即一个目标、两个重点、三个阶段、四个层面、五个关键、六个载体。

●“一个目标”，即基层单位要制定年度安全培训教育的目标、计划。企业应全面掌握单位人员的构成和安全培训的侧重点，设定年度安全培训的目标，拟订较为详细的培训计划，例如针对新入厂员工、特种作业人员、安全管理人员等不同的群体，设定不同的培训课时，讲述各类安全知识、技术知识等。

●“两个重点”，即安全生产教育应在企业管理和基层项目两个重点上同时抓、同时管。前者是抓安全意识、安全知识教育，以及为基层班组级的安全教育提供各种支持，特别是为“兼职老师”进行培训，指导他们一些教学技巧，教学方法和教学要求等知识，提高他们的教学水平。后者是抓行为、技术、管理措施的应用和自我与群体保护能力的提高，特别是强化日常安全培训教育，不断更新员工安全技术知识，提高其安全操作技能。

●“三个阶段”，主要是针对培训教育的内容。培训内容的确定是提高安全培训质量的关键。国家安监总局自 2006 年起施行的《生产经营单位安全培训规定》，规定了生产经营单位主要负责人和安全生产管理人员安全培训应当包括的 14 项内容，在这里概括起来可分为三大类内容，即安全知识教育、安全技能教育和安全意识教育。安全教育的第一阶段应该进行安全知识教育，使职工掌握有关安全管理、事故预防的基本知识，能够学会辨识危险因素的方法，使操作工人了解生产操作过程中潜在的危险因素及防范措施。安全知识内容主要包括法律法规知识、安全管理知识、危险识别和防范知识、应急救援知识等。

安全教育的第二阶段应进行所谓“会”的安全技能教育。安全教育不只是传授安全知识。尽管经过安全知识教育，操作者已经掌握了基本安全知识，但是如果不把这些知识落实到实践中，仅仅停留在“知”的阶段，则不会收到实际的效果。安全技能只有通过反复地实践操作，不断摸索，才能熟能生巧。这一阶段的教育要和实际岗位操作结合起来，展开“岗位安全技能练兵”“安全操作能手”等活动，不断提高员工安全技能。

安全意识是安全教育的最后阶段，也是安全教育中最重要的阶段。经过前两个阶段的安全教育，操作人员掌握了安全知识和安全技能，但是在生产操作中是否能实施安全技能，则由个人的思想意识所支配。安全意识教育的目的，就是使操作者尽可能自觉地实行安全技能，搞好安全生产。

●“四个层面”，是指从 4 个层面抓安全培训教育，第一个层面是抓二级单位主管领导、安全分管领导的强化培训，更新其安全知识和观念；第二个层面是抓 HSE 骨干和安全管理人员的培训，提高他们的业务素质；第三个层面是抓岗位操作人员的基础培训，提高岗位员工的安全技能；第四个层面是对特种作业人员的培训。

●“五个关键”，是指根据生产施工特点，强化安全教育的 5 个关键时间：一是工程突击赶任务时，二是工程接近收尾时，三是施工条件好时，四是季节气候变化时，五是节假日前后。这些时段工人往往容易忽视安全，应抓紧对他们的安全教育。

●“六个载体”，是指 6 项安全培训教育形式。好的教学内容只有通过与好的教学方法的结合，才能收到好的效果。6 项培训形式包括：一是广告式，即通过横幅、标语、标示、展览、黑板报等形式，以精练的、醒目的方式在显著的位置进行展示、展览，提醒人们注意安全和怎样安全；二是演讲式，主要包括教学、讲座、经验介绍、现身说法、演讲比赛等，用以丰富职工的安全知识，提高对安全生产的重视；三是讨论的形式，主要包括事故现场分析会、班前班后会、专题研讨会等，以集体讨论的形式使与会者在参与过程中进行自我安全教育，以“安全活动日”“安全交流会”“事故现场会”等方式加深教育效果；四是竞赛的形式，主要包括安全知识竞赛，安全、消防技能竞赛以及其他各种安全教育活动评比等，激发人员学安全、懂安全、会安全的积极性；五是出版物、网络、音响等形式，主要包括杂志、报刊、网页和安全手册等，也可以通过音像、文艺演出、展览室等大家喜闻乐见、又轻松人性化的形式进行宣教，例如“安全歌曲大家唱”的形式将生产禁令的内容朗朗上口地唱出，加强记忆，在歌声这种美的享受下又受到了教育；六是现场教学，这是一种实践性的教学，尤其对教授安全技术、操作规程、应急技能等方面效果最佳，带领员工到现场，对着操作流程、设施等进行实战训练，接受起来更加直观，印象也很深刻。（刘超）

7. 提高操作人员素质的途径和方法

操作人员是企业基层队伍的主体，他们的意识和素质决定了工作完成水平的高低。提升操作人员素质，不仅事关基层单位生产经营任务能否安全完成，而且事关企业能否又好又快、持续有效地发展。现在很多企业的操作人员队伍存在一定的不足，主要有下面几个方面：

制度落实不够严。有的职工在岗位职责制落实、执行操作规程、工艺标准和管理制度上，马虎潦草、得过且过，存在“基本上”“差不多”等打折现象，严明的规章制度有时形同虚设。

工作标准不够高。有的职工对本岗位的操作规程、应急预案等基本知识掌握不牢，对岗位存在的环境因素、危害因素不能识别，甚至不能掌握识别的方法，达不到岗位要求的规定，工作中存在一定程度的“低标准、老毛病、坏习惯”。

安全防范意识不够强。有的职工对“预防为主”缺乏深刻认识，安全生产抓不住源头、抓不住根本，在安全事故的事中控制、事后应对方面做的工作较多，把主要精力放在“补牢”上，安全防范意识则需要进一步加强。

针对上面的几点不足，要保证安全生产，提升操作人员素质，企业要对症下药，做到以下几个方面：

(1) 教育为先，培养良好的职业习惯

良好的职业习惯来源于长期的培养和锻炼。要使职工养成良好的职业习惯，首先要提高基层职工的认识水平。要积极引导职工树立不断学习、终身学习的观念，学习工作化、工作学习化的观念，有知识才能实现安全生产的观念，实力在于学习力的观念，在不断学习中提高认识。要强化形势任务教育、主题实践教育和优良传统教育，通过多方面有针对性的教育，使职工认识到企业在激烈的市场竞争中要求生存、谋发展，就必须适应市场经济要求，严格执行和落实企业的各项管理标准和规章制度，在思想上牢固树立自觉遵守各项制度和操作规程的意识，改变“低标准、老毛病、坏习惯”等不良作风，从而做到执行标准一点儿无差别、安全生产一点儿不马虎、落实责任一点不含糊，自觉养成良好的职业习惯。

(2) 培训为重，提升过硬的操作技能

当前，基层操作人员素质难以适应生产经营发展的需要，技术精湛、工艺熟练的人员不足，高技能人才匮乏，已成为影响和制约很多企业发展的“瓶颈”。所以，尽快提高操作人员素质，培养出一专多能的技能人才是企业发展壮大的当务之急。

要实现这个目标，企业就要积极转变培训观念，在内容上，由单一的岗位技能培训向提升素质能力转变；在组织上，由个体自学向有组织的团队学习转变；在方式上，由缺什么补什么的被动型培训向超前跨岗、主动性培训转变。要遵循急用先培、用培结合的原则，按照“重要人才重点培养，紧缺人才加紧培养，特殊人才特别培养”的思路，制订培训计划，通过岗位练兵、技术比赛、跟班示范、导师带徒、办班授课、自觉深造、外送培训等多途径、多形式、规范化、有针对性地培训，培养一批技术尖子和一专多能人才，提升企业的发展实力。

(3) 激励为要，营造苦练内功的氛围

正确的舆论氛围和激励导向是推动职工提升素质的重要保证。要大力倡导能力有限、努力无限的理念，抓典型、树模范，广泛进行宣传，积极营造学技练能的浓厚氛围。要结合实际，广泛开展以赛促训、以赛促学、赛培结合的劳动竞赛和技术比武活动，为职工成才提供更加广阔的舞台。要制定相应的政策规定，着力从荣誉、资格、待遇三个方面进行激励，通过展示成果、表彰先进、政策倾斜、岗位晋升等措施，让优秀操作人才“政治上有荣誉、经济上有实惠、企业中有地位”，激发职工“忠诚企业，爱岗敬业，岗位成才”的内在动力，促进职工争先恐后做岗位的能手、强手、高手。（宋业勇）

8. 东方集装箱公司进行形象化安全教育的经验

安全教育是提高全体劳动者安全生产素质，避免由于人的不安全行为而导致事故发生的重要手段。

东方集装箱公司是专业集装箱装卸企业，近年来，该公司结合集装箱装卸作业的机械化程度高、技术密集、装卸工艺标准和作业效率快的特点，在应用传统安全教育方法的同时，录制了安全操作标准录像片进行形象化安全教育，收到了较好的效果。

首先，他们根据局、公司制定的有关安全操作规程和安全管理制度，结合公司集装箱装卸作业安全管理的具体特点和几年来所发生的事故或险肇事故的原因分析，编写了“东方集装箱公司安全操作标准录像片”解说词。在编写过程中充分征求了公司技术部门、业务部门负责人和一线作业人员的意见，并经局安全主管部门修改、把关，最后由公司总经理审阅定稿。

录像片的解说词定稿后，即组织进行现场录像，每一部分录像选择的示范操作人员，都是本工种的岗位明星。他们的操作动作规范，在职工中的威信高，因此用他们的标准操作来教育职工，有很强的现身教育感召力。现场录像的每一画面要求清晰、准确并与解说词相对应。最后成片的 7 盘录像带，图像清晰、配音标准、音乐动听，每盘录像带的播放时间在 15 min 左右。这 7 盘录像带主要是分别对不同工种的作业人员进行形象化的岗位安全教育，如对装卸桥司机进行安全教育，就播放“装卸桥司机安全操作标准录像片”；对场桥司机进行安全教育，就播放“场桥司机安全操作标准录像片”。在 7 部“安全操作标准录像片”的基础上，公司又录制了一部综合性的安全操作标准录像片，播放时间为 50 min，主要用于对职工进行系统的入厂安全教育、回笼安全教育和全员安全教育等。

公司在安全活动日、生产空余时间、安全教育培训班和“安全月”，运用录像片反复对职工进行了安全操作标准化教育，教育的范围包括了全体安委会委员、班组长以上的生产骨干、一线作业的全体操作人员、新入厂的工人和有关事故责任人及现场查出的“三违”人员。

通过广泛的形象化的安全教育，收到了较好的效果：一是安全操作标准录像片的内容全面、系统，使用起来很方便，省略了传统安全教育的备课、讲课、板书等重复性劳动；二是录像片的图像清晰，画面都是本公司的职工操作本公司的机械，在自己的平日工作环境中演示，所以看起来亲切、真实，可信性强；三是录像的解说标准，并伴有优美动听的音乐，使受教育者能坐得住、听得清、记得牢，在轻松的音乐声中受到有针对性的安全教育，能达到开展安全教育的预期效果；四是有利于分析处理事故和教育“三违”人员。若发生事故和在现场查出“三违”现象，就播放相应的安全操作标准录像片，对照录像画面客观、公正地分析处理事故责任人和“三违”人员，改变了以往分析处理事故和处理“三违”人员的随意性，使事故责任人和“三违”人员在昭示于众的安全操作标准面前知错、认错、改错，心服口服。从而有效地规范了作业人员的安全行为，在安全教育的形式上做到了晓之以理、动之以情，并依法处理，在职工中产生了积极的心理效应。

通过经常运用安全操作标准录像片对职工进行系统的安全操作标准化教育，营造了浓厚的企业安全文化氛围，提高了大家的安全意识和遵照安全操作标准作业的自觉性，使现场的“三违”现象比以前明显减少，作业过程中的险肇事故得到了有效的控制，公司保持了较为稳定的安全生产形势，为公司各项生产（工作）任务的顺利完成提供了可靠的安全保障，也为全局的安全生产做出了贡献。（李长满）

9. 开发适合于农民工安全教育的新形式

农民工的教育历来是建筑业安全教育的重点和难点。如何针对农民工的特点，开发出便于理解、易于接受的安全教育方式和安全教育产品，是每个建筑企业的安全管理人员不得不认真思考的问题。

北京建工集团五建公司自主开发的安全教育光盘和获得国家专利的安全教育扑克在农民工安全教育方面产生了良好的效果，引起了业内的广泛关注。

(1) 对农民工的安全教育需要适合的方法

近些年，农民工已经成为建筑行业的主要力量，除了一些技术含量特别高的项目，如消防、弱电、烟感、通信、对讲、闭路监视等，可能仍然还在一些专业人士手里掌握外，主体工程中的结构工程等，主要操作人员95%以上都是农民工。据统计，农民工中初中及初中以下文化水平的占60%～70%，他们放下镰刀，拿起瓦刀，成为建筑产业大军的主体，其安全意识、自我保护能力都远远不够，提高他们的安全素质，需要一个很长的过程。加之由于用工制度的灵活性，建筑行业每年都要更换40%～50%的人员，新人多，人员流动性大，同时农民工的组织纪律性又相对较差，所以，农民工的安全管理问题一直是一件需要下大气力才能做好的事。

怎样才能减少农民工中的事故？首先是预防为主。这是安全生产永恒的主题。从安全教育来讲，就是要提高农民工的自我保护意识和自我保护能力。但是，面对农民工的文化程度和知识接受能力，什么样的教育方式才能够达到好的效果？这是企业安全教育要考虑的。为什么农民工的安全教育大家都觉得困难，为什么很多政策、制度宣传贯彻不下去，农民工不接受，就是因为在教育方式、方法和针对性上做得不够，没有对农民工的路子。

我从最基层的施工队开始做安全员，最早的农民工教育是我亲自去抓的，你给他讲的时候，他很认真地去听。因为要说不珍惜生命的，只有两种人：疯子和弱智。只要是正常人，都怕死，所以他很认真，但听的效果如何就很难说。你讲“三宝”“四口”“五临边”，讲机械“轮有罩、轴有套”，他听起来跟天书一样，最后考试卷子虽然都答了，但他写到上面的是否真正懂了很难说。这种教育方法效果不是太好，大家也意识到这个问题，但是一直没有很好的办法。从目前看，我们公司搞的安全教育光盘和安全教育扑克实际教育效果不错。

(2) 自制安全教育光盘收到的效果

我自己是老三届，年轻时没学什么，后来工作之后又去上学，觉得特别难。通过自己的体会，我后来总结：成人教育要以形象教学为主，以直观的教育效果最好。有了这个想法后，最初我们搞过安全漫画、教育挂图，放在农民工吃饭的饭厅，也起了一定的宣传教育作用。后来，我们又开始搞教育光盘。最早就是用数码相机拍些照片，用计算机编辑一下，我们自己解说，比如说什么叫“三宝”，就照了安全帽、安全带、安全鞋，分别说明这“三宝”的作用；什么叫“四口”，就到现场照了楼梯口、阳台口、设备洞口、出入口；还照了“五临边”，分别解释这些部位的安全操作规程、注意事项。在进行安全教育的时候放给农民工看，发现效果特别好，他们一看就明白，答题时起码少用了1/3的时间。

后来北京市安监局知道此事后，说能否把这个东西做得更好一点，能否将平面的东西立体化，让画面动起来？于是我们又有了拍摄VCD的想法。当时确定了一个立足点：给农民工看。

那么，什么对农民工最有亲和力？农民工自己把握了这个前提，拍摄时，我们就地取景，在农民工熟悉的施工现场，由农民工兄弟自己演自己，包括抬担架的、受伤的、指挥的、围观的，都是农民工自己演的，解说词也是用农民工自己的语言，由公司安全监管部的人配音。

片子从策划到编剧都是我们的基层安全员，他们最了解农民工作业的施工现场潜在的危险隐患和危险环节在哪儿，所以有很强的实用性和针对性。而且在编排内容上，我们把动起来的画面与制度条文结合起来。就是在农民工作业的施工现场，结合条文告诉他们，这个你不能动，为什么不能动，这个应该由谁动，有问题应该找谁，再加上一些事故案例的照片，告诉他，动的结果是什么？真有一些血淋淋的镜头，有脑浆迸裂的，有些真是死不瞑目啊！事实上，死亡事故毕竟比较少，广大农民工并不是每个人都见过事故场面，我们通过这种直观真实的画面，让每个人都知道违章的结果是什么，让大家意识到，如果违章，最后的结果可能就是这种血淋淋的场面，让他自己意识到危险性，这就大大提升了他自我保护的意识，起到了潜移默化的教育作用。

片子拍好后，尽管制作有些粗糙，但是总的效果还不错。农民工一看，“这人穿的衣服是咱们公司的”，“这人是我们工地的”“某某上电视了”，特有亲和力，效果特别好。后来有关单位就农民工的教育方式和效果这个问题做了一次调研，农民工反映，这种教育方式最好，特别有亲和力，非常直观。

现在，北京市很多建筑企业都采用安全教育光盘的方式，效果也都很好。我们公司在给农民工进行入场教育的时候，这是必修课。另外，现在每一个项目工地都有活动室，活动室里都有图书、报纸、杂志，还有电视机，可以在活动室用 VCD 机放给农民工看。在工地食堂外面一般也都有电视，很多工地晚饭时就放这个片子，真的有好多人端着饭碗看，“你看安全带应该这么挂，你昨天就错了。”这个片子的确对施工安全起到了很好的促进作用。

(3) 创造安全教育扑克牌的新方式

安全教育光盘这种形式虽然好，但要受到很多客观条件的限制，起码需要一台电视机，一台 VCD 机，需要电源，需要一块场地，需要有人来组织，而且活动室也是定期开放的，农民工不可能想看随时就能看。针对这种情况，我们不断想办法。现在企业给农民工增加了很多报刊、游戏之类的东西，但是最能够让他们直接享受的就是扑克牌，工会一说慰问去，就送扑克牌，农民工也很欢迎，在宿舍里就可以玩儿。所以我们就想，能不能利用这个载体进行安全教育宣传。光盘是形象直观，而扑克牌是寓教于乐，在玩的过程中接受了教育，在受教育的过程中感受到玩的快乐。

2003年，我们开始着手策划安全教育扑克牌。对于扑克牌，在制作之前确定了一个原则：大众化，就是不能只针对建筑业。所以扑克牌里不仅包括了建筑施工作业的安全知识，还包括了交通安全知识、公共卫生知识、社会的公共安全常识，以及火灾自救、紧急避险知识等。总之，就是收集农民工在作业环境、生活当中所有可能遇到的安全问题，把它归纳到54张牌里，让农民工在玩的过程中时时强化这些安全知识。

应该说，这个扑克牌效果也很不错。北京电视台曾就此做过专题介绍。记者采访我们公司的工人时也没打招呼，直接进入农民工的宿舍，当时他们正在玩扑克，记者摸过来一张牌，让一个工人背，他真的背下来了。他说我天天玩，天天看，不知不觉就记住了。在进行安全检查时，拉过一个工人，让他说说安全注意事项，基本都能说出来。这是潜移默化的结果。

现在这套扑克牌已经国家知识产权局批准，获得了实用新型发明专利。以扑克牌为载体进行安全教育，在国内这是第一份，是安全生产中的一个亮点。专利保护的是扑克牌中的安全知识内容，而不是扑克牌这种形式。

现在，我们的扑克牌在集团公司已经被很多单位使用，很多兄弟单位都在向我们要。我们已经把它改版升级，做成了彩色的图文并茂的形式，内容均源于现实施工作业，效果比以前更好。

从我们这几年的经验和体会来看，安全教育的形式要多种多样，但不要盲目地强制灌输，只有根据农民工的素质，有针对性地选择教育内容和教育形式对农民工进行安全教育，才能收到实效。（魏铁山）

10. 如何使安全教育通俗易懂吸引人

在车间班组的安全教育中，由于受条件的限制，普遍存在形式单一、方法单一的问题。例如，在进行车间级和班组级安全教育时，不区分人员之间的差别，硬性灌输各种知识，许多人接受教育后并不明白其中的道理，也不掌握基本的操作要求。再如，在日常安全教育中，往往只是单调地读报纸、读文件、读通知，然后讲一些大道理或者潦潦草草说几句，就宣告结束。还有在安全教育中缺乏层次性、趣味性，无法吸引人，导致职工出现厌烦情绪。

安全教育能不能通俗易懂吸引人，首先是一个观念问题、认识问题，然后才是方法问题。有的车间班组安全员认为，安全生产知识本身是枯燥的，不像文学作品那样丰富多彩，无论如何讲，结果都必然是枯燥无味。这种认识和观念是错误的，因为它不符合实际情况，是一种懒惰思想、因循守旧的思想。下面通过两个事例说明安全教育也能做到通俗易懂吸引人。

事例之一：通俗易懂工人就能听得进去

我是湖北省老河口市圣德汽车附件有限公司即将退休的一名普通工人。8 月初的一天上午，我接到市安监局的一个电话，希望我能抽时间到一些乡镇企业去讲讲安全课。当时我很疑惑，我只是一名普通工人，去讲课工人们能听得进去吗？

第一课安排在洪山嘴编织袋厂。那天，骄阳似火，车内热气逼人，我都有点喘不过气来，上午 10 时到了编织袋厂。到了我才知道，该厂陶厂长知道我要去讲安全课，要求全厂停产集中学习，人员全部集中在车间内。一走进车间，眼前的景象让我震惊。车间内 60 余名生产工人，90%是中年妇女，她们穿着五颜六色的服装，有穿长袖的，也有穿短袖的，有穿裙子、穿短裤的，还有披着长头发的，而且所有女工没有一个戴工作帽，绝大多数穿着拖鞋和凉鞋。仅有的 4 名男工，1 名是电焊工，1 名是电工，2 名是修理工，4 个人中有 3 个穿着背心，1 个赤着上身，而且全都穿着拖鞋。眼前的状况让我意识到，乡镇企业的安全生产工作确实应该加强。

这课该怎么讲？讲“三同时”？讲“危险源”？有可能是白白浪费时间，那些中年妇女很可能听不懂。

我沉思片刻，决定这节课就讲讲生产一线工人穿戴和使用劳动防护用品的注意事项，尽量把道理讲得通俗易懂，让他们听得懂、记得住、用得上。我想还得讲典型案例，从而启发、教育他们，让他们吸取教训。

我先讲了一起发生在1989年7月13日的事故。那时，我在机加分厂巡检，突然听见一声惨叫，便急忙赶到现场。只见女工赵荣约60 cm长的头发被绞入钻床主轴，头皮都被扯掉了，鲜血染红了整个工作台面。大家及时将她送往医院抢救，性命是保住了，可一大片头皮都没有了，她当时才19岁，还没谈过恋爱呢！那起事故的原因很清楚，赵荣没有按要求戴工作帽。住院期间，她疼得死去活来，经常发疯似的号啕大哭。讲完这个事故案例，我说，世上没有卖后悔药的，赵荣意识到戴工作帽的重要性时已经太晚了，你们一定要注意。这时，我听到台下的叹息声，有人低声说："年纪轻轻的，多可惜！"

然后，我又讲了一个离我更近的案例，这起事故就发生在我老伴的身上。那是1967年9月14日，那一天，我和老伴将终生难忘，那天的厄运让老伴左手致残，成了终身残疾。老伴是名车工，按照规定操作时不允许戴手套，但是她在清理工件铁屑时害怕割伤手，戴上了手套，结果旋转的工件绞住了手套，老伴惊叫一声，鲜血从手套里渗透出来，染红了手套，染红了衣服。医院的诊断结果是：左手食指、中指、无名指粉碎性骨折，无法再植，需要做截指手术。我告诉他们，现在老伴已经退休，工伤鉴定为六级伤残，而受伤的手每逢阴雨天总要隐隐作痛，这起事故犹如一场难缠的噩梦，将伴随我们一生。

接下来，我从生活安全讲到生产安全，从从业人员的权利讲到应尽的义务，用鲜活生动的语言和我亲眼目睹的血淋淋的案例警示他们，让工人们明白：人们的安全意识淡薄，安全知识缺乏，是酿成事故的主要原因。

讲课那天天气闷热，60余名工人都集中在车间内，出人意料的是，讲课期间没有人走动，工人们都认真地听讲，陶厂长还认真地做笔记。两个半小时的课结束了，车间内响起了掌声，一名中年妇女走来对我说："听了你讲的课，才知道我们干活儿经常违章。比方说，上班不戴工作帽，以前我根本不知道这也是违章。听了你讲的案例，我吓了一跳，不戴工作帽会造成那么惨的事故，头皮都扯掉了，真吓人。今后上班我一定要戴工作帽，要不然说不定哪天，这样的事故也会发生在我身上。"

这堂安全课使我明白了，只要讲得通俗易懂，工人们就能听得进去。于是我暗下决心，下一课一定要准备得更充分，更有说服力，要让工人们听得进去。（黄炎洲）

事例之二：我扭转了对安全教育的抵触情绪

我是山西省新绛纺织公司一名安全员，前几天接到任务，本地安监局委派我去给私营企业从业人员讲授安全生产知识。对此，我有点忐忑不安，因为这是生平第一次到外单位讲课，讲不好不仅愧对"安全工程师"称号，而且误人"子弟"。为此，我绞尽脑汁，精心准备。功夫不负有心人，第一堂课下来就受到职工们的好评，连企业老总都竖起拇指夸我讲得好。

回顾这次讲课之所以能获得成功，我认为做到了以下几点：

一是仪态要庄重。人们常说第一印象很重要，讲授安全知识，首先要仪态大方、庄重，给人一种诚实、可信的感觉。为此，上课前我特意进行了"包装"：红T恤、蓝长裤、皮凉鞋，剪发剃须，加一副近视眼镜，人显得很斯文。尽管时值炎夏，我没穿背心、短裤，也没穿拖鞋，要知道，我们搞安全工作的人，历来就反对上岗"穿拖鞋"之类不安全装束。事后，有职工说："看到您整齐的着装，就知道您值得我们信赖。"

二是开头要创新。万事开头难，头开好了，接下去就会非常顺利，安全教育也不例外，要让职工们听你讲，开头就必须紧紧抓住他们的心。为开个好头，我曾设计了几个方案，最后选定"询问式"。简单的自我介绍后，我问道："在座的师傅们，认为和安全没关系的请举手"。还真有一名男工举起了手。就在他举手的瞬间，我看见他手臂上有一小块烧伤（烫伤）的痕迹，“请讲一下理由?”我问，他答：“上班以来没磕碰过，也没发现有什么危险存在，感觉挺好的。”“请问您手臂的伤咋来的?”“这是小时候开水烫的，与工作没关系。”“是的，与工作无管，但与安全有关，这就是生活安全。”接着我的话从生活安全转到生产安全中，讲述安全与企业、与家庭、与个人的关系，中间不时地穿插一些近期发生的事故案例，事故给企业、家庭、个人带来的沉重负担和惨痛教训，这让职工们听得目瞪口呆。下课后，他们还在议论：“真没想到，安全这么重要。”

三是内容要精彩。俗话说：“巧妇难为无米之炊”。口才再好，内容不精彩，听后也会使人味同嚼蜡，难有效果。安全知识的理论讲多了，太枯燥；一味地讲事例，职工很难明白“其所以然”。基于此，我决定理论占三分之一、事例占三分之二；先从事例讲起，后用理论“点睛”。如在讲述“事故的成因”时，我先讲述了一起齿轮夹断职工手臂的例子，指出他在此次操作中的错误行为，产生这种行为的原因在于个人安全意识不强；而安全意识不强又是安全教育欠缺所致；最后进行总结并进一步扩展，着重讲述不安全行为的种类，让职工真正明白哪些是不安全的行为，该如何防范。这样的讲解效果明显较好。

四是话语要实在。给职工讲安全课，千万不能居高临下，以“学者”的神态自居。听者中既有年长于自己的，也有学问高于自己的，或许人家比你懂得更多。讲课中，我态度诚恳，用词准确，不讲一句“过头”话，更不故意卖弄知识，在讲述事故案例中，不指名道姓；讲述国家法律政策时，不断章取义。另外，在讲一些“专业词语”时，用当地方言及时“翻译”，使听者理解起来毫无障碍。

这次讲课不仅提高了职工安全意识和防范能力，而且还扭转了企业老总原来对安全教育工作的抵触情绪，促使他们今后认真对待安全工作。临走时许多职工紧紧抓住我的手不愿放开，从他们的言行中，我又一次感到从事安全工作的骄傲和自豪。（段克仁）